一个人，遇见一本书

西安外国语大学学术著作出版基金资助出版

DARK PARADISE

黑暗天堂
澳大利亚早期殖民史

［澳］罗伯特·麦克林（Robert Macklin）著

苏锑平 吉文凯 译

**NORFOLK ISLAND
ISOLATION
SAVAGERY
MYSTERY AND MURDER**

诺福克岛，与世隔绝的秘境
野蛮血腥的杀戮之地
"堪培拉评论协会奖"获奖作品

陕西新华出版传媒集团
陕西人民出版社

图书在版编目（CIP）数据

黑暗天堂 /（澳）罗伯特·麦克林
（Robert Macklin）著；苏锑平，吉文凯译. —西安：陕西人民出版社，2018
　书名原文：Dark Paradise
　ISBN 978-7-224-13359-2

Ⅰ.①黑… Ⅱ.①罗…②苏…③吉… Ⅲ.①澳大利亚—历史 Ⅳ.①K611.0

中国版本图书馆 CIP 数据核字（2019）第 195951 号

著作权合同登记号　图字：25-2019-302

DARK PARADISE: NORFOLK ISLAND – ISOLATION, SAVAGERY, MYSTERY AND MURDER by ROBERT MACKLIN

Copyright:© Robert Macklin, Dark Paradise was first published in Australia in 2013 by Hachette Australia Pty Ltd and this Simplified Chinese language edition is published by arrangement with Hachette Australia.
This edition arranged with Hachette Australia/Lothian Children's Books through Big Apple Agency, Inc., Labuan, Malaysia.
Simplified Chinese edition copyright:2020 SHAANXI PEOPLES PUBLISHING HOUSE
All rights reserved.

总 策 划：	宋亚萍
出版统筹：	关　宁　韩　琳
策划编辑：	王　凌　晏　藜
责任编辑：	王　倩　张启阳
整体设计：	哲　峰

黑暗天堂
——澳大利亚早期殖民史

作　　者	［澳］罗伯特·麦克林（Robert Macklin）
译　　者	苏锑平　吉文凯
出版发行	陕西新华出版传媒集团　陕西人民出版社 （西安北大街 147 号　邮编：710003）
印　　刷	陕西龙山海天艺术印务有限公司
开　　本	787 毫米×1092 毫米　1/32
印　　张	10.25
字　　数	260 千字
版　　次	2020 年 3 月第 1 版
印　　次	2020 年 3 月第 1 次印刷
书　　号	ISBN 978-7-224-13359-2
定　　价	69.00 元

如有印装质量问题，请与本社联系调换。电话：029-87205094

目 录

第一章　艰难的过往 …………………………………… 001
第二章　殖民之始 ……………………………………… 017
第三章　暴动 …………………………………………… 031
第四章　到达皮特凯恩岛 ……………………………… 045
第五章　金副总督 ……………………………………… 060
第六章　动乱的日子 …………………………………… 076
第七章　福沃少校 ……………………………………… 087
第八章　布莱总督 ……………………………………… 100
第九章　帝国的正义 …………………………………… 113
第十章　"让那些恶棍规矩点" ………………………… 126
第十一章　皮特凯恩岛上的麻烦事 …………………… 141
第十二章　"令人心碎的场面" ………………………… 155
第十三章　变革之风 …………………………………… 168
第十四章　人间地狱 …………………………………… 184

第十五章　生不如死 …… 198

第十六章　惊天伪装，弥天大谎 …… 214

第十七章　觊觎诺福克 …… 228

第十八章　"食人部落，野性不改" …… 242

第十九章　"为上帝服务的工人" …… 257

第二十章　新世纪 …… 272

第二十一章　"举世瞩目而又触目惊心" …… 291

第二十二章　"更好地为您服务" …… 301

尾声 …… 317

作者后记 …… 319

译后记 …… 322

第一章 艰难的过往

关于自己过去的历史,没有哪个国家不撒谎。

日本就是这样一个臭名昭著的国家,他们官方一直讳言甚至刻意掩饰二战中的暴行;为避免暴露亚美尼亚种族大屠杀的真相,土耳其不惜以死亡来威胁自己的子民;以色列也在为残酷镇压巴勒斯坦闪米特同胞找借口,宣称"他们的"上帝赐予他们某一特定地块作为自己的家园;美国人把他们的建国之父当成神一样崇拜,包括托马斯·杰斐逊这个奴隶主兼性侵犯者,他们还习惯性地祈求"他们的"上帝保佑其最嚣张的军事冒险行动;澳大利亚人也好不到哪里去,二百年来,他们一直否认曾经对边远地区用兵,而正是这些战争毁了世界上已知延续时间最长、最古老的文化。不过澳大利亚在这一方面的确是获得了母国大英帝国的真传,英国才是篡改历史真相的大师。

在掩盖和歪曲殖民暴行的真相方面,还没有哪个国家做得像英国这么成功。那些赞扬英国把"文明"带到偏远落后的殖民地、开化当地无知野蛮民众的谎言,不仅为当今的英国人所相信,就连整个西方世界甚至昔日的受害者也普遍接受,这一状况令人印象深刻。比如,英国对非洲广大地区的抢劫与掠夺,与葡萄牙人在安哥拉或比利时人在刚果的暴行相比,算是一种相对仁慈的行为;英国曾试图把全体中国人都变为鸦片吸食者,并以印度兵来实施其暴行,这些反人类的罪行即使未被遗忘,也已得到了宽容的中国人的谅解;由于英国的殖民统治,印度被分裂为两个敌对的国家,印度人自己已把此事看作历史使然,而现在这两个分裂的国家之间进行了两场激烈的战争(未来还会发生更多的战争);即便是美国,为了争取独立,被迫于1776年和1812年与英国进行了两场分离战争,现在却为美英之间广为人知的"特殊"关系而感到欣喜。

英国的宣传活动从未停止,并取得了令人震惊的成功。形象塑造者的功绩已远超预期,他们使全世界视英国为民主之父,尽管事实上它依然是贵族特权的捍卫者。一个令人困惑的悖论是,宣传者甚至把关于传统君主制的喜剧作为英国致力于民主政治的重要范例。

在两次世界大战中,英国都扮演着失败者的角色,尽管第一次世界大战主要由它挑起,并且,在巴黎和会上,出于对和平的恶意,它又为第二次世界大战做了铺垫。温斯顿·丘吉尔声名鹊起,成为国际英雄,然而正是他的鲁莽计划,导致了加里波利战役中8000多名澳大利亚士兵以及更多英国士兵不必要的死亡,同样是他,在第二次世界大战中给挪威和迪耶普①带来了巨大的灾难。丘

---

① 迪耶普:法国北部临英吉利海峡的港口城市。1942年8月19日,为论证诺曼底登陆的可能性,盟军对迪耶普组织了一次试探性进攻,数千名加拿大士兵因此丧生或被俘,皇家空军损失90余架战机。由于当时英国和美国还不具备大规模登陆的实力,因此人们认为此次失败是丘吉尔决策失误所致。(本书中文注释皆为译者所加,英文注释为原作者所注。)

吉尔被誉为民主救星,然而事实上,二战的胜利是美国和苏联以压倒性的人力、物力支援而获得的。

丘吉尔自己也书写历史(他的著作被认为情感多于学识),这对形象塑造者的事业颇有裨益,而他的主要对手是一个嗜杀成性的疯子,即纳粹头子希特勒,有他做参照,丘吉尔的错误就显得微不足道了。这是肯定的,毕竟丘吉尔站在正义一方。

第二次世界大战标志着大英帝国的真正终结。二战的胜利让英国以道貌岸然的叙述粉饰自己数世纪以来的残酷殖民压迫,世界也逐渐接受了这样的粉饰。这说明人类注意力持续的时间很短,而且从20世纪40年代末起越来越短。

所有这一切在某种程度上说明,叙述的惊人力量此前为何未被充分揭示,而其巩固大英帝国暴行的作用为何未被完全理解。这一力量将在最不可能之处被揭示出来:这是一处热带天堂,是被天然岩石包围庇护、处于碧波浩渺的大海中的碧绿小岛,是鸟类迁徙的天堂,是没有掠杀者的栖居地,是气候条件优越、很少受到经过太平洋直通北部和东部龙卷风袭扰、面积不足9000英亩(3600公顷)的心形弹丸之地。这个小岛的一部分被森林覆盖,其他地方则像公园一样有清澈的溪水淙淙流淌,在最后一道斜坡处倾入海洋,形成一道小瀑布。

现在我们知道这个地方叫作诺福克岛。事实上,这座岛是由一个来自北方的人在1774年发现的,此人就是詹姆斯·库克。库克是英国约克郡人,是另一个饱受诟病的殖民英雄。库克以一个人所未知的女人来为这座岛命名,这个女人早已腐烂在她的贵族墓穴中。在此后的二百年里,人类所能想到的各种恐怖手段被一一加诸其同类身上。人们的生存状况之差令人震惊,以至于直到今天,仍有当地居民在不经意间对我说:"我不得不告诉你——魔鬼撒旦住在这儿。"

然而,这出戏中的演员几乎无一例外都是英国人,他们针对同胞的暴行简直令人发指。我无意平白无故地针砭英国殖民统治,我相信我的描述会揭开英国人仁慈的面纱,但我的目的只是为了说明,任何国家都没有理由摆出高人一等的姿态。在黑暗天使的驱策下,所有人都可能受到诱惑,都可能做出令人震惊的举动。在政府采取比以往更为有效的手段来操控情绪并改变我们与生俱来的正义感时,我们永远不能放松警惕。

下面将是一个与众不同的故事,因为它融合了 3 个独特而又密切相关的故事:探底人类邪恶程度的流放殖民,邦蒂号上的暴动及其可怕而鲜为人知的后果,高圣公会①美拉尼西亚使团的傲慢、暴力和性掠夺行径及最终的无功而返。这 3 个故事都有强大的人物阵容,从世界上最高尚的人到最卑鄙的人,在一个今天饱受争议并随时可能坍塌的环境里扮演着各自的角色。然而希望还在,因为这个受到诅咒的小岛最终可能获得救赎。

我的故事将始于一处视野开阔的悬崖。站在悬崖上远眺浩瀚无垠的太平洋,首先进入视野的是库克船长由北海运煤船改装而成的单桅船皇家海军"决心号"(HMS Resolution)。为了发现传说中的南方大陆——亚历山大·戴伦普(Alexander Dalrymple)坚信这片陆地的存在并将其命名为"未知的南方大陆"——库克进行了为期三年的

---

① 英国国教徒中偏向于罗马天主教的一派,与"低圣公会"相对,最早于 17 世纪末开始出现,主张在教义、礼仪和规章上大量保持天主教的传统,要求维持教会较高的权威地位,因而得名。

远征，此时他正处于回程中。库克的探索远及南极圈，然后围着南太平洋画出一个巨大的长方形，这次远征把这位出生于苏格兰的地理学家的幻想吹到爪哇国去了。

这倒不是说库克杞人忧天。事实上，戴伦普是海军部的红人，也是库克的竞争对手，他本来想自己负责这次远征。当时的英国等级分明，戴伦普因为母亲家庭的关系而占尽先机。戴伦普的母亲是哈丁顿伯爵（Earl of Haddington）之女，而库克的母亲格蕾丝·佩斯（Grace Pace）则什么都不是，只有库克父亲给她留下的 3 个孩子。库克的父亲也叫詹姆斯，在苏格兰打零工，1715 年詹姆斯一世暴动后逃离了自己的故土。

库克是当时英国海军中的异类。尽管曾借助过当时的巨富约瑟夫·班克斯（Sir Joseph Banks）爵士的恩荫，但他主要是凭借自己的功绩而获得升迁。班克斯的曾祖父作为林肯郡的贵族地产代理人积累了巨额家资，班克斯还陪库克进行了第一次征服太平洋的远航。在这次航行中，库克绘制了澳大利亚东海岸的海图，并宣称此地为英国所有，尽管这里显然早有人类出没并拥有其地。

库克第一次看到这些人是在宝利角（Bawley Point），这个地方位于后来称为新南威尔士之地的最南岸。当时的库克正驾驶着另一艘改装的运煤船皇家海军"奋进号"（HMS Endeavour），迎风破浪向北航行。站在船上眺望的库克写道："他们的肤色看起来非常深或者说是黑色，但这是皮肤本来的颜色还是他们所穿衣服的颜色我就不得而知了。"[①]

[①] Cook's Journal, 22 April 1770.

让库克和他的雇主高兴的是,后来证明黑色是他们皮肤而非衣服的颜色。就这一点便剥夺了这些黑人作为人类所能享有的基本权利,更不用说土地拥有权了,尽管这些黑人移居到这个"地球上最大的家园"①已达6万多年。不过,这并非库克的人道主义观念出了问题。这一观点早在1562年就在英国政府的政策中生根发芽,那时已有3次从非洲往美洲大陆西班牙殖民地贩运黑人奴隶的航行,其中第一次就是由库克的先驱约翰·霍金斯船长(Captain John Hawkins)负责的。

这只是官方大规模贩奴事业的开始。在接下来的250年里,英国人贩运深肤色人口的航运活动不少于1万次,大多数是为了支持其在巴巴多斯的糖类作物种植,其他的则是贩运到英国在西印度群岛的殖民地。截至1760年,也就是库克到达澳大利亚前的十年,英国明显超过竞争对手葡萄牙、西班牙与荷兰,成为欧洲最大的奴隶贸易国。每年贩运的8.5万名非洲奴隶中4.2万人是由英国贩奴船装运的。贩奴船上的环境极其恶劣,常常会有将近四分之一的奴隶死于航运途中。

但是种植园每年能为英国皇家政府金库提供400万英镑的回报,相比而言,其他所有殖民地的收入加起来也不过其四分之一,因此奴隶贸易也就不算什么了。它们不仅为王公贵族那些巨大而奢华的院落(这些保存完好的英国传统建筑至今让其引以为傲)提供资金来源,同时也为工业革命提供了经济保障。正是工业革命让英国继续盘踞世界霸主地位达百年之久。

---

① Gammage, Bill. The Biggest Estate on Earth, Allen & Unwin, 2011.

工业化反过来又在英国社会催生了一个庞大的城市下层阶级。①自德拉古(Draco)②以来，这些焦躁的不幸者就一直受到最严厉的法条控制。如果他们违法——这是不可避免的——即使他们能从刽子手手中被汗水浸透的磨损套索中逃脱，也会像黑奴一样被装上船运到殖民地去。不过从长远来看，他们最终会重新加入白人兄弟的行列，并成为奴隶主。

乔治·华盛顿于1776年穿过特拉华，带领美国反抗者在特伦顿战役(the Battle of Trenton)中取得了胜利。库克驾驶"奋进号"所进行的第一次航行后来证实并不是为了刻意寻找新的囚犯流放地，但随着美国作为囚犯流放地的使命结束，这个伟大航海家的发现就提供了一个绝佳的替代方案。

离那次标志性的战役还有两年时③，"决心号"停靠在诺福克岛的西北角，这里岩石高耸环绕。而此时库克登上了德国博物学家、路德教牧师约翰·莱茵霍尔德·福斯特(Johann Reinhold Forster)和他的儿子乔治，以及植物学家威廉·威尔斯(William Wales)的小船。这天下午，他们在一个铺满鹅卵石和细沙的海滩登陆，那必定是一个难得的宁静日子。福斯特父子在最后一分钟取代班克斯登上了"决心号"。班克斯本想带一队随从，给"决心号"增加上层甲板和尾部甲板来安置他们。然而，这样会超出舰船的最大载重量，因

---

① 与此同时，工业化也开始过量生产危及人类生活的二氧化碳。
② 德拉古是古希腊雅典时代第一个有名有姓的立法者，他用成文法取代了口头法。德拉古的成文法以严苛出名，现代英语和其他欧洲语言中 draconian 一词表示"无情的""严苛的"。
③ 这里提到的战争可能是指1778年3月的萨拉托加之战，是美国独立战争的转折点。

此海军部对宿舱进行了适当改造。班克斯觉得这与自己的身份不符,因此拒绝出行。对于前方未知的恐怖事物,用少数博物学家来替代班克斯一行人显得尤为重要。

这群人似乎只在岛上逗留了一个下午,但这足以让威尔斯发现了一种野生亚麻,他们一致认为这种野生亚麻可以用来作为制作帆篷的材料。而且,森林里密布的巨大松树是很好的圆木,能够制作高大的桅杆,这是一个令人震惊的发现。因为直到那时,这两种商品都必须从俄罗斯波罗的海沿岸的黎加(Rica)进口,那里距朴次茅斯(Portsmouth)足有1000公里,路途险阻,且远离远东殖民地。正如库克所记载的:"我知道,假如轮船恰好需要一根桅杆或桅桁,南太平洋没有哪个岛能够提供这样的木材……这个发现不仅有价值,而且可以说是价值连城。"

写完这些,库克就驾船离开了。然而,根据老福斯特的日记,他带的一篇文章里记录了制作诺福克挂毯所需要的一种纤维,因此,野生亚麻的发现与松树的发现同样重要。离开诺福克岛后,他们造访了塔希提岛(Tahiti,即大溪地)①,库克在这里获得了神一样的尊重,因为他曾是"奋进号"上第一个登岛的人。一群欢乐的少女撑着独木舟来到船上,她们嬉戏玩闹、无拘无束,那个不苟言笑的路德教牧师被撇在了一边。当他们驶向岸边、看到岸上的塔希提人时,连日的淫乐使得库克可怜的心脏几乎不堪重负。水手们"在布满青草的田野上尽情伸展肢体、活动筋骨,在金黄的沙滩上摔跤搏

---

① 废名Otaheite,现名Tahiti,中国大陆译名为"塔希提",港台地区译为"大溪地"。作者在文中交叉使用两词,译文中"塔希提"对译Tahiti,"大溪地"对译Otaheite,以示区别。

斗,其他人则在芬芳的月桂树林两旁的草地上举行盛大的宴会。发源于山上的艾瑞达努斯河水量充沛、气势磅礴,从树林中滚滚流过"。而老福斯特的儿子乔治则不知道跑到哪儿去了。

在库克的第三次太平洋之行同时也是导致他走向黄泉的航程中,① 同行的船只皇家海军"冒险号"(HMS Adventure)的指挥官是托拜厄斯·弗诺。弗诺把一个身形健硕的塔希提年轻人带到船上,他便是拉雅提尔的欧迈(Omai of Ra'iatea)。欧迈将在英格兰度过两年时光,这两年的绝大多数时间里,他都将在时髦女郎的床上厮混。这次航行的领航员是一个名叫威廉·布莱(William Bligh)的人。

1775 年 7 月 30 日,"决心号"抵达朴次茅斯,库克被提升为船长,在某种程度上,这是一次迟到的提拔。47 岁时,作为船长的他在格林威治医院的病床上心不甘情不愿地接受了荣休的命运。库克出版了自己的航海日记,获得了热烈的赞美。作为英国皇家学会的成员,他尽享尊荣,还获得了科普利金质奖章(Copley Gold Medal)。但库克内心焦躁不安,他给一个朋友②写信说:"几个月前,我觉得整个南半球对我来说都不够大,而现在我不得不囿于格林威治医院这个狭小的空间里,对像我这样头脑灵活的人,这里实在是太小了。"

库克与伊丽莎白继续过着平淡的婚姻生活。伊丽莎白的父亲是沃平(Wapping)的一个酒店老板巴茨(Batts)。他们于 1776 年生下第

---

① 一次风暴过后,两艘船在新西兰附近失去联系,离事先预定的集结地夏洛特皇后湾(Queen Charlotte Sound)足足偏离了四天的航程。等库克离开诺福克岛时,弗诺已抵近英格兰。

② 约翰·沃克船长,惠特比的一个船主。

六个孩子乔治,但库克的内心并不安分,一直向往着广阔的海洋,渴望拥有一艘结实的轮船,尤其渴望自己具有得心应手的指挥能力。英格兰从不允许库克忘记自己卑微的出身以及在统治集团中的下层地位。但一旦离开这里进入恶劣的环境,他就是力量之源,是不可置疑的、当之无愧的绝对权威。各色人等混杂在一起,真是令人陶醉啊!库克喜欢这样的氛围胜于一切。

但孤独地身处高位有其阴暗面,这个直率的约克郡人也成为腐败权力的受害者,自我被扭曲。和那些受权力腐蚀的人一样,库克尽情享用这种大手大脚的生活方式。久在船上,身体各种不适,外加饮食粗劣,人员的大量减损成为家常便饭,库克早就清醒地认识到自己与周围人之间的关系。

在"奋进号"上,库克对鞭刑的使用还有所节制,而在"决心号"的航程中,鞭刑的使用频率远比在"奋进号"上高。"决心号"上的船员大约五分之一是他的老部下,但人数远远不够,因此其他船员不得不从普利茅斯(Plymouth)和朴次茅斯的酒馆和监狱临时招募。改装后的"决心号"与查尔斯·克勒克船长的"发现号"同行,他们开始了第三次远航,也是在这次航行中,库克成为一个偏爱严刑峻法的长官。航行到太平洋时,库克的行为变得反复无常,让人担忧。

库克的怒火常常会突然猛烈爆发。比如在汤加(Tonga),他破坏了自己早年制定的规矩,对那些从船上偷东西的岛民执行了严酷的鞭刑,鞭笞多达七十多次。据一个候补少尉记载,库克的惩罚手段也变得越来越古怪:"割岛民的耳朵;在他们游向岸边或将船划向岸边时,朝他们开枪或开炮;让船员用船桨殴打他们,撑篙够得着时就用撑篙把他们摁到水里。"①另一个人写道:"我不禁想,这人真是毫无人性啊!"②

然而,当这些人到达塔希提的马泰瓦伊湾(Matavia Bay)时,岛民们热情洋溢地登上船,欢迎他们到来。岛民的热情抚慰了库克冷漠的心灵。"他们见面时,哭泣、自责,各自寻找自己的老朋友和老情人,热情拥抱。"③库克宣布欢庆一天。据外科医生大卫·萨姆韦尔(David Samwell)说,夜幕降临时,一群妇女穿着百褶短裙,跳着舞,意在挑逗这些船员,包括领航员布莱的原始欲望。他写道:这舞蹈"显示出一种毫无节制的兴奋和放荡……绝大多数是年轻妇女,她们拍着手,做出种种淫荡的动作,重复着同一套动作。有时,她们会掀开自己的衣服,暴露出那些大多数民族都羞于示人的部位,似乎毫无羞耻之感;还有一个年长的女人站在前头,一直用手把衣服往上撩,以罕见的精力舞动着,也罕见的厚颜无耻,似乎是在挑逗观众内心最深处的情欲"。

而这些船员,他说,"用一种只有在极度兴奋之下才会表露出的兴高采烈的表情"④来回应她们。当然,不只是回应。事实上,这六周的逗留是极度的性狂欢,是完全无忧无虑的愉悦,但后果却悲惨而可怕。船员们染上了各种性病,也许他们还不知道这些疾病已经在他们的伴侣中传播开来。塔希提社会中固有的纵情的性表达方式最终将使他们付出惨痛的代价。

---

① Gilbert,George,(Holmes, C. ed.), Captain Cook's Final Voyage: The Journal of Midshipman George Gilbert Holmes,1982,pp. 33 – 4.
② Salmond,Anne,Bligh: William Bligh in the South Seas,Penguin,2011,p. 99.
③ Salmond,Anne,Bligh: William Bligh in the South Seas,Penguin,2011,p. 75.
④ Salmond,Anne,Bligh: William Bligh in the South Seas,Penguin,2011,pp. 78 – 9.

太平洋岛民们把库克当作半神来崇拜只会增强库克那本已膨胀的自我意识，这是非常危险的。在小小的护舰队护送他回英国之前，这种自我膨胀会给他招来灾祸，使他最终惨死于岛民手下。这一节是布莱与这个伟大航海家航行经历中的高潮部分。我们不知道小威廉是否也参与了这样的性享乐。可以肯定的是，布莱没有像同行者那样建立"岛国婚姻"。就如后面将要看到的，很多迹象显示布莱的性取向有点模糊不清。但同样，布莱很可能模仿了父亲行为，因为他的父亲在22岁时就怀着远大的抱负，自学了航海和水道测量学所需要的出色技艺。（事实上，布莱后来前往塔希提，声称自己是詹姆斯·库克的儿子。）

库克似乎直接拒绝了塔希提首领们主动提供的友好慰问，包括那些女人。或者说，如果库克真的纵情声色，那肯定也是在"决心号"上自己专属的"大舱房"那小小空间里谨慎地进行。无论怎样，尽管库克的行为越来越古怪，布莱肯定对这个事实印象深刻，即库克在海上的命令从来不受其手下人的质疑，更不用说挑战了。

1779年2月，库克在夏威夷的一次暴力打斗中丧生，这一事件给他那些年轻的崇拜者以沉重的打击。但更严重的事件正在酝酿之中，布莱似乎明显不得代理指挥官约翰·戈尔（John Gore）船长的欢心。在整理出版的航海日志中，尽管布莱承担了最初的航道调查任务，却被排除在致谢名单之外，取而代之的是布莱的助手亨利·罗伯茨（Henry Roberts），戈尔跟他更意气相投。更糟糕的是，罗伯茨被提拔为上尉，而布莱仍是一个低级牧师。布莱深感侮辱，愤愤不平。

唯一让他稍有安慰的是1781年在曼岛上与贝琪·边沁（Betsy

Betham)的婚姻,贝琪是一个迷人的女人,而且出身良好。他们的结合提升了布莱的社会地位。这段婚姻维系了31年,尽管(或者也许是因为)布莱经常不在家,家里的经济状况也时好时坏,贝琪感到筋疲力尽,因此最终于1812年结束了他们的婚姻。布莱于1754年9月9日出生在祖父位于康沃尔(Cornwall)的石头房子里。父亲弗朗西斯(Francis)曾经在普利茅斯的海关工作,平时还在农场做帮工。尽管他们家族有在海军任职的传统,但到威廉出生时,他们家中的亲戚已经没有能够充当布莱恩主的现役海军军官了。①

7岁时,布莱应征入伍,成为装备64门大炮的皇家海军"蒙默思号"(HMS Monmouth)——这艘战舰很少出港——战舰舰长的仆役,并在岸上上学。15岁时,他确定自己想在海军中谋取一份职业,先做一个身强体健的海员,同时等待时机成为候补军官。6个月后机会来了,他被派往皇家海军"克雷森特号"(HMS Crescent)上就职,这是一艘拥有32门大炮的护卫舰,指挥官是詹姆斯·科纳(James Corner)船长。"克雷森特号"护卫舰在西印度群岛的利华德群岛附近巡航了三年,布莱对这里的部分岛屿做了调查并绘制了海图。科纳对纪律要求非常严苛,1744年他们返航英格兰途中,17个试图开小差的船员被他处以鞭刑。布莱这个个子矮小、正在谢顶的候补军官对此情此景一时半会儿无法忘却。

后来布莱调到装有8门大炮的巡逻炮舰皇家海军"游骑兵号"(HMS Ranger)上,负责爱尔兰海到曼岛之间的巡航,打击走私。贝琪家族引以为傲的叔叔邓肯·坎贝尔住在曼岛,他是一个富裕商

---

① 布莱的姐姐嫁给了一个海军军医,但是他姐夫在海军里没什么影响力。

人,在泰晤士河上拥有为数不少的囚船,还有一队商船与西印度群岛奴隶制殖民地之间进行贸易往来。

布莱在海军部的晋升之路异常坎坷,慢得让他痛苦不堪。尽管通过了牧师考试,也拥有了一个海军军官所需要的六年海上经历,但他仍然只是一个下层候补军官。当库克船长任命布莱为"决心号"的领航员时,尽管有机会与伟大的航海家工作值得骄傲,但他仍只是个高级士官长。回到英国后,布莱的成就被忽视了,他不仅感到愤怒与不满,而且滋生出一股仇恨,这种情感深深地撕扯着他的人格。

1781年9月,布莱终于弄到了一个代理军官的职务,即装备74门大炮的皇家海军"贝里克号"上的第五上尉。当时英国正在进行另一场海上霸权争夺战,对手是荷兰。后来布莱相继在对法战争和对西战争的舰队中担任过一些次要职务,等1783年美国取得最终胜利并签署《巴黎和约》①后,英国觉得他们可以削减海军军费了,布莱被免除职务,薪水减到原来的一半,即一天两先令。贫穷的日子随之而来。在万念俱灰之前,贝琪家族是这个焦虑不安、性情暴躁的海军上尉唯一的希望。在她的家人中,只有叔叔邓肯·坎贝尔为他提供了一条逃离绝望之路。邓肯给布莱提供了"山猫号"(Lynx)船长的职位,这是一艘往来于西印度群岛的商船。这个29岁的小伙子欣然接受了这份年薪500英镑的工作,成为这个商业船队中的"朗姆酒与蔗糖船长"。接下来的四年里,他在坎贝尔船队的

---

① 美国和英国为结束美国独立战争而缔结的和平条约。又称《美英凡尔赛和约》。1783年9月3日签订,英国承认美国独立。

不同船只上担任指挥官,定期往返于大西洋之间。

在布莱准备"不列塔尼亚号"(Britannia)出海事宜期间,他收到曼岛一个著名家族的一封重要来信,向他寻求恩荫。那家有10个孩子,其中两个男孩被送到剑桥,随着家族老大——一个律师——的去世,家庭陷入困境。尽管次子学习成绩优异,但他无法随同兄弟们去读大学。这个18岁的男孩应征进入海军,成为候补军官,并迅速爬上了代理上尉的职位。现在他也成为和平的受害者,他的母亲请求布莱为他寻找一份工作。

他叫弗莱彻·克里斯蒂安(Fletcher Christian)。

布莱一开始拒绝了这个请求,因为船上所有职位均已签满。后来克里斯蒂安亲自向他请求,说工资无所谓,他只追求自己的事业。克里斯蒂安写道:"我们候补军官都是绅士,从不拉桨绳。但即便要求我去做普通人的活计,能在这种条件下航行,我也会很高兴。"①

布莱心软了,克里斯蒂安签约成为炮手。刚一见面,布莱就被这个年仅23岁、高大英俊、体格健壮(除了有点罗圈腿)的年轻人所吸引。克里斯蒂安似乎也很善于获得同船船员的认可与青睐,这也是他引以为傲的地方。

"获得同船人员的爱戴并不难。"克里斯蒂安在给兄长爱德华的信中写道,"只需心甘情愿服从上级的命令,并对同僚友善就够了。"

这一招对布莱来说当然也同样有效,在克里斯蒂安的描述中,

---

① Salmond, Anne, Bligh: William Bligh in the South Seas, Penguin, 2011, p. 105.

布莱"热情洋溢",要求"不列塔尼亚号"上的上级船员把他当作自己人。船上的大副爱德华·兰姆(Edward Lamb)后来对布莱说:"我明白你偏爱这个年轻人。虽然他做什么事都有点漫不经心,让我觉得不舒服,但我还是尽我所能给予他各种建议并传授给他各种知识。但你对他的缺点却视而不见,每隔一天就叫他到船舱去用餐,像对待兄弟一样教给他各种知识。"①

与此同时,邓肯叔叔的囚船以及其他类似的船只塞满了人。泰晤士河以及从普利茅斯到朴次茅斯的南方港口,囚犯们像动物一样被塞进废弃的海军舰艇,疾病和饥饿不可避免带来大量死亡。海岸周边的监狱早已人满为患,必须采取措施了。

流放并不是新手段,从1620年以来就是政府的政策。实际上,苏格兰和爱尔兰的战俘都曾经被作为奴隶卖到北美,但是在过去两个世纪里的总数只有5万人左右。新政策把植物湾(Botany Bay)作为流放地,与北美相比根本就不是一个量级。现在所有犯罪的下层阶级人士全部要流放到这里去。当时的人们对此地几乎一无所知,好在大多数船队曾在位于东海岸的这片土地下锚。

1787年5月13日,47岁的亚瑟·菲利普(Arthur Phillip)船长(他也是个农场主)与772名囚犯和监狱看守一起,乘坐被称为"第一舰队"的11艘船乘风起航,他受命前往一处面积小于北美的地方建立第二个殖民地,那里就是库克在"南太平洋"中偶然发现的诺福克岛。

---

① Salmond, Anne, Bligh: William Bligh in the South Seas, Penguin, 2011.

第二章 殖民之始

相对来说,大英帝国玩传教游戏是比较晚的。当葡萄牙和西班牙征服者一手挥刀剑,一手捧《圣经》时,英国的封建君主对改变殖民地人民的信仰、使其皈依基督教没有太多兴趣,这一状况直到18世纪下半叶才有所改变。如果说黑人奴隶真的有灵魂的话——这是一个长期的争论性话题——那么他们也应该寻找来世的幸福之路。不过作为主人,英国人更感兴趣的是如何最大限度地榨取他们的血肉之躯。

早在1724年,殖民地牧师乔纳森·爱德华兹(Jonathan Edwards)就在鼓吹土著居民"基督化"的可能性,不仅包括美洲土著,还有澳洲及太平洋偏远地区的土著。爱德华兹写道:"肇始之初,魔鬼就悄悄统治了这些地方。"①但是直到70年后,他的鼓吹才开始在热带地区开花结果。

1788年,亚瑟·菲利普在悉尼湾登陆,陪同他的是圣公会牧师

---

① Edward, 'Early Writing', CMP, p. 102.

理查德·约翰逊，约翰逊是在威廉·威尔伯福斯（William Wilberforce）的劝说下加入这支舰队的。威尔伯福斯是一个富有且有影响力的国会议员，在欧洲大陆游学时皈依宗教。但是在威尔伯福斯追求自己的基督教事业以及倡议废除奴隶贸易时，菲利普总督和约翰逊牧师对"基督化"澳大利亚土著都没有什么兴趣。事实上，没有记载显示约翰逊与澳大利亚土著居民有过任何接触，菲利普也没有匀出人力和物力为约翰逊建立教堂。直到五年后，约翰逊才凭自己之力建了一座教堂，花了 67 英镑，这笔钱来自他经营的农场中囚犯奴隶劳动赚取的可观利润。该教堂于 1798 年被烧毁，三年后约翰逊离开澳大利亚回到英格兰，再也没有回来。

约翰逊的助手与继任者塞缪尔·马斯登（Samuel Marsden）比他坚定得多。约翰逊出身于著名的文法学校，而马斯登是一个铁匠的儿子，跟父亲做学徒前只在乡村小学接受了基本教育。十多岁时马斯登迷上了家乡约克郡的卫理公会复兴派，不久成为一个著名的传道俗人。

他引起了约翰·米尔纳（John Milner）的注意，米尔纳是赫尔（Hull）文法学校的校长，约翰逊和威尔伯福斯都曾在他的学校就读。尽管马斯登牧师已有 24 岁，米尔纳还是主动要求收他做学生。马斯登用功学习，1790 年，在威尔伯福斯的资助下，他进入剑桥大学莫德林学院（Magdalene College）。三年后，在威尔伯福斯的建议下，他出发前往囚犯流放地新南威尔士及其附属岛屿诺福克岛。卸下少许行装，把新婚妻子安顿在帕拉马特（Parramatta）那块小小的政府赠地后，马斯登出海前往诺福克岛，并于 1795 年初到达该岛。

过去的七年间，这个岛上发生了很多事。

第一舰队抵达植物湾才 18 天，菲利普就派他的亲信菲利普·吉德利·金（Philip Gidley King）前往诺福克岛建立定居点。金时年 34 岁，未婚，出生于康沃尔朗瑟斯顿（Launceston）的一个布商家庭，1770 年 12 岁时加入海军，成为皇家海军"燕子号"（HMS Swallow）船长的仆役，这一年库克船长正在地球的另一端"未知的南方大陆"的东海岸绘制海图。① 此时这艘装备 60 门大炮的战舰将载着金来到远东，接下来的五年里，他将作为候补少尉在该船以及皇家海军"海豚号"（HMS Dolphin）和"精明号"（HMS Prudent）上服役，在英国追逐海上霸权的过程中耀武扬威。

在美洲殖民地战争爆发之际，金被派往美洲海域的皇家海军"利物浦号"（HMS Liverpool），随后调到皇家海军"名望号"（HMS Renown），他在这里见证了与法国舰队之间的战争并于 1799 年被授予上尉军衔。第二年，金遇到改变自己下半生命运的贵人，即他的上司、皇家海军"阿里阿德涅号"（HMS Ariadne）的指挥官亚瑟·菲利普船长。二人意气相投、互相信任，相处非常融洽。他们一起航行了三年，在对法与对美作战中屡立战功。1784 年，菲利普受命执掌皇家海军"欧洲号"（HMS Europe）②前往印度执行任务，他把金也调到该舰。

回来后，俩人都领半薪退休。菲利普夫人的前夫（彭布罗克的一个贵族）在罕布什尔（Hampshire）留下大量财产，这使他有条件得以继续优渥生活，而金上尉则很快就陷入经济上的困境。菲利普在

---

① 碰巧的是，"燕子号"不久前才从南太平洋回来，船长是菲利普·卡特雷特。1776 年他还是候补少尉时发现了一个小岛，并将其命名为皮特凯恩岛。

② "欧洲号"后来被改造成一艘巨大的运囚船。

1786 年响应号召，率领第一批受重罚的底层囚犯前往地图上尚未标注、人们对之基本一无所知的南方大陆。他召唤金加入自己的队伍，这个 32 岁的康沃尔人毫不犹豫地抓住了这个机会。金在之后 18 年里表露出来的种种性格和行为特质，此时已有显露。金面部丰满、身材滚圆，预示着他食欲旺盛、食量巨大。纵使他立场保守，那些地位更高的竞争者永远也不会把他看作"绅士"，况且他还保留着康沃尔口音。金的体格并不健壮，严酷而紧张的殖民地生活不仅严重损毁了他的健康，同时也使他变得喜怒无常。

金满怀激情地率领着自己的团队（7 个自由民，其中 2 个是海军卫兵）和 15 名囚犯（九男六女）从悉尼湾乘坐皇家海军"供给号"（HMS Supply）出发前往诺福克岛。这是一次出人头地的机会，如果这里的亚麻和松树可以如他所望地供英国舰队制作帆篷、桅杆和船桁，那么他就能在造船业上取得成功。

金的同伴可没有这么乐观。如果把 18 世纪被流放新南威尔士①比作一次飞往月球背面的旅行，那么这次前往诺福克岛的航行可以说是前往浩瀚宇宙中一颗微不可察的小行星。"供给号"穿过黑兹（Heads）不久就遇到了风暴，风暴如此强烈，以至于经验十足的金在日记中写道："我不断想，情况真是危急啊！"

"供给号"这艘 175 吨的小船还算结实，总算在亨利·巴尔（Henry Ball）上尉的指挥下逃过了风暴的冲击。没顺利几天，两天后，这次艰难航行再次经受考验，船上的乘客与船员又有了惊心动魄的遭遇——一头巨大的长尾鲨像复仇的魔鬼一般，不断从深海跃

---

① 库克在日记中最初将其命名为"新威尔士"，后来才改为"新南威尔士"。

出，攻击一头不得不冒出海面呼吸的鲸鱼。经过一个多小时的不懈搏斗，这头海中巨型哺乳动物最终命丧捕食者之口。

他们到达这个岛屿的那天是闰日，即2月29日，但他们划着小船花了五天时间才找到一条能穿过暗礁岩石安全登陆的通道。3月5日中午，"供给号"的领航员大卫·布莱克本独自出行时碰巧发现了那条穿过暗礁的通道，这就是后来的悉尼湾。船上的23人全部幸存，他们带着帐篷和补给从这条通道登陆。

天色向晚，他们才登陆成功。随后，金和巴尔在岸上把大家集合起来，举行了一个典型的英国式仪式，宣告他们对这块弹丸之地的占有。他们竖起一根挂着彩色旗帜的旗杆宣示这一重要时刻，并向国王乔治三世陛下敬酒，遥祝他健康长寿。实际上，此时乔治三世身患卟啉病①，正在切尔滕纳姆温泉（Cheltenham Spa）紧咬牙关、口吐白沫；王后是以前的梅克伦堡—史特雷利茨公国的公主夏洛特，婚礼当天才见到即将成为自己丈夫的乔治三世；他们的长子威尔士王子是一个丑闻缠身的酒色之徒，后来作为乔治四世在位十年，所收获的只是全国人民的唾弃。

尽管金不顾皇家礼仪，领着一群衣衫褴褛的人在异国的海滩上山呼万岁，但他对即将到来的工作充满热情，这是毫无疑问的。金早已瞄上了一个女囚犯，即安·易内特（Ann Inett）。她是一个30岁的裁缝，因为从顾客那里偷了一些布料而被判绞刑，又被减刑为流放七年。易内特后来怀了金的孩子，那个孩子是第一个在这座岛

---

① 卟啉病俗称吸血鬼病，又名血紫质病，病因是人体血红素的合成出现障碍，与吸血鬼毫无关联。目前该病还没有根治的方法。

上出生的白人孩子。这个男孩被取名为诺福克,简直是就地取材。

易内特的 5 个因犯姐妹可能也参加了这个仪式(和婚姻配对):伊丽莎白·希普斯利(Elizabeth Hipsley)也是个裁缝,因为偷了别人一丁点儿东西而被流放;奥利维亚·戈斯金(Olivia Gaskin)抢劫了不到 15 英镑,被判绞刑;伊丽莎白·科利(Elizabeth Colley)因为接受了一件偷来的长袍斗篷而被流放;苏珊娜·高夫(Susannah Gough)是因为在伦敦的穷街陋巷卖淫;伊丽莎白·李是一个 24 岁的厨师,她在自己工作的酒肆监守自盗,酒肆老板名叫托马斯·金。

9 个男性因犯也都是因为非暴力犯罪而被判刑,他们之所以被挑出来是因为第一舰队队医亚瑟·鲍斯·史密斯(Arthur Bowes Smyth)的建议。除了 72 岁的小偷理查德·韦迪库姆(Richard Widdicombe)和 14 岁的扒手查尔斯·麦克莱伦(Charles McLellan)外,其余人身体健壮。在新南威尔士颇有名望的鲍斯也推荐了 7 名自由民加入这个团队:队医的两个助手托马斯·贾米森(Thomas Jamison)和约翰·阿尔特里(John Altree)、皇家海军"天狼星号"(HMS Sirius)领航员的助手詹姆斯·坎宁安(James Cunningham)、海员罗杰·摩尔利(Roger Morley)和威廉·韦斯特布鲁克——他们两人分别擅长织布与木工,以及海军卫兵约翰·巴彻勒和查尔斯·凯瑞吉。

从"供给号"起航驶往东南并最终消失在菲利普岛的暗影中后,这一小撮人就被遗忘了。他们不认为自己是殖民开拓者,而认为自己被放逐到了孤岛。因为可以肯定的是,以前从没有人敢冒险闯到茫茫太平洋中这么一个小岛上来,更不用说在这里定居了。

直到 20 世纪后半期,通过澳大利亚考古学家的发现,人们才意识到最先定居诺福克岛的是来自东波利尼西亚的水手，他们的小社群人口有 20 至 50 人，可能来自克马德克群岛（Kermadec Islands）或新西兰北岛。① 这些人于 13 至 15 世纪间乘双人独木舟来到这里，繁衍生息了几代，直至绝迹。不管后来他们是自愿放弃此地还是由于内部暴乱而灭绝，目前我们可以看到，那是一个带有典型地方特色的孤立小社群，其中男女性别比例严重失衡。这个社群的主要村落遗址在艾米丽湾被挖掘出来，离金和他的队伍竖立旗杆的地方只有 500 米。

这些先民建造了一个公共会所和一个宗教会堂或神殿；他们的食物多样，包括鱼类、鸟类、贝类，偶尔还会有海豹，这一切都消失在文明的迷雾之中。但是他们给英国殖民者留下了两样意义非凡的东西。其一是龙舌兰（harakeke）或者叫新西兰亚麻，海军部对之非常关注。事实上它们与欧洲亚麻毫无关系，但在当时，这种差别对库克船长的博物学家或海军上层来说似乎并不重要。

另一样东西隐患要大得多，即波利尼西亚鼠。这种生物要么是偶然随毛利人的大船来到该岛，要么就是先民为了获取蛋白质而有意引入。不管以何种方式进入，总之，在这个没有天敌的环境里，它们站稳了脚跟并占领了整个小岛。现在波利尼西亚鼠的众多后代又有了新伙伴，那就是藏匿在"供给号"舱底的英国兄弟。它们钻进茂密的灌木丛，在这个真正的天堂里繁衍生息。它们不断交配，以指数级的速度增长，不久就威胁到这个小小殖民地的生存。

---

① Anderson, Atholl, Smith, Ian and White, Peter（eds）, Prehistoric Archaeology of Norfolk Island, Southwest Pacific, Australian Museum, 2001.

但是金并没有意识到他的这些潜在对手的存在，第二天一大早就派人出去工作了。"我开始清理一块地，打算种点儿东西。"金写道，"我们在定居点后不远处发现了一条清澈的溪流。"然而，金意识到了自己的局限："除了助手和医生外，我只有12个男人可用，因此一段时间内工作进展肯定会非常慢。"①

他监督女性囚犯种植及照料庄稼，让木匠威廉·韦斯特布鲁克带领一群男人去砍伐松树，建造木屋。事实证明他们各得其所。但对金和海军部上层来说，不幸的是，这些松树木质疏松，无法用来做桅杆或桅桁。这对他们是一个沉重的打击，然而打击接踵而至。首先是金找不到任何证据证明此处存在那种让库克和他的博物学家如此激动的亚麻。直到后来，一种被误以为是"鸢尾"②的植物在周围大量种植后，贾米森医生才确认那是新西兰亚麻。

海员兼织工罗杰·摩尔利对这种植物所知有限，不太了解怎样把它织成布。他知道第一步是"沤麻"，即让里面的茎秆腐烂，只留表皮纤维。切成小段以后，将表皮纤维里无用的东西抽出来，剩下的便可供下一步使用。摩尔利把这些茎秆泡在溪水里，捶打沤麻。然而，由于水平有限，他不知道下一步该怎么进行。

金在日记里记录了这一过程，并指出他们需要另找专业人士，也许可以从新西兰引进，因为当时的新西兰被认为是新南威尔士的一部分。此事解决后，金才把注意力转向其他更为紧迫的事情。伐木工人常会受到严重的刀伤，也会摔断腿，需要持续不断的治疗。

---

① 金写给亚瑟·菲利普的信，1788。
② King's Journal, p. 55.

接着,一种前所未知的球果植物喷出的汁液弄瞎了一个人的眼睛,其他人也被折磨得痛苦不堪。贾米森医生和他的助手约翰·阿尔特里只能用最基本的药物来帮助他们缓解病痛。

更麻烦的是一些关键成员的士气。这个小小的团队最初满怀热情,现在很快情绪低落了,取而代之的是因性别比例失衡所导致的紧张关系。男女比例高达3∶1。奥利维亚·戈斯金与苏珊娜·高夫和同为囚犯的另外两个人分别结为夫妻,贾米森医生在岛上为他们举行了庄严而隆重的仪式以证明他们的结合。继金声明安·易内特属于他之后就只剩下三个女人了,她们都叫伊丽莎白,即女裁缝希普斯利、女仆科利和厨师李。她们要与13个健壮的男人(不包括72岁的理查德·韦迪库姆)来度过漫长而温暖的热带之夜。

结果可想而知:争吵、打斗、酗酒。约翰·巴彻勒在金的帐篷中偷盗朗姆酒,被金抓获,而巴彻勒是维持秩序的两个海员之一,这是危机来临的前兆。金的反应迅速而果断,他在日记中写道:"这天下午,我聚集了殖民地的居民,用绳索套住违法者的脖子,把他带到刑场,给了他36鞭子。"[①]

如果金相信当众行刑可以制止其他人的话,那他马上就要失望了。仅仅三天之后,冲动的15岁少年查尔斯·麦克莱伦在贾米森医生的住处偷盗朗姆酒被当场抓获。"我下令给他100皮鞭作为惩罚,希望能取得良好的效果。"金写道。

短期来看,偷酒的行为似乎绝迹了。金抓住这个机会制定自己的小岛法律,共计11条律令,于4月18日在布告栏上公告。按照

---

① King's, Journal.

先知摩西的方式,每周日上午 11 点所有人均被要求参加在"指挥官住所"举行的祭礼,而且"行为要虔敬",法律就以这样的方式开始实行。自此以后,他们每天按照工作日程安排进行劳作,日出而作,日落而息,早餐(7:30—8:30)和午餐(11:30—2:00)为休息时间;周六可用于整缮自家的园子。妇女每天要做饭、打扫卫生,周五把所有男人的脏衣服收集起来,洗净并缝补好后于周六早晨送还给他们。男人们负责维护工具,要么亲手送给仓库保管员保管,要么放在自己的帐篷看管好。

这些律令包括几条古怪的禁忌。其中一些还容易理解,比如禁止在住所附近去除鱼鳞,去除鱼鳞必须在海边进行,这显然是出于卫生考虑。还有禁止砍伐香蕉树(这是另一个曾短暂存在过的波利尼西亚殖民地的传统)。

另一条律令却让人费解,既然所有衣物和被褥都是国王的财产,为何禁止相互交换被服之类的东西?而最令人不解的一条是禁止任何人在托特尔湾(Turtle Bay)及其附近溜达。"禁止任何人靠近这里,"金写道,"一旦被发现,将立刻受到严肃的惩罚。"其原因很难理解。托特尔湾后来改名艾米丽湾,是一片通向平静水域的沙滩。也许岛上的轻舟或渔船要在这里停靠。

最后,金的律令是一手胡萝卜一手大棒。那些愿意劳动的、诚实的、乐于助人的人将获得"权势人物",也就是金本人的恩宠。而那些不老实的、懒惰的,"无论现在还是将来都不可能得到任何恩惠,还将受到严惩,既可能在岛上受到肉体惩罚,也可能被送到杰克逊港接受刑事法庭的审判"。

无论他的警告对这些殖民者是否奏效,岛上发生的一切已大大超出了他的管辖。热带风暴与肆虐的鼠患毁了刚刚长出的麦芽,那些侥幸存活下来的作物又成了饥饿毛虫的口粮。金组织了一轮反击。他用空木桶制成诱捕硕鼠的陷阱,抓了"上千只老鼠"。贾米森医生用燕麦片和毛玻璃调和成一种混合物,用来对付那些逃过陷阱的老鼠。女人们被招去用手捉毛虫和虫卵,尽管她们尽力而为,却无法减少这些地下公民的数量。

但是,由于帐篷与木屋附近的红壤肥沃,各人自家的玉米和蔬菜长势喜人。尽管他们并未专门研究,一套简单的以货易货的制度慢慢建立起来,大大刺激了生产者的热情。金意识到,如果这个微型殖民地要自给自足,就需要更多人手,并且能够把剩余产品出口到澳洲大陆,出口到菲利普那个尚处于困境的殖民地。

4月的一天,不知是事出意外还是有人故意设计,诺福克岛上第一个体验鞭刑的人约翰·巴彻勒独自一人乘坐小船出海捕鱼时溺水身亡。此事之后,金所面临的状况进一步恶化。此地尽管海产丰富,然而囚犯们更喜欢腌牛肉和腌猪肉。与其相比,金倒是喜欢当地海产的味道。"这里鱼虾数量极多,味道鲜美,离岛大约半英里之外的大片海域都可以捕鱼。"金写道,"小溪里有许多鳝鱼,比我在英格兰见过的鳝鱼大得多、美味得多。"[①]尽管金尽了最大的努力,但改变他人味蕾的尝试收效甚微。事实上,不久之后以鱼代肉的行动差点引发了诺福克岛上的第一次暴动。

8月,3个男人前往卸载"供给号"送来的补给品和工具时,乘

---

① King, Letter‐book, Mitchell Library, quoted in Hazzard, Margaret, Punishment Short of Death: A History of the Penal Settlement at Norfolk Island, Hyland House, 1984, p. 21.

坐的小船触礁了，3 人全部失踪。这意味着不到 6 个月时间里，本来稀缺的人力资源就在海里折损了五分之一。此后不久，皇家海军"金树林号"（HMS Golden Grove）送来了 20 个男女囚犯，但是他们的到来并没有提供多少帮助，反而惹来更多麻烦。

金再次让他们试种谷类作物，这次比上次富有成效。金在给菲利普的报告中乐观地鼓励他送来更多囚犯，同时要求送来更多自由民和 6 个海军卫兵。这意味着金与最初那些成员间那种个人化的关系将不复存在，取而代之的是看守与囚犯之间固有的矛盾关系。诺福克岛上第一次喜庆的大会后的第十一个月，以威廉·弗朗西斯为首的囚犯团伙策划了一起暴动，他们试图抓捕并杀死岛上的权威人物。

他们知道，金每周六都会去看望怀孕数月的安·易内特，她被安置在一个小农场里，金以他的恩主之名，称这个小农场为亚瑟谷（Arthur's Vale）。金前往那里要经过一片森林，他们打算在那埋伏以待。

暴动者们也知道海军士兵每周六在森林的另一端采摘棕榈树的甜蜜红果。因此如果时机正确，先抓住金，再派人去医生那里谎称金摔跤受伤，需要贾米森和同事约翰·阿尔特里帮忙。这样可以"干掉"这两个医生。再等海军士兵劳作归来，暴动者可以守株待兔，将其一并制服。如此这块殖民地就会被他们所控制。

计划的第二阶段隐患更多。当另一艘来自杰克逊港（或其他地方）的船到达时，暴动者会俘获船上放下来第一艘小船及船上成员，并隐藏在岸上。3 个囚犯，其中一个扮成军官的模样，划着自己的小艇，以筋疲力尽的模样前往报告，说小船触礁，严重受损，这样就会有第二艘驳船运送补给物品。(如果运气好的话)在指挥官的邀请之下,船长和他的军官同僚可能与暴动者一起进餐。然后他们就会与之前的人遭受同样的命运。现在已有两艘船在暴动者的控制之下,再加上他们自己的船,暴动者们可以在天黑之后接近大船,制服其余军官和船员。囚犯们驾驶着自己控制的船只驶往塔希提岛,把这座岛留给那些幸存者——如果真的有幸存者的话,他们会把这个故事告诉后人。

这是一个大胆残忍的计划,不久,绝大多数囚犯都签字画押。然而,既然有这么多人知情,计划注定会泄漏。花匠罗伯特·韦伯的情妇伊丽莎白·安德森热切地希望他能签字,但是韦伯拒绝了并向金告发。

金大吃一惊,一开始拒绝相信这种事。但是拒绝加入暴动的囚犯、缆索工约翰·赖斯,以及另外两个木匠即纳撒尼尔·卢卡斯和上了年纪的理查德·韦迪库姆都确认了他的说法,他们3个都属于第一批的"老人"。

金迅速采取行动,给威廉·弗朗西斯这个"麻烦的卑鄙小人……十恶不赦的恶棍"戴上脚镣手铐。金发现29个男性囚犯中有26人参与此事,这让他觉得胆寒。他原本打算把殖民地建设成一个仁慈的社区,这一事件对他这个天真的想法是个沉重的打击。他把戴着镣铐的弗朗西斯押回杰克逊港,并请示菲利普是否可对其处以绞刑,这是金偏爱的一种刑罚。把已经法办的弗朗西斯带回诺福克岛,"这样就可以以儆效尤"。

最终,依据法律,这个暴动者得到了宽恕:暴动并未真正发生,因此也就无法审判。在服刑期间他被罚做苦役,最终的命运就不得而知了。这并不如金之意。但是他决定尽最大努力确保这种事情不会再次发生。

新南威尔士的殖民地军事审判员大卫·柯林斯上尉后来写道："金先生本来……像仁慈的主人对待自己的家人一样善待他们，但是他现在看清了他们的本来面目。"①金现在不再与手下人打成一片，他要求清理干净驻地周围的树木，以减少手下人私自聚会的机会。这样做也许救了很多人的命，因为紧接着一场猛烈的龙卷风席卷该岛，帐篷和单薄的小木屋周围的巨大松树在这次龙卷风中悉数倒下。

尽管金对自己救人感到高兴，但他并不指望（也不接受）囚犯们对自己感恩戴德。临近1789年，殖民地的新政权像监狱一样暗流涌动，平静的表面下冲突一触即发。

菲利普总督决定把诺福克岛作为死硬顽固犯罪分子的倾泻地，这对本已危机重重的诺福克岛来说是雪上加霜。菲利普同时警告说："绝不能信任囚犯。"然而，菲利普又用个人的保证来粉饰自己的决定："我保证，你的每一个行为都将得到我的全力支持。"②

---

① Collins, Lt David, An Account of the English Colony in New South Wales, p. 50.
② King, Letter-book, quoted in Hazzard, Margaret, Punishment Short of Death, p. 41.

第三章 暴　动

正当金努力控制那些受到蛊惑、试图逃往塔希提岛的顽固暴徒时，这出戏中的另一个当事人同样被这个传说中的岛屿所困扰。威廉·布莱船长于1788年10月26日乘坐改装的运煤船皇家海军"邦蒂号"（HMS Bounty）抵达塔希提岛，在明媚的阳光下沿着东海岸向北航行，以"之"字形路线熟练地绕过维纳斯角（Point Venus），进入马泰瓦伊湾。他们受到当地岛民的热烈欢迎。

尽管布莱要用委婉的说法和彻头彻尾的谎言来掩饰自己的企图，但他真正的任务是维持帝国的奴隶制殖民地。约瑟夫·班克斯爵士的计划是，把岛上的土生面包果树挖出来，运到西印度群岛去供养在那里从事制糖产业的奴隶。这种面包果树可用来制作面包，是小麦的最佳替代物之一，因为"与那些需要爬到树上去采摘的植物相比，这种东西的获得简直是轻而易举"①。

---

① Banks in Beaglehole, C. (ed.), The Endeavor Journal of Joseph Banks, 1962, vol. I, p. 341.

即使算上船头作为破浪神的身穿绿色骑手服的贵族女孩像，"邦蒂号"也只有84英尺(25.6米)长，特别适合储存这几百棵需要运输的面包果树。在接下来发生的戏剧性事件中，有一个变化被证明是至关重要的。船上最宽敞气派的房间"大舱房"是船长专属的私人领地，这是一个能增强官威、让人变得庄严的领地。当舰船的统治者对船员动用生杀大权时，这个舱房非常有用。然而在"邦蒂号"上，这个舱房却被改造用来装载面包果树。身材矮小的威廉·布莱上尉因为没有被提拔为船长而吃尽苦头，被迫与船员们挤在狭小的空间里生存。他的指挥官舱房位于船腹的下层甲板，与左舷的领航员船岗相对而望，中间夹着船长的狭窄餐厅和配餐室。这不仅削弱了他作为指挥官的权威，而且加重了他自己低人一等的感觉。

在他选中的大副、体格健壮的年轻人弗莱彻·克里斯蒂安面前，在他们混乱的关系中，这种感觉尤其明显。到目前为止，他们的关系比以往更加紧密。当"邦蒂号"停泊在怀特岛等待最后的命令出发前往南海时，布莱的妻子贝茨和他们的女儿来到这里和他一起生活。其间布莱数次带着克里斯蒂安与家人相聚，还借给他一笔钱。

克里斯蒂安的哥哥查尔斯也利用这个机会前来看望暂居岛上的弗莱彻，查尔斯也很喜欢他的青春活力。弗莱彻可以爬上一艘船的炮筒跳到另一艘船上去，并且不会碰到船舷。查尔斯对他胳膊上发达的肌肉感到惊讶，弗莱彻对此哈哈大笑。"这都是辛苦劳动的结果。"弗莱彻说，"我很高兴能成为人们的榜样。我不仅能完成普通水手的全部工作，还能干军官们的主要工作。"①

尽管弗莱彻在"邦蒂号"上只是一个候补少尉，但1787年12月23日起航后不久，布莱就把他提拔为代理上尉，甚至超越了领航员约翰·弗赖尔，并且让他负责第三班夜巡队。但同时布莱又不断地指责弗莱彻的航海技术，还喋喋不休地让他还钱。布莱那无法预见的"暴怒"总是针对他的徒弟弗莱彻，还威胁说要写信给他哥哥索要欠款和利息。

弗莱彻的反应同样暴烈。据一个同船船员说，他对"老是把责任推到他头上的做法非常恼怒，几乎无法忍受对其个人能力的奚落"。② 这种关系潜在的同性恋本质似乎是教科书式的，事实上，英国首相温斯顿·丘吉尔把这种"服务"的惯例总结为"怪异、鸡奸、乞求、鞭打"。③ 尽管他们相互吸引，但不太可能发生过实质性的关系。如果真的发生过实质性关系，那毫无疑问是在审判暴动者期间。但是布莱对这个男人身体的迷恋在他对弗莱彻的描述中得到很好的证明，布莱写道："五英尺九英寸高，皮肤黝黑或者说肤色很暗，身体强壮；左胸刺着一颗星……膝盖有点外凸，也可以说他是罗圈腿……他出汗很多，尤其是他的双手，因此他经手的东西都会弄脏。"④

此外布莱还有一些不同寻常的观察，那就是这个年轻人"臀部的文身"。很可能是因为在热带地区，船上拥挤的空间使指挥官有

---

① Christian, Charles, quoted in Salmond, Anne, Bligh, p. 121.
② Christian, Charles, quoted in Salmond, Anne, Bligh, p. 128.
③ Nicholson, Harold, Diaries, 17 August 1950.
④ 暴动发生后布莱提交给海军部的报告。

机会观察徒弟的裸体。如果是这样，文身显然刻在了他的记忆中。

船上其他人员，包括海军士官和海员在内总计44人，他们比领航员和指挥官的生活条件更艰苦。海军士官挤在船头的舱房里，候补少尉住在船的中部，13个海员则把吊床拴在船上待宰牲畜（猪、绵羊和山羊）棚旁边，整天呼吸着它们散发出来的臭味和聆听它们的呼哧声。

航行的日子里，他们之间的摩擦相对来说较少。布莱遵循导师詹姆斯·库克的教训，确保手下进舱时能换上干爽的衣服和吃上一顿热乎乎的早餐。像库克一样，布莱带领手下在甲板上"跳舞"来锻炼身体，也以库克的方法预防败血症。在最初的5个月里，布莱的记录里没有败血症的病例，也没有腹泻或发烧的情况。

布莱对自己船上的纪律深感骄傲，最初几个星期里甚至没有动用过其他船上常用的鞭刑。事实上，直到两个多月后，布莱才命令剥去一个水手的上衣，将其像耶稣一样绑在甲板上，处以24下鞭刑。据领航员弗赖尔记载，水手被指控犯了"侮辱与藐视罪"。这个水手名叫马修·坎塔尔，是一个出色的海员，当然他受罚毫无疑问也是罪有应得。坎塔尔是一个恶棍，后来其行为也未见改正。

布莱引领着轮船继续向西南方的南美洲海岸而去，打算绕过霍恩角（Horn）。但是由于飓风，布莱不得不变计划，取道好望角前往南美洲，这让他的船员们非常开心。布莱在好望角修好船只，并给"邦蒂号"补充了水和食物等，从咆哮西风带驶向塔斯马尼亚，于1788年8月21日抵达离布鲁尼岛（Bruny Island）不远的冒险湾（Adventure Bay）。

在接下来的日子里，他们把柴火带到船上。布莱第一次与海军士官们发生了严重龃龉，显示出他性格中"暴风骤雨"的一面，这有损于他的长官形象，也有损他的名望。布莱指责木匠威廉·珀塞尔把木头砍得太长而不便于存放，还克扣了珀赛尔几天的口粮以示惩罚。

之后不久，布莱又与医生托马斯·哈甘——他因为私藏朗姆酒而名声大噪——发生冲突，起因是体格健壮的海员詹姆斯·瓦伦丁因伤口感染而死。随后布莱又发现自己与领航员弗赖尔之间发生了矛盾，因为他强迫弗赖尔在一些同僚的"品行良好"报告上联署签名，而这与弗赖尔的意愿相悖。

但是在"邦蒂号"驶往布莱所谓的"人间天堂"的行程中，真正破坏船上成员间和谐氛围的是布莱与弗莱彻·克里斯蒂安之间忽冷忽热的关系。布莱命令园丁兼植物学家大卫·尼尔森——他曾参与了库克的最后一次航行，对塔希提人还有一定的好感——告诉前来欢迎的酋长说布莱实际上是库克的儿子，克里斯蒂安与其他海军士官一样在心里暗暗嘲笑。

相反，这一说法在岛民们心中产生的影响却是深远的。如果说库克是神的话，那么他的儿子起码也是半神，这就意味着布莱和他的手下可以随意使用塔希提人提供的一切东西。在接下来的两个月里，他们在岛上尽其所能地搜刮劫掠。布莱以其尊贵的身份享受着尊贵待遇，而船上的其他成员，包括鹤立鸡群的克里斯蒂安则兴高采烈地享用岛上妇女提供的色情礼物。克里斯蒂安与见习船员托马斯·海伍德（Thomas Haywood）、来自西印度群岛肤色灰暗的爱德华·杨，以及来自奥克尼群岛（Orkney）的乔治·斯图尔德纵情于马拉松式的性爱。有时其他人也会加入他们的娱乐活动，比如卫兵士官查尔斯·丘吉尔下士、炮手的助手约翰·米尔斯、水手长的助手詹姆斯·莫里森以及另一个候补少尉彼得·海伍德。

在英国那个保守的社会里，他们对私底下偷情这样的事情一无所知，也没有经历过来自异性的大胆仰慕与毫不掩饰的挑逗。他们在左胸刺上一颗星作为标志，把该光荣俱乐部的成员与他人区分开来。到1788年平安夜，大舱房里已经塞进了多达774只面包果树，金色田园牧歌式的生活即将结束，让他们感到沮丧。

然而，随之而来的一系列事件让他们推迟了出发日程。首先是一股可怕的旋风迫使他们不得不停下来，在维纳斯（Venus）的山脊后躲了好几天。1月5日天空放晴，有3个人弃船而逃，即丘吉尔、约翰·米尔沃德和威廉·马斯普拉特。布莱不得不再次推迟航程，以便抓回三人。那天正是克里斯蒂安的下属托马斯·海沃德当值，海沃德说自己睡着了，这个借口让布莱勃然大怒。布莱命令用铁链把海沃德锁起来，并威胁说他将受到法律的严惩。更让布莱愤怒的是，这些逃犯竟然是窃取舰艇上的快船逃走的，还带走了一箱枪支弹药，其中包括8支步枪。

布莱派约翰·弗赖尔前去追捕，在一些塔希提人的帮助下，弗赖尔把快船追了回来，但他报告说这些人很可能得到了某些部落首领的庇护，因为岛上部落之间无休止的敌对状态使这些部落首领格外重视火力。布莱搜查了逃亡水手的住处，从丘吉尔的储物箱里搜出一份名单。他也搜查了克里斯蒂安和彼得·海伍德的储物箱，布莱估计他们也可能密谋反对他，通常为了避免事发当天反水，暴动的组织者会要求参加者在纸上签名确认。据历史学家安妮·萨蒙德（Anne Salmond）说："克里斯蒂安、斯图尔特和莫里森，也许还有其他人，他们在岛上那段时间里很可能达成了某种秘密协议……但这并不意味着他们已经决定弃船而逃或者对他们的船长采取叛变行动。"①

　　塔希提人花了数天时间追踪这些叛逃者，布莱也亲自上岸指导追捕行动。他发现这3个人正等着他并打算投降。不用说，布莱下令给他们套上铁链，用九尾猫鞭狠狠地教训了一通，并将其押送回去接受"更严厉的惩罚"。布莱把所有成员召集起来，情绪激昂地就"逃跑与逃兵的命运"演讲一番，宣读了《战争法案》中的某些条款，同时宣布对这些违法者处以死刑。他相信这会产生震慑作用。为了加强效果，布莱还在2月4日对这些逃跑者执行了公开的鞭刑。

　　岸上摇曳的棕榈树和闲适的生活方式与海军传统的规矩和日常工作格格不入，布莱心烦意乱，越来越无法控制自己的脾气。比如，船停在岸边等待起航时，风帆展开，发现帆布的接缝处有所腐烂，布莱大发雷霆，对弗赖尔和水手长威廉·科尔暴跳如雷，在众海员面前用恶毒的话把他们骂得狗血淋头。布莱在日记中控诉说他们是在"犯罪"，要是能找到人替代，当场就要解雇他们。

　　3月2日，一个塔希提人从海滨帐篷里偷走了一个方位罗盘，这次布莱把乔治·斯图尔特挑出来当靶子，因为斯图尔特是当值军官。此外，当塔希提人释放这个犯人时，布莱彻底失态，命令给这个人戴上铁链，再抽他100皮鞭。这简直就是库克最后一次航行时的旧病在他身上复发了。就这样一个男人，还曾经假惺惺地宣称会像对待子女一样对待下属。布莱写道："真是失算啊，我居然相信

---

① Salmond, Anne, Bligh, p.178.

适当惩罚能改变他们的行为。"布莱以精心组织的告别来抚慰自己，有丰盛的美食，也有来自塔希提人的阿谀奉承。

1789年4月4日，舰载小艇终于拖着"邦蒂号"驶向海洋，塔希提人驾驶着独木舟哭泣着送别。绕开礁石区后，水手们把小艇拖上甲板，船长选好航线开始向胡阿希内岛进发，这是一个属于社会群岛①的小岛。布莱下令增加下属的朗姆酒配额，他认为这是一个姿态，以此对他自己感知到的不公做一个补偿，同时也是画出一条线，标志着岛上那段时间的纠纷已经过去了。可是要收买克里斯蒂安和其他那些挨过骂的人并非易事。船上弥漫着不满与骚动。

布莱绕道胡阿希内岛是想与塔希提人欧迈再次相见，欧迈已搭乘库克的"决心号"回到这里。然而，他们到达后，岛民们出海迎接，告诉布莱欧迈回来18个月后就去世了。布莱和船员们买了一些芋头、甘薯和椰子补充给养，继续绕道前往目的地加勒比海。他们向西航行前往汤加。讽刺的是，此地被命名为友爱群岛（Friendly Islands）②，但依然保留着同类相食的传统，汤加占其主要部分。

一路上风向风速适宜，4月23日傍晚，他们抵达天然港湾安娜摩卡（Annamooka）③。第二天早上，大船周围来了不少独木舟，布莱邀请部落首领上船，又派遣两个小分队上岸，其中一队由弗莱

---

① 社会群岛其实是中文错误翻译，正确的译名应当是学会群岛，因为此岛因纪念英国皇家学会而得名，跟"社会"没有关系。它是太平洋东南部法属波利尼西亚的主要岛群，由塔希提、莫雷阿、华希内等15个火山岛组成。塔希提岛是其中最大也是最著名的岛，面积约1647平方公里。

② 友爱群岛又称汤加群岛，属于大洋洲，位于南太平洋西部、国际日期变更线西侧，西距斐济650公里，西南距新西兰1770公里。

③ 现名诺穆卡（Nomuka），汤加的海港。

彻·克里斯蒂安率领,收集柴火、补充水源。他们不久就遇到了满怀敌意的当地土人,一个头领用一条有羽毛装饰的长矛向克里斯蒂安做出威胁状,有人开始向他们的小分队投掷石块。水手长助手詹姆斯·莫里森在航海途中保持着记日志的习惯,他在日志中写道:"这些岛民太烦人了,以至于克里斯蒂安先生很难完成自己的任务。"

尽管配备了枪支与弯刀,克里斯蒂安仅仅带回几加仑水,因此布莱骂他是"胆小鬼,连几个光屁股野人都害怕"。克里斯蒂安反击道:"你自己命令禁止使用武器,有武器有什么用?"①克里斯蒂安未能完成任务,布莱反复表达对他的嫌恶和藐视,他在航海日志中写道:"我信任他,给他下达了几次任务,可他没有一次让我满意。"布莱和克里斯蒂安两人的矛盾变得越来越深,甚至发生了肢体冲突,整个船队的人都被卷入其中。

4月26日,他们离开汤加,第二天下午来到托富阿岛(Tufoa),这里的火山正在爆发,海面上浓烟滚滚、火光蔽日。布莱走上甲板,来到军官和船员在枪械间各自储存的椰子前。他在自己那一堆前停下来,发现少了几个椰子。布莱怒不可遏,把所有的军官与船员都召集到甲板上。克里斯蒂安那天值早班,正在吊床上睡觉。当他达到甲板时,布莱几乎歇斯底里了。布莱要求清查他带了多少椰子上船,已经吃了多少。克里斯蒂安回答道:"我不知道,先生,但我希望你不要认为我卑贱到要去偷那几个椰子。"

据莫里森说,这让布莱彻底失控。"是的,你这该死的小人!"

---

① Salmond, Anne, Bligh, p. 206.

布莱尖叫道,"我就是这么认为的。肯定是你偷了我的椰子,否则你就得给出更好的解释。天杀的,你这恶棍!你们都一样,都是贼,和这些人一起偷我的东西!我想你下一步就是偷我的甘薯。我会让你付出代价的,你这无赖!到达奋进海峡(Endeavour's Strait)之前,我要让你们一半人跳海!"①布莱停止配给朗姆酒,没收了所有的椰子。出于怨恨和报复,他命令克里斯蒂安从早晨4点至8点再值一次早勤。这是违反惯例的,按照惯例,值勤必须三班倒,不能连续值勤。而按布莱一贯的风格,他不仅遵守这个惯例,同时还会在当天晚上邀请值班人员共进晚餐。克里斯蒂安通过托马斯·海沃德向布莱表示歉意,海沃德曾经因为值班时睡觉被布莱严厉批评过。海沃德说克里斯蒂安身体不舒服。布莱当时邀请这个传信人共进晚餐,困惑不解的海沃德接受了他的邀请。

这时的克里斯蒂安精神与情绪都不太稳定。他找木匠威廉·珀塞尔诉苦,"大滴眼泪从眼里滚落"。珀塞尔是一个比他大十来岁的士官长,除了安慰他,劝他再忍耐"一会儿"外,也帮不上什么忙。这种安慰是空洞无力的。克里斯蒂安表示他要抱着指挥官和他一起跳海,逃离这艘已经变成地狱的船。

这次,克里斯蒂安决定自己做一个木筏,在当天晚上逃离"邦蒂号"。他走到自己的船舱,撕碎私人文件,把这次航程中获得的曾经视为"珍宝"的东西扔出船外。他找到乔治·斯图尔特和彼得·海伍德,把计划告诉他们,要他们帮助搜集制作木筏所需要的材料和前往托富阿岛所需要的给养。然后他就大干起来,从一艘工作船

---

① Salmond, Anne, Bligh, p. 209.

上拆下一双桅杆,拖到一处宽敞的地方,做成木筏的基本框架,然后回到自己的吊床上睡觉。后续一系列事件清楚地显示,克里斯蒂安睡觉时,斯图尔特和其他人从船上挑选了一部分人密谈,试探是否具有接管"邦蒂号"的可能性。

凌晨4点,斯图尔特叫醒克里斯蒂安,告诉他"大家都准备好了"。就在这一刻,克里斯蒂安做出了一个影响未来数年的决定——暴动。一方面,这次事件成为传奇的素材,是大量书籍、纪录片和故事片的原始资料。布莱集团与克里斯蒂安及其支持者之间开战的原因,作为一场闹剧、一个心理研究的案例,其影响深深嵌入西方人的意识中;但另一方面,这次事件给暴动者的后人,尤其是那些心理脆弱的后人带来了最痛苦、最耻辱的影响。它还将蔓延至黑暗天堂诺福克岛。

弗莱彻·克里斯蒂安和他的小团伙分散在"邦蒂号"上狭窄而黑暗的走廊里,偷偷传递信息,寻求支持暴动的力量。甲板上,布莱的晚餐客人托马斯·海伍德的注意力被一条尾随而来、不时冒出水面的巨鲨吸引。巨鲨此时正从船边浮出水面,似乎预示着船上即将发生的灾难。不到一个小时,灾难就发生了。

克里斯蒂安对军械保管员约瑟夫·科尔曼说他想射杀鲨鱼,向他要了武器柜的钥匙。科尔曼不愿意自己被归入暴动者行列,就把钥匙给了他。但是克里斯蒂安接近武器柜时,发现候补少尉约翰·哈利特睡在柜子上,而此时他本该在甲板上值勤。克里斯蒂安命令他回到自己的岗位上去,这个年轻人走到一边,却被3个急不可耐的新兵拉入了暴动行列,他们分别是丘吉尔、艾萨克·马丁和恶名昭彰的马修·坎塔尔,紧随其后的是由约翰·亚当斯(又名亚历山大·史密斯)率领的另一队人马。

亚当斯时年32岁,出生于米德尔塞克斯(Middlesex)。不过我们对他的出身知之甚少,而他自己的讲述也常常自相矛盾。和大多数暴动者一样,亚当斯也是一个满身毛病的人——残忍、狂暴、没受过教育。亚当斯和其他人接过克里斯蒂安递过来的火器,挤上舱梯,来到甲板上。托马斯·海沃德后来描述了他们上来时见到的情形,"我惊讶得目瞪口呆。"他写道,"我看见弗莱彻·克里斯蒂安、查尔斯·丘吉尔、托马斯·柏克特、约翰·萨姆纳、马修·坎塔尔、威廉·麦考伊(William McKoy)、(美国人)艾萨克·马丁、亨利·希布兰特(Henry Hilbrandt)和亚历山大·史密斯(亚当斯)拿着步枪和刺刀来到船尾。我问弗莱彻·克里斯蒂安为什么要这样做,他让我闭嘴。"①

克里斯蒂安留下艾萨克·马丁在甲板上看守值班人员,他和其他人去船舱里抓布莱,还要防止布莱的追随者反攻。克里斯蒂安自己冲进布莱的舱房,粗暴地将他摇醒。布莱大叫"有刺客",目眦欲裂的克里斯蒂安用匕首抵住他的喉咙。克里斯蒂安自己的脖子上挂着一个铅坠,如果暴动失败,他就会自己跳船自沉。布莱的叫声吵醒了弗赖尔和其他人,他们还没来得及做出反应,暴动的船员就冲上去控制了他们。坎塔尔把弗赖尔暴打一顿,对他说:"你已成为我的阶下囚。"

其他海军士官选择中立,只有17岁的候补少尉彼得·海伍德、23岁的斯图尔特和出生于西印度群岛、一口蛀牙的27岁的内德·

---

① 暴动者审判证词。

杨愿意脱离军官序列加入暴动者行列,而18名船员中有14人自愿加入反叛者阵营。据甲板上的海沃德说,"不久之后,我就看见布莱上尉双手反剪,被带上后甲板。现在有部分军官被允许来到甲板,克里斯蒂安命令我们把小船升起放进海里。

"我们提出抗议,船太小,而且有裂缝,无法容纳这么多人。于是克里斯蒂安把工作船给了我们,船刚下水,他就命令文书约翰·史密斯先生、候补少尉约翰·哈利特和我上船。

"我们请求在离开前给一点时间收拾衣物,克里斯蒂安同意了我们的要求。我来到主舱口,一开始带着弯刀的马修·汤普森阻止我入内,后来同意我和哈里特先生一起下去。彼得·海伍德还在他自己的铺位上,我让他和我们一起上船,但是匆忙中我不记得有没有听到他的答复。"

与此同时,甲板上的布莱光着脚,身上只穿了一件睡衣,双手捆在背后,睡衣后面撕破了,背部暴露在深夜的寒风里。布莱不断向克里斯蒂安提出抗议,弗赖尔也被带了上来,恳请克里斯蒂安改变航向。克里斯蒂安对他喝道:"闭上你的嘴,先生。太晚了!"他又向布莱喊道:"Mamoo(塔希提语中的'安静')!再说一个字,现在就弄死你!"然后他对着众人大放悲声:"过去这十几天里,我就是在地狱中煎熬,我决定不再忍耐……这一路上我就像条狗一样被差遣。"

海沃德回到甲板时,布莱的18个追随者中大多数人都上了23英尺长的工作船,他也跟着上了船。海沃德写道:"布莱上尉也被迫上船,我们都向船尾移动。暴动者说他们愿意给我们一条拖船以便于上岸(前往托富阿岛)。"

布莱拒绝了他们的好意。

"在这种情况下，我们跟在'邦蒂号'后，祈求他们给我们一些武器、弹药和其他补给。我们得到了四把弯刀，一小块猪肉。若干暴动者聚集在船尾公开羞辱布莱上尉，（包括）理查德·斯金纳、马修·坎塔尔、约翰·米尔沃德、亨利·希布兰特、托马斯·埃里森、亚历山大·史密斯（亚当斯）和威廉·布朗。理查德·斯金纳本想冲上工作船，但被其他暴动者拦住了。约翰·米尔沃德对我们嘲笑道：'走吧！每天二两甘薯，看你们能不能活下来。'"

考虑到留在"邦蒂号"上的25个人中有些更恶毒，他们可能会集中起来向这些被赶上工作船的人开枪射击，水手长威廉·科尔命令拉远与"邦蒂号"的距离。布莱对被迫留在"邦蒂号"上的军械保管员科尔曼、木匠助手查尔斯·诺曼以及托马斯·麦金托什喊道："不要害怕，我的好伙伴，尽管你们不能跟着我……只要能回到英格兰，我一定会还你们一个公道。"

随着两艘船的距离越来越远，布莱让这艘拥挤的工作船掉头前往托富阿岛。克里斯蒂安扔掉铅坠，砸开朗姆酒坛，纵酒狂欢。他们驶向塔希提岛，但对航线却毫无规划。

第四章　到达皮特凯恩岛

　　托富阿岛上的本地居民对外来者充满敌意。如果克里斯蒂安按照最初的计划乘坐救生艇逃到这里，那么毋庸置疑，他肯定已被杀害，甚至可能被吃掉。布莱和同伴们上岸搜集淡水和椰子，不久他们就遇到了致命的危险：投石器的石块横飞，他们连忙后撤，然而行动笨拙的军需官、36 岁的约翰·诺顿还是被生擒并被殴打致死。其余人仓皇逃窜，摔得鼻青脸肿。

　　起初，布莱倾向于掉头回塔希提岛，但弗赖尔反对这个方案。几乎可以肯定的是，暴动者们是去了那里，他们会毫不犹豫地从水里冒出来用"邦蒂号"上的四磅炮把布莱他们那单薄的小船炸个粉碎。而当时正盛行的东南信风让他们几乎不可能返回定居地植物湾，因此布莱决定前往位于他们正西方的帝汶岛，这就要经过澳大利亚北部海岸，航程远达 3600 海里。事实上，布莱不知道，他们前方就有一个安全地点，比去帝汶岛近了三分之一的距离，只要他们的航线往南偏一点点就可以了。

　　1789 年 6 月，金向菲利普总督夸耀说诺福克岛殖民地正在日渐繁荣。

当月,菲利普总督派约翰·克雷斯韦尔中尉率领一队 14 人的水兵来到诺福克岛,如果金被杀死或者因为其他原因而致残,将由克雷斯韦尔来接替他掌管这片殖民地。金在报告中对诺福克的丰饶夸大其词,引得菲利普总督决定增派囚犯到该岛来服刑,有男人、女人和小孩,以加强对亟须供给的杰克逊港殖民地的支持。但是金在报告中也提到了一些难缠的闹事者,他们引起了更多的分歧与纷争。

到目前为止,金还没有找到发展亚麻产业的可行方法。但他开辟了 17 英亩土地用来种植小麦和玉米,采用公私合营的方式,生产的粮食足以供给这个殖民地。他还修了一条从悉尼湾(后来改名金士顿)定居点直通瀑布湾(Cascade Bay)的路,这条道路成为取代船只输送供给的栈桥。

瀑布湾之所以得名,是因为这条瀑布从一处肥沃而苍翠的悬崖直泻入一道丰产的峡谷。周边地区很快得以殖居,粮食作物得以大量生产,果林也长得郁郁葱葱。溪流中生长着大量的鳗鱼,入海口是捕鱼的绝佳之地。事实上,环岛各湾与礁石都堪称捕鱼者的天堂。

随后的另一个发现则产生了深远的影响。一群囚犯在岛上最高峰皮特山上寻找木材,偶然发现了数百个鸟巢,筑在松软的泥土里。这些鸟属于红嘴海燕的一种,别名索兰德海燕(Solander's Petrel),以库克船长"努力号"上随行的博物学家的名字命名。殖民者不久就搜集了数百枚鸟蛋。

金与安·易内特的第二个儿子即将出生,他们就地取材,以

"悉尼"为他命名。金打算建立一所学校,教授一些文明社会的基本常识,但没有找到合适的教师。囚犯中有些人也能读能写,但没有一个人愿意担任教师。

1789年下半年,菲利普在海军职务升迁簿上推荐了金,但因为资历问题,金最终升迁无望。作为补偿,国务大臣利兹公爵在12月宣布任命金为诺福克岛的副总督,年薪250英镑。然而,这个消息还没传到新南威尔士,金就受菲利普之命返回英格兰汇报整个殖民地的困境,即将于1790年3月起航。这时的金饱受痛风之苦,也需要从殖民地的辛苦劳顿中解脱出来,休息一段时间。

金休假探亲,这给菲利普提供了方便,他可以借此机会打发掉新南威尔士最桀骜不驯、顽冥不化的人,即他的副总督、水兵司令罗伯特·罗斯少校。罗斯出生于苏格兰,是一个愤世嫉俗、顽固不化的中年人,现年46岁。罗斯在金离开之前,即1790年3月乘坐"天狼星号"(Sirius)来到诺福克岛。他于1756年加入水兵队伍,军衔为少尉,美国独立战争时期在英军服役,后来还参加了地中海和西印度群岛的对法战争。1786年罗斯被任命为菲利普的副手,但他一到新南威尔士就很讨厌这个地方。"我可以毫不客气地说,全世界没有哪个国家比我们现在所见到的这个地方更差劲。"他写道,"我们所接触到一切都如此贫瘠、可怕,毫不夸张地说,这就不是人住的地儿。"

此后情况变得越来越糟糕。

罗斯经常与自己的下属发生争执,在管理中引得同僚们怨声载道。他把所有累积的耻辱全部发泄到囚犯身上,授权自己的士兵全权处理这些囚犯。菲利普摆脱了这个烦人的副手,大大松了一口气,他付出的代价是给"天狼星号"提供足以横跨半个太平洋的补给。"天狼星号"和随行的"供给号"(Supply)带走了两营水兵和一百多个囚犯,以及菲利普所能提供的全部食物和其他供应物。但是小小的"供给号"想要安全停泊在瀑布湾,两艘船上大多数水兵和囚犯想要安全登陆,"天狼星号"的统治者亨特船长(后来接替菲利普担任总督)就必须绕道深水港悉尼湾卸载一部分补给品和一部分囚犯。接下来发生的事情则是不折不扣的灾难。

金在岸上看到了这令人心惊胆战的一幕。小艇载着珍贵的补给品离开"天狼星号",突如其来的巨浪将它卷入茫茫大海,瞬间消失无踪,而"天狼星号"则被抛到一片珊瑚礁上。海水冲进船舱。船长命令砍断桅杆,水手和囚犯一起把能带的东西全部捞上来放在甲板上,然后把那些补给品扔进海里,希望它们能漂到岸上。

确实有些漂到了岸上,只是,尽管有水兵监守以防偷盗,仍有一些物品被囚犯们拿去私藏在自己的小屋里或匆匆埋藏在小屋周围。其间,"天狼星号"上的船员把一根缆绳扔到海里,缆绳漂到岸上,一头被固定下来,船上军官和其他人员抓着粗缆绳,冒着生命危险最终登上了岸。两名囚犯自告奋勇返回船上取东西,当他们回到船上时发现了朗姆酒,俩人喝得酩酊大醉。接下来的五天里,在"天狼星号"永远沉入海底之前,又有些货物被陆续取回。

那时,金已经乘坐"供给号"离开,罗斯少校对岛上498名心有不甘的居民宣布实行军事管制。为了庆祝这一特别的日子,罗斯在沙滩上举行了一个仪式,强迫每个人必须从英国国旗底下钻过去,并脱帽以示服从帝国的统治。诺福克岛的恐怖时期即将开始。

与此同时,弗莱彻·克里斯蒂安正在酝酿第二次暴动。事实上,当"邦蒂号"向东逃跑时,他就主动把船长的职位让给跟随了他一年多的资深追随者、时年 27 岁的乔治·斯图尔特。然而,斯图尔特那种苏格兰式的一板一眼与暴动者的懒散成性形成鲜明对照,在他们的吵闹反对声中,斯图尔特的严明纪律无法付诸实现。克里斯蒂安一开始不想返回塔希提岛,尽管这里已经成为英国和其他外国船只最喜欢去的地方,因此他们起航前往向南 400 英里(644 公里)左右的土布艾岛(Tubuai)①。这个岛与世隔绝,足以为成为他们的藏身处,克里斯蒂安希望这里的波利尼西亚人中有一部分能像塔希提人一样热烈欢迎来自异国他乡的到访者。

不过只怕他要失望了。1789 年 5 月 28 日,他们来到这个景色迷人的岛屿,美丽的珊瑚礁环绕着雪白的沙滩,郁郁葱葱的山峰高高耸立。克里斯蒂安派斯图尔特乘坐单桅帆船去寻找能穿过礁石的水道。克里斯蒂安不知道,在库克的最后一次航行中,"决心号"停泊在附近的一个岛屿边,两个船员趁机逃跑,而他俩的命就握在土布艾岛的岛民手里。为了救回那两个人,库克和同船的人与这里的岛民发生了激烈的冲突。

尽管一条装备着武器的独木舟攻击并伤了斯图尔特的两个人,他们还是发现了通过礁石的水道。第二天一早克里斯蒂安的"邦蒂号"挤进了一个环礁湖,遭遇了一群划独木舟的土布艾人。这些土著人充满敌意,试图从后面登上舰艇。与此同时,水手们对岛上 18 个搔首弄姿的女人垂涎三尺。克里斯蒂安一行未被他们的敌意吓

---

① 土布艾岛是土布艾群岛的主岛和 5 个岛组之一,属于太平洋东南部法属波利尼西亚南方群岛。

倒，他带着两艘武装船上了岸，找了一块地方试图作为永久居留地。他们再一次与岛民发生冲突，导致11个土布艾男人和一个女人丧生。尽管岛上只有3000人，但他们分属许多不同的部落，其中有些部落给予这些新来者很大的支持，其首领为这些叛乱者提供了一个永久的家。

然而，有些船员仍然惦记着塔希提岛的女人，十来天后克里斯蒂安屈从了他们的意愿，驾着"邦蒂号"小心翼翼地回到马达维亚湾（Matavai Bay），打算在这里为新的定居点弄一批牲口，还有女人。"邦蒂号"到达时，塔希提的首领没有看到布莱船长以及他的大半船员，非常惊讶。克里斯蒂安解释说他们发现库克船长还活着，在距离这儿很远的艾图塔基岛（Aitutaki），布莱先生现在就和他待在一起，不过他和布莱一样，说的都是假话。克里斯蒂安说库克派他们回塔希提岛收集猪仔、山羊和小鸡仔。塔希提岛上的最高首领问库克自己为什么没有跟着回来，克里斯蒂安的谎话编得更加有板有眼，最终消除了他的疑虑。毕竟，他们只是"印第安人"而已。

十天以后，即6月16日，他们带着500头猪和其他一些牲口，另外还有9个塔希提女人、8个男人、7个男孩和一个小女孩离开了。克里斯蒂安被一个名叫"伊莎贝拉"——她的丈夫名叫"桅杆"（Mainmast）——的女人迷得神魂颠倒，斯图尔特则与"佩吉"（Peggy）搞到了一起，约翰·亚当斯和威廉·麦考伊也毫不逊色，他们分别与"珍妮"和"玛丽"配上了对。

他们回到土布艾岛时受到岛上两个首领的热烈欢迎，他们送给克里斯蒂安一块土地。克里斯蒂安计划在这里建一个围栏，并且以国王的名字来命名，即"乔治城堡"，以加农炮和回转炮重兵把守。

岛民们并不介意他们的女人白天与叛乱者在房中发生性关系，但拒绝让他们的女人在这些叛乱者的营地里过夜，也不让她们嫁过去。但这些英国人可不想他们随时随地的取乐受到限制，不久这些武装叛乱分子就开始烧杀抢掠，触犯禁忌，抢夺女人。战斗随时都在发生，越来越多的当地人死于这场战争。浑身上下满是文身的叛乱者托马斯·柏克特（Thomas Burkett）（后来在英格兰被绞死）在一次战争中肋骨受伤。仅仅两个月之后，这个英国营地就无法维持原来的秩序。克里斯蒂安只好决定放弃土布艾岛，驾着"邦蒂号"驶回塔希提岛。

1789年9月22日，他们来到布莱的"人间天堂"，让他们惊恐的是，一艘英国武装私掠船"水星号"3个星期前来过这里。事实上，"水星号"那天晚上曾擦着土布艾岛驶过，岗哨还报告说看见了岸上的火光。这坚定了克里斯蒂安的决心：不再做不必要的停留。然而，此时已有16个叛乱者觉得自己再也无法忍受与这些残忍、粗鲁的船员继续过这样颠沛流离的生活。其中两个比较成熟而有教养的船员选择前往塔希提，他们是乔治·斯图尔特和彼得·海伍德。其余人中包括3个叛乱者，分别是丘吉尔、米尔沃德（Millward）和马斯普拉特，还有一个是航海日志记录员詹姆斯·莫里森。

克里斯蒂安还有8个忠实的支持者，其中包括来自西印度群岛的候补少尉内德·杨，不少塔希提女人都很喜欢他，枪炮军士长约翰·米尔斯（和他的塔希提女人"普鲁登斯"），助理园艺师威廉·布朗。剩下的还有身体强壮的海员——杀人凶手马修·坎塔尔、威廉·麦考伊（和"玛丽"以及不知她与谁生的女儿），来自根西岛（Guernsey）的约翰·米尔斯以及美国人艾萨克·马丁。此时，亚当斯似乎已经与"珍妮"分手了,而坎塔尔也没有伴侣。可以说他们就是一群乌合之众。

船上和克里斯蒂安在一起的还有高等岛民特塔希提(Tetahiti)及他的(男)随从奥哈。这时的"邦蒂号"上纪律涣散,也没有人值班放哨。一场酩酊大醉后,克里斯蒂安决定立即清理门户,当时船上有18个塔希提女人和4个男岛民,军械士约瑟夫·科尔曼突然毫无征兆地纵身跃入海中(有个塔希提女人也跟他而去)。第二天,克里斯蒂安清醒过来,他允许6个年龄较大的塔希提女人乘坐独木舟离开,留在船上的还有26人,只有12名女性。性别失衡在后来被证明是一个致命的错误。

在寻找永久据点的过程中,克里斯蒂安利用了布莱留下来的大量海图,驾着"邦蒂号"向西驶往库克群岛。他们来到拉罗汤加岛(Raratonga)①,一个当地岛民登上他们的船,克里斯蒂安甚至允许他试穿饰有珠子的候补少尉夹克。然而一个醉酒的叛乱者却开枪打死了这个岛民,导致这次访问提前结束。

接下来他们尝试登陆汤加群岛,也没有成功。后来他们发现了一张前往某个偏僻岛屿的航海图,这是菲利普·卡特里特船长留下来的,他是英国单桅帆船"燕子号"(Swallow)的指挥官。卡特里特船长在1767年偶然了发现这个小岛,并以那个在航海图上把它标注出来的候补少尉的名字为其命名——罗伯特·皮特凯恩。不过卡特里特标错了3个纬度,因此库克在第二次航行中没有找到这个岛。卡特里特描绘了岛上的迷人风光和诱人的淡水资源,这让叛乱

---

① 拉罗汤加岛是库克群岛诸岛中人口最多的岛。

者们兴奋不已,他们决定取道东南前往该岛。

两个月后,也就是1790年1月12日,叛乱者终于靠近了皮特凯恩岛的险峻悬崖。他们在波涛汹涌的海面上环岛航行,三天后找到了登陆之处。全体登陆之前,克里斯蒂安领着6个武装人员打前站。他们发现有人定居的痕迹,不过现在早已被弃。在岛上探索的过程中,他们找到了希望见到的一切——肥沃的土壤、干净的淡水、美味的热带水果,有文明世界所珍视的一切,然而由于地处偏僻,因而来路险阻重重。

他们回到大船上,费尽心机才驶入一个他们命名为"邦蒂湾"的地方,这是一个波涛汹涌的入海口。他们在这里发掘一切有用的东西并开始拓居。大船本身成为引起争论的焦点,有人希望保留它,以便作为返回塔希提岛的预留交通工具;有人则担心它那高耸的桅杆被人发现而出卖他们,主张毁掉它以绝逃离之心。马修·坎塔尔果断地解决了此事。那天夜里他回到船上点了一把火,大火把船烧得只剩吃水线以下的部分。

* * *

与此同时,布莱已经完成后来被人广为传颂的47天的航行,沿途经过北昆士兰海岸,穿过托雷斯海峡到达古邦(Kupang),这是一个荷兰殖民地,即现在印度尼西亚的西帝汶。海港停着好几艘荷兰船只,当地总督范·埃斯特热情招待布莱,并让人好好照顾其他17个幸存者。敞舱船的远航把他们折磨得虚弱不堪,布莱和好些人都生了病,植物学家大卫·尼尔森患上热带病不治而亡。

布莱于 1790 年 3 月 13 日回到位于英国南部的怀特岛家中，随即投入到为自己的行为进行辩护的战役中，同时对那些叛乱者进行攻击，说他们是"染上最黑颜色的"海盗。布莱在军事法庭的正式审判中被判无罪，同年 12 月被擢升为海军上校，享受半薪待遇等待下一次任命。此时，海军部已经下令让军中最卑劣的爱德华·爱德华兹船长带着装备 24 门大炮、载重 500 吨的皇家海军"潘多拉号"踏上远征南海（South Seas）①抓捕叛乱者之旅。

爱德华兹时年 48 岁，是一个残忍的野蛮人。按照南海某殖民地统治者巴兹尔·托马斯爵士的说法，爱德华兹是"一个冷酷、没有人性的人，缺乏同情心与想象力，除了他自己的职业没有任何兴趣爱好。在后人眼里，爱德华兹几乎是最糟的人选"。爱德华兹的过往经历验证了托马斯爵士的说法。1782 年，在皇家海军"水仙号"（Narcissus）上，船上人员对爱德华兹的行为忍无可忍，试图发动暴动，后来被他毫不留情地镇压。这次暴动中有 6 个船员被他杀死，还有 6 人被绞死，另外 14 人受了鞭刑，其中一个被鞭笞致死，其他人则留下了永久的伤痕。

海军部安排与布莱一起回来的两个幸存者与爱德华兹同行，即候补少尉托马斯·海沃德和约翰·哈利特，他们于 1791 年 3 月 23 日抵达塔希提。未等下锚，约瑟夫·科尔曼——那个克里斯蒂安逃跑时从"邦蒂号"上跳海的人——就游到船边，爬上甲板。科尔曼非常高兴地供出了岛上其他人的隐匿地，随后彼得·海伍德和乔治·

---

① 这里的"南海"是指南太平洋，而非南中国海（地理水域）、中国南海（中国领海）。

斯图尔特也自己送上门来向船长自首。

爱德华兹给他们所有人戴上镣铐，他们和其他后来被抓捕的人都被投入后部甲板室监禁起来，随船木工打造了一个上锁的笼子，不过三乘五米见方，只有有限的几个通风口和排泄孔。在这个地狱魔窟里，爱德华兹整天虐待"邦蒂号"上幸存的14名船员，包括布莱曾经在军事法庭上特意为其开脱的3个人，即麦金托什、诺曼和科尔曼。密闭的空间使他们汗流浃背，紧束的脚镣手铐让他们痛苦不堪、不断呻吟，通过监牢的缝隙，他们绝望地看到旁边独木舟上自己的妻子、孩子和情人在哀号、自相残杀，直到海水变得血红。

爱德华兹和他的下属纵情声色，享受着来自塔希提人的热情，却禁止囚犯家属的探访。最终，酒足饭饱，性欲得到满足之后，他们于5月9日起锚，载着"潘多拉号"里浑身赤裸、精神崩溃的囚犯驶离该岛。爱德华兹还下令，如果在塔希提没有找到克里斯蒂安和他的同伙，就搜查其他3个岛，他在这一点上倒是尽职尽责。爱德华兹沿途探访胡阿希内岛和艾图塔基岛，但没有发现任何踪迹，只好掉头取道布莱的"邦蒂号"开拓的路线返回。爱德华兹不只恶毒，还很不称职。有一次一艘轻舟载着6人离开母船后失踪；而在标记明确的"奋进暗礁"，爱德华兹的"潘多拉号"恰恰在此触礁被毁。

那天晚上"潘多拉号"猛地撞到暗礁上，所有人员都去排水，只剩爱德华兹一个人在甲板上茫然不知所措地徘徊。他甚至释放了布莱认为无罪的3个囚犯，让他们参与排水工作，直到其中两个水泵瘫痪为止。这时船舱的水已深达3米，其他囚犯哭喊着救命。他们使出全身力气疯狂砸着枷锁，终于从囚笼中挣脱出来，然后开始撞击囚禁他们的井盖门。爱德华兹意识到囚犯已经挣脱枷锁，立即命令加固井盖门,并要求武装卫兵随时做好准备。当囚犯有可能冲破井盖门时,卫兵队长下令:"开火!打死这帮混蛋!"日志记录员莫里森恳请他们不要开火,正在这时,一个巨浪打上甲板,一艘小艇被冲走。小艇冲走后,他们只有眼睁睁地看着水位上升,坐以待毙。

风暴毫不留情地打过来,"潘多拉号"的主桅被劈裂,砸在甲板上,一个船员被砸死,另一个受了重伤。所有希望都破灭了,船体开始侧翻,独木舟的拴绳崩断,纷纷滑下甲板,爱德华兹下令弃船而逃,他和其他军官则冲向剩下的小船。最后,军械士的副手约瑟夫·霍奇斯在跳下小船之前打开井盖门,救出部分囚犯。

乔治·斯图尔特刚一冒头就被一根滚落的圆木砸中,当场死亡。有些人则被他们身上的脚镣手铐拖入海底溺亡。"邦蒂号"上的人员毕竟久经生死考验,14个人中有10人幸存下来,而"潘多拉号"的船员死亡者反倒多达31人。

他们从"潘多拉号"上抢回了4艘小船,在炎热的沙滩上,分配了一点打捞回来的食物,这支小小的船队又上路了,试图继续布莱的辉煌,向着古邦出发。古邦的新总督是万乔先生,布莱到达时他是范·埃斯特总督的副手,对于这支到来的奇怪船队,我们没有找到任何资料记录他的反应。在巴达维亚(现在的雅加达),爱德华兹和囚犯们一起登上了前往好望角的荷兰船只"弗利登堡号"(Vreedenbergh),1792年6月19日回到英国的朴次茅斯。3个月后,叛乱者受到军事法庭的审判。布莱曾经为之开脱的那几个人被宣判无罪释放。彼得·海伍德和詹姆斯·莫里森被判有罪但得到赦免,其他人则依据法律得以缓期执行。1792年10月29日上午

11:26，二等水兵托马斯·柏克特、约翰·米尔沃德和托马斯·埃里森被执行绞刑，吊死在驻扎于朴次茅斯海港的皇家海军"布伦瑞克号"（HMS Brunswick）的帆桁端上。尸体在雨中悬挂示众两小时。

* * *

1791年11月，菲利普·吉德利·金乘坐皇家海军"大西洋号"（HMS Atlantic）回到诺福克岛，他发现这块殖民地上管理者的不满情绪一触即发，而流放犯的怨恨情绪也愈演愈烈。罗斯少校对手下滥用职权，中尉军需官拉尔夫·克拉克写道："我真希望离开这个地方，很多同事都在嫉妒我，只是因为罗斯少校对我偏爱有加。"流放犯们的抱怨更甚以前，他们被看守士兵当成奇思妙想和奇异嗜好的试验品，每天都要受到令人毛骨悚然的惩罚，这些都被清楚地记录在克拉克的日记里。罗斯实行白色恐怖统治，无论男女老少，没有哪个流放犯可以免除无情的鞭笞和囚禁，犯人有时被拴在树桩上，有时被捆在原始磨坊的磨盘上。这些磨坊现在还矗立在那里，提醒着人们过往发生的悲惨事实。

但更令人难以忍受的是罗斯的疯狂计划。由于粮食储备减少，食物配给大量削减，罗斯强迫人们用自家土地的产出来弥补储备粮，而每人配给的土地还不到一英亩。这些囚犯中只有极少数有过农耕经验的人才能勉强维持生活，其他绝大多数人唯一可能的结局就是饿死，尽管这个过程比较缓慢。食物配给一开始就非常少，每周3磅（1.4公斤）面粉、1.5磅腌牛肉（0.7公斤）或17盎司猪肉和1磅大米（0.454公斤），小孩减半，但勉强还能维持生存。但是3

个月后食物配给减少四分之一，6个月后减少一半，12个月后食物几乎消耗殆尽，灾难随之而来。

上天唯一的恩赐就是有一大群"上帝之鸟"迁徙来此，正所谓天无绝人之路。成千上万只鸟来到皮特山上繁殖后代，罗斯试图制定一个捕杀规则，但饿得半死的流放犯们为了填饱肚子，不惜冒着被严厉惩罚的风险而屡屡犯禁。克拉克的日记对这种痛苦进行了连篇累牍的记录："约翰·洛弗尔，流放犯，熄灯之后被赶出自己的小屋，因为他在家里藏了68只皮特山的鸟。50鞭……W. 瑞诺（W. Rainor），流放犯，因偷盗而受罚，被罚100鞭，但只挨了16鞭……W. 麦克纳马拉（W. MacNamara）因违抗命令而受罚，当剥去衣服准备行（鞭）刑时，他刺伤了自己。但是因为刀子不够锋利而未达到目的，为此他被捆在磨盘上接受50次鞭笞……"①

罗斯命令他们砍光从长岭（Long Ridge）地区到居住地西北处之间的所有树木，流放犯们在克拉克的监视下冒着热带的高温劳作。克拉克在英国本土时与罗斯不和，但在诺福克岛却迫切希望适应罗斯这种严酷的管理体制。一次，有个军官在屋里和伦纳德·戴耶（Leonard Deyer）的女人寻欢，他的同事在屋外为他站岗放哨，戴耶把那个放哨的水兵暴打了一顿，克拉克竟然下令责打戴耶150鞭，原因是戴耶犯上作乱。克拉克在日记中写道："75鞭之后，已经超出了他的承受极限。然而我不能原谅他……这个该死的无赖流放犯竟然敢殴打士兵。"在随行医生的劝说下，戴耶被送进了恶臭的诊所。

---

① Clark, Ralph. Journal, 26 May 1790.

殖民地的状况让金十分震惊，他立刻取消了罗斯那个疯狂的配给方案，为此俩人差点打起来。几天以后，罗斯与手下的士兵乘坐皇家海军"皇后号"离开，约翰·伊斯提取代了他的职位。伊斯提曾在新南威尔士军团的佩特森队长手下当差，他对这些流放犯的处境感到无比震惊。伊斯提写道，诺福克岛"是一个惨绝人寰的地方，（这里的）（统治者）对流放犯极为残忍，无所不用其极，他们几乎要被鞭笞或殴打致死"。伊斯提还写道，相对于那些被罗斯及其手下折磨的人来说，"那些被绞死的可怜虫"的结局反而好得多。伊斯提说，这里的指挥官"与其说是受命统领大英帝国的一个岛屿的人，不如说是一个疯子"。①

更惨的还在后头呢。

---

① Clark, Ralph. Journal, 21 June 1790.

第五章　金副总督

此时金被正式任命为副总督,他的新婚妻子(也是他的另一个表妹)安娜·约瑟法·库姆陪着他,她来之前已怀孕数月。他们到达悉尼五周后,金的情妇安·易内特为他生下第二个孩子悉尼,由一个获释流放犯约瑟夫·罗宾逊帮他抚养。在征得妻子安娜的同意后,金带着小诺福克回到了他出生的那个岛屿。悉尼后来被送回英格兰,由金的母亲抚养长大。这两个男孩后来再也没有见过自己的亲生母亲。

上船之前,金前去向自己的恩公亚瑟·菲利普辞行,而菲利普也将于下月卸任并乘坐"大西洋号"回英格兰。随后殖民地的统治权就将交到菲利普的继任者、34岁的弗朗西斯·格罗斯少校手中。格罗斯是新南威尔士军团的指挥官,军团也是在他的协助下成立的。格罗斯的父亲曾经是乔治二世的钟表匠,他自己则又蠢又胖。不久,格罗斯就被目光敏锐的同僚军官约翰·麦克阿瑟中尉控制。在他的统治下,声名狼藉的"朗姆酒军团"出现了。

金的随从中有一个身材单薄但充满活力的年轻人,名叫威利·

尼特·查普曼。时年 18 岁的查普曼一路上给金夫人带来不少愉悦，这让他的长官稍感安慰。但这个群体中最值得注意的也许是宅男理查德·约翰逊牧师。那时的新南威尔士还没有一座教堂，在返回的船只没有到来之前，他不愿意花时间和精力去安抚那些来路不同的群体，也不愿意举行洗礼仪式，只想安心从事农耕。

威廉·佩特森队长是金的军队指挥官，其权力仅次于格罗斯少校。佩特森终生爱好植物学，但嗜酒如命，尽管他与约瑟夫·班克斯关系密切，但到了 37 岁还是个初级军官。伊丽莎白是他结婚四年的妻子，来自英格兰，但她无法忍受诺福克岛上的恶劣条件，继续留在帕拉马特附近那片神赐的广袤土地上。尽管佩特森常会有些出格的举动，但他和罗斯少校一样，坚定地认为士兵的权利大于流放犯的权利。他们把流放犯当作白人奴隶，任何违反规定的行为都会受到无情的鞭笞。

金离开诺福克岛的 20 个月里，这里的人口增加到 700 多人，包括军队里各个层级的自由定居者和建筑行业雇佣的自由民，他们都是走投无路才来到这里。岛上暴力与偷盗事件层出不穷，却没有刑事法庭来管制和处理。金给伦敦的内政部副部长埃文·内皮恩写信道，他周围"每个人脸上都写着倾轧与纷争"，现在"一切都需重来"。① 他匆匆忙忙颁布了一系列规定，希望这些规定能使这个接近无政府状态的社区恢复一些秩序，但是收效甚微。

1792 年 8 月，第二舰队的一艘地狱船皇家海军"惊奇号"（HMS Surprise）又送来一批囚犯和官兵，因此新的争端又起。从英格兰至

---

① 1792 年金写给内皮恩的信。

此的长途航行中，船上的条件简直骇人听闻。伦敦和朴次茅斯两地塞上六艘船的囚犯多达 1026 人，其中 256 个男人和 11 个女人在路上因饥饿和殴打而死。到达杰克逊港后不久，又有 124 人死于虐待。

约翰逊牧师从码头登上轮船，眼前的景象吓得他浑身发抖。"我看了一眼，这是人间地狱啊。"约翰逊写道，"他们的悲惨境遇真是无法用言语形容……他们头上、身体、衣服、毯子上全是虱子。一个个赤身裸体、屎尿横流、肮脏不堪、臭气熏天。很多人完全无法站立或爬行，连手脚的活动也异常艰难，几近赤裸地躺在地板上，既没有床铺也没有被褥，甚至无法翻身换位。我经过他们身边试图与他们交谈，但难闻的气味熏得我几乎无法忍受。"①

条件恶劣的护航船皇家海军"海王星号"（HMS Neptune）的情况最糟，一路上死了 154 人。这艘船上的一个人现在已经转移到修理打扫过的"惊奇号"上，他就是助理外科医生达西·温特沃斯。温特沃斯医生身材高大、衣着时髦，有着一双湛蓝的眼睛，他和外科医师威廉·巴尔曼后来成为金的同盟者。金为了恢复诺福克岛上的人文精神，尝试对与世隔绝、冷酷无情、毫无人性的监狱做了一系列改革，格外引人注目。

温特沃斯是在第三次面临拦路抢劫的指控前离开英格兰的，他在航程中结识了一个情妇凯瑟琳·克罗利。他们的宝贝儿子威廉·查尔斯将来有一天会组织第一次白人探险，试图与两位好友格雷戈里·布莱克斯兰、威廉·劳森穿越蓝山。经历了"海王星号"的惨剧

---

① Hazzard, Margaret, Punishment Short of Death, pp. 37 – 8.

后，诺福克岛似乎又恢复了往日的乐土气象。最初到来的几个流放犯刑满获释，金赐给他们几块土地。现年已满76岁的理查德·韦迪库姆选择回英格兰。

诺福克岛上复杂的地形意味着囚犯营只能集中建在悉尼湾地区，定居点只能围绕悉尼湾建在瀑布湾、长岭以及北部沿岸新命名的小型定居社区如菲利普斯堡（Phillipsburg）和皇后区（Queensboro）。到1792年，他们已经生产出小麦、玉米和大量的热带和温带水果，如香蕉、梨、橘子和草莓等，不一而足。

亚麻也长得很茂盛，但他们已不再自己研究以亚麻加工帆布的技术。金回英格兰期间，说服政府命令乔治·温哥华船长顺路带新西兰本地的亚麻浆纱人过来，因为温哥华即将离开新西兰前往太平洋。温哥华也是一个钟爱严刑酷法的人，他适时地绑架了两个毛利人——图基和胡都——但到达后才发现这两个毛利人对亚麻浆纱技术一无所知，也不关心，因为这是"女人的活儿"。金对这两人很好，让他们住在自己家里。但这两个毛利人思乡心切，金只好把他们送了回去。金这个仁慈的决定与岛上其他阻碍正义秩序与正当程序执行的人形成了鲜明的对比。新南威尔士军团里的暴徒和懒鬼对流放犯们肆意妄为、无法无天，简直无耻下流。他们"住在自己的小屋里，吃喝玩乐、赌博，不断引诱女人离开她们正式结过婚的丈夫或与她们同居的男人"[①]。一旦引诱不奏效，他们就诉诸暴力胁迫。

布莱曾经担任过船长的商船"布列塔尼亚号"碰巧路过诺福克岛，当时与布莱在一起的还有他的男宠弗莱彻·克里斯蒂安。船上

---

① 1794年3月10日金写给邓达斯（Dundas）的信。

有个名叫尼古拉斯·内皮恩的人,他是新南威尔士军团的一个船长,也是英国内政部副部长埃文的兄弟。内皮恩在部队里也不是什么正派的人,与肥胖的弗朗西斯·格罗斯及其幕后支持者约翰·麦克阿瑟发生过多次冲突,现在正在回国途中。

金的军队指挥官佩特森队长最近回悉尼了,目前正在寻找翻越蓝山的路(但他的努力都是徒劳)。岛上资历最深的军人是加拿大出生的爱德华·艾博特中尉。金问内皮恩,如果他乘坐"布列塔尼亚号"商船护送这两个毛利人回新西兰,内皮恩能否暂时代管殖民地。内皮恩愉快地接受了这个委托。金只用了10天时间就完成了任务。格罗斯听到这个消息后,愤恨难当,第一时间给金送去了一封"鸡毛信",同时还给伦敦上了一封正式的告状信。格罗斯写道,艾博特中尉"完全有理由"拒绝承认对内皮恩的任命,并且无视他的命令。金试图写道歉信来平息格罗斯的怒火,但格罗斯拒不接受。接下来的情况更加糟糕。

不管流放犯是否刑满,对"朗姆酒军团"来说他们都是罪犯。他们是那些恃强凌弱者的虐待对象。刑满释放者亨利·德林就是典型的例子,他曾痛苦地抱怨,无论何时,只要他一离开家门,就会有某个士兵来纠缠他的妻子要求发生性关系。有一次德林回家发现他们正在干那事,便把那个士兵打得不省人事。

这个案子被送到副总督面前,军团要求给德林100鞭,因为他殴打士兵。金只罚了这个愤愤不平的丈夫20先令,同时劝告双方"检点自己的行为"。第二天晚上,一群士兵偷袭德林,把他打得半死。第三天晚上,又有4个士兵点着火把来到他家农场,打算一把火烧了他家的玉米地。这时有个刑满释放者试图阻止他们的行动,一个叫唐尼的列兵把火把扔到这个刑满释放者脸上,致使他严重烧伤。

金判了唐尼100鞭子,随后又试图居中调和他们的关系。金命令士兵和刑满释放者用一加仑朗姆酒来解决他们之间的恩怨,但这完全是徒劳。到1794年1月,这些士兵不仅强奸女流放犯、骚扰刑满释放者和他们的妻子,还阴谋暴动反抗那个自命不凡的海军指挥官,发誓"不再受因冒犯流放犯而遭到自己同志惩罚这样的苦"。他们决定上演一出戏剧,戏剧的第一幕就是杀掉德林。然而,还未来得及实施就发生了更具戏剧性的事件。

根据金的建议,外科医生巴尔曼在悉尼湾定居点的一个长条形木屋里组织了每月一次的舞台剧表演。1794年1月18日,在去木屋之前,金在家里举办了一个小型招待会,邀请下属军官和他们的夫人参加。他们在那里看到,为了一个预留给前流放犯的座位,一个醉酒的士兵班尼斯特跟一个刑满释放者发生争执。金抓住班尼斯特的肩膀,命令他到禁闭室去面壁思过。班尼斯特对着平民挥舞拳头,与金的卫兵扭打,还叫嚣着要与金决斗。其他士兵也冲过来支援他。班尼斯特被制服,艾博特中尉命令其他士兵放下武器。但他们拒绝投降,要求艾博特释放班尼斯特,并把他们的要求呈送总督。但艾博特这边人多势众,最终把10个叛乱者和醉醺醺的武装士兵送进了禁闭室。

这是一个漫长的夜晚。殖民者和流放犯都在为保卫自己做准备。金面临严峻的形势,即"700名居民反抗65名武装战士"①。

---

① 1794年3月10日金写给邓达斯的信。

幸运的是,艾博特中尉对总督一直是忠诚的,第二天早晨他和金制订了一个计划,他们把部队分散开来,派一个分遣队去菲利普岛"收集羽毛",其他人则被派到不同的定居点。部队离开后,艾博特命令19岁的约翰·派珀少尉(终有一天他的名字将在悉尼港的上空熠熠生辉)和一个平民测量员查尔斯·格兰姆斯(Charles Grimes)没收了他们的武器。等部队晚上回来,金宣布那些被囚禁的叛乱者将被送到悉尼去接受审判,在新的通知来到之前,殖民地暂时由直接对他负责的民兵维持治安。这支民兵队伍由44位前任水手和海员定居者组成。

碰巧,1月23日新南威尔士殖民地的纵帆船"弗朗西斯号"(Francis)路过此地,在适量警卫的押解下,"弗朗西斯号"带着叛乱者逆风返回杰克逊港。金同时也给弗朗西斯·格罗斯送去一份关于这次叛乱的详细报告,并报告了接下来他将采取的行动。得知自己心爱的军团被平民冒犯,格罗斯感到震惊,"目瞪口呆"都不足以描述他的反应。他那18世纪特有的长篇大论都无法表达他那颤抖的翎子上流露出来的愤恨。询问过军团成员之后,格罗斯写道:"有必要解除分遣队的武装吗?坦率地讲,尽管我们都知道士兵很难管理,但是遭到流放犯侮辱,即使世界上最顺从的人也会愤恨难当。"

对于金的行为,格罗斯的反应是"立即解散你下令成立的民兵队伍,武器都送到('弗朗西斯号')上供驻扎在霍克斯堡(Hawkesbury)的军人使用"。

最关键的是在文件结尾,他写道:"任何流放犯,不管他的刑期有没有结束,只要被指控殴打士兵,都要立即移交给分遣队的指挥官，由他来负责调查。如果士兵有被殴打的迹象，他要立即下令惩罚冒犯者，由分遣队的行刑者来执行这100鞭子。士兵的挑衅决不能作为流放犯殴打士兵的理由。"①

换句话说，对于流放犯和刑满释放者而言，士兵们只要高兴，便可以为所欲为。面对投诉，他们自己就是法官和陪审团。这是"朗姆酒军团"第一次明白无误地宣告自己的原则：枪口冒烟的滑膛枪决定一切。格罗斯用惊人的傲慢和邪恶的残暴挑衅着自然正义的每一条原则。

但这个意见是完全错误的。实际上，金的这种管理体制得到了伦敦殖民统治当局的默许，尽管官方文件中声称这是完全不能接受的。金立即意识到了对手的错误，因此坚定了自己的立场。然后金直接向国务大臣波特兰勋爵上诉，毫无疑问，他得到了埃文·内皮恩（金以他的名字命名了一个离岸半公里远的岩石环礁）的支持，英国政府也站在他这一边。

格罗斯被迫做出道歉，但他在道歉的同时也进行了蛮横的还击，强烈建议诺福克岛不应该再作为流放地，因为在这里驻扎一个军事单位的代价太大。相反，他说不妨把这里放开作为自由拓居地。

这个建议似乎很有政治家的气度，实则不然。在写给金的信里，格罗斯加了一个附件，越过金直接在岛上划了85英亩优质土地给他的军团成员。如果撤走流放犯，土地价值飞涨，军团就会获得一笔意外之财。他的建议没有得到批准。就在这一年的晚些时

---

① Hazzard, Margaret, Punishment Short of Death, pp. 50 – 1.

候,他为自己的放纵付出了应有的代价。这个自负而令人作呕的人离开新南威尔士回到英格兰,后半生过着游手好闲的生活,中间去过几次爱尔兰和直布罗陀(Gibraltar),从此再未上过战场。1808年,格罗斯专门打了个报告,希望能够获任新南威尔士总督,但这个职位目前被另一个与他相当不同也不算有魅力的人占据着,他就是威廉·布莱。

金一直在努力抓住机会建设一个自给自足的流放地,这期间布莱经历了一场严重的疟疾,现在身体已经恢复,这个病是在巴达维亚染上的。尽管与候补少尉彼得·海伍德和弗莱彻·克里斯蒂安家族及克里斯蒂安的著名校友威廉·华兹华斯展开了激烈的竞争,布莱仍然获得了海军部的信任。约瑟夫·班克斯爵士要重启面包果计划,首先要找的就是那个在第一轮计划中失败的人。

布莱对自己的前程激动不已,经常到岸边船坞徘徊,直到找到他认为适合这个任务的两艘船:一艘有三层甲板的西印度商船,这艘船比他原来的旗舰"邦蒂号"大一倍;另一艘是小得多的双桅横帆船,上面有30名船员,可以帮他绘制出奋进海峡浅滩的海图。海军部认可他的选择,把两艘船都征用过来,并且分别重新命名为皇家海军"远见号"(HMS Providence)和皇家海军"辅助号"(HMS Assistant)。布莱花了一些时间来挑选自己中意的船员,最终选定美国人纳撒尼尔·波特洛克作为"辅助号"的船长,自己的外甥弗朗西斯·邦德作为"远见号"的舰务官。

布莱相信自己能得到很好的保护,因为他从皇家海军陆战队招募了20名水兵。尤其幸运的是,他招到了才华横溢的候补少尉乔治·托宾,托宾不仅能写妙趣横生的文章,还能画逗人发笑的漫画。另外还有17岁的马修·弗林德斯，此时的他就已经显露出过人的航海与制图天赋。班克斯从英国皇家植物园（Kew Gardens）指定两名植物学家詹姆斯·怀尔斯和克里斯托弗·史密斯来指导面包果树的利用方法，还向海军部请求，如果布莱路过诺福克岛，就顺便从那里带些松树到杰克逊港以改善周边的土壤；如果他去的地方有新西兰土著，可以引诱他们去诺福克岛，帮助解决亚麻问题。海军部对班克斯的要求不置可否，因此他亲自找到布莱，确认他的命令能够得到"灵活执行"，这样他们就有足够的时间绕道诺福克岛。

布莱承诺尽量完成他布置的任务。1791年8月2日，这支小型舰队驶出朴次茅斯，志得意满地返回南海。然而起航不久，疟疾再次袭击了布莱，他不得不在船舱里窝了好几个星期，头疼几乎使他失明，而持续的高烧则让他神智不清。直到12月到达好望角，他才完全康复，继续亲自坐镇指挥。然而因为他的吹毛求疵和暴躁脾气，不久下属军官就对他怨声载道，这似乎是不可避免的。

布莱循着"邦蒂号"的航线来到塔斯马尼亚南岸的冒险湾，1792年2月9日到达他们曾经避难的小峡谷。休息几天后，舰队继续向东北进发前往传说中的塔希提岛，其间他们与一小群被他们的帽子吸引的土著人短暂相遇。他们的航线离皮特凯恩岛不到170里格①。布莱根本没有意识到这个岛曾经是叛乱者盘踞的据点，他也不知道自己离开以后，爱德华兹船长会带着一些叛乱者返回英国接受军事法庭的审判。他现在最关心的问题就是完成那个曾经中断的面包果任务。

---

① 1里格约为3海里，1海里为1852米，所以1里格约为5.5千米。

然而，1792年4月9日，布莱到达马达维亚湾里维纳斯角的避难处，很快就了解到爱德华兹到访，以及更早些时候乘坐"邦蒂号"来去匆匆的克里斯蒂安和他那一帮暴徒的细节。不幸的是，他们没有找到一丝关于克里斯蒂安藏匿地的消息，也没有人加入过他们的团伙。因此他们不得不提高警惕，以完成下一阶段的任务。同时，岛上首领知道布莱编造了库克船长的命运以及他与这个伟人的假父子关系，对他的欢迎大打折扣。他们上次到访时，岛上居民对这些染病的英国船员热情款待，但这种热情同时损伤了他们的健康与行为，这让布莱十分震惊。

性病肆虐。传统道德观念坍塌。"我们这里的朋友在与欧洲人的交往中几乎没有得到什么好处。"布莱在日记中写道，"每个塔希提人说的都是我们同胞教给他们的最无耻之言。我宣布，如果能把我从1789年以来涉足此地的船员名单中剔除，我愿意放弃一切。"这里的首领现在喜欢喝朗姆酒，当地的原住民也不再关心自己的外表和举止。"他们穿得破破烂烂，真让我们讨厌。"布莱写道，"他们不再是干净的塔希提人。与这些衣衫褴褛的人相处要小心提防。"①

他们到达时正是面包果的出产高峰，塔希提人非常乐意用这2000棵树跟愿意收货的"远见号"交换商品。尽管不时还会有轻微头疼，布莱还是在监督交易。1792年7月19日，两艘船再次起航。驶出暗礁后，他们朝着西北方向前进，绕过岛链，大致的方向就是托雷斯海峡。布莱极想找到躲在这里的叛乱者，毫无疑问，在他心

---

① Mundle, Rob, Bligh: Master Marine, Hachette, 2010, PP. 256-7.

中,这些叛乱者肯定在某个和平而阳光明媚的小岛上过着花天酒地的生活,在煦煦和风中冲浪嬉戏。布莱在一个个田园牧歌式的岛屿间往来穿梭,只要有一丝蛛丝马迹,只要有一点点风吹草动,他就会不断地追踪弗莱彻·克里斯蒂安和他的暴徒团伙。最后布莱终于放弃了,但时间已耽误太多,因此他也没有兑现对班克斯的诺言去寻访诺福克岛。

布莱要是知道克里斯蒂安的真实境况,很可能已经大笑着返回英格兰了。事实上,皮特凯恩岛上的生活与布莱的想象出入不大。在克里斯蒂安他们登上岩石丛生的海岸将近三年后,叛乱者与他们的塔希提朋友闹崩。当初,他们在邦蒂湾选了一处高地盖房子,与当地土著的关系相对来说比较和谐。安顿下来以后,他们分配或分享牲畜,如猪、鸡和山羊,并且制定规则。大家都承认克里斯蒂安是他们的首领,其他白人对塔希提人保持着种族优越感,自认为是塔希提人的主人。每个白人都有一个女人,而6个塔希提男人共享剩下的3个女人。

克里斯蒂安和性格强势的伊莎贝拉生活在一起。1790年10月的一个星期四,她为克里斯蒂安产下一子,他们以出生日期为孩子命名。伊莎贝拉后来又给克里斯蒂安生下两个孩子,他们的日子也变得愈加艰难。克里斯蒂安在定居点的高处发现一个山洞,面对着浩瀚无垠的大海,这大海把大千世界和这群衣衫褴褛的船员分隔开来,这是一条永远也无法跨越的鸿沟,他的余生注定只能与这群衣衫褴褛的人为伍了。克里斯蒂安经常在山洞里一坐就是几小时,默默地懊悔。回家以后,也只有伊莎贝拉尖酸的话语和愤怒的面容才能打破他那抑郁的沉默。

其他人也各自有了自己的对象,尽管形式和时间长短不一。比如,约翰·亚当斯在"邦蒂号"上与珍妮结成一对,但还没下船珍妮就已移情别恋,爱上了身材高大、胡须浓密的费城人艾萨克·马丁。亚当斯宣布与普瓦雷(Paurai)同居,普瓦雷是他们绑架的一个塔希提女人,她将在痛苦中度日如年。爱德华·杨上了苏珊娜的床,他们在一起生活了一段时间。但是杨拥有与生俱来的女人缘,随时随地都有女人主动送上门,而他也来者不拒。

约翰·米尔斯时年40岁,当时是"邦蒂号"上年龄最大的成员之一,一向与克里斯蒂安一伙不和。他坚决反对克里斯蒂安在土布艾岛定居的计划,克里斯蒂安上岸后,他竭力鼓动船上的人驶往塔希提岛,留下克里斯蒂安自生自灭。米尔斯会大声责骂他的塔希提情妇普鲁登斯,经常虐待她。他与马修·坎塔尔狼狈为奸,这个人对待自己的女人萨拉更加暴戾。坎塔尔经常殴打萨拉,有一次这个女人捕鱼空手而归,马修暴跳如雷,在酒后把她的一只耳朵咬了下来。

麦考伊是健壮结实的苏格兰人,有着浅棕色的头发,胡须浓密,肚子上有一条刀疤。他曾经在家乡的一个酿酒厂工作,会适时地用自己的知识来帮倒忙。他刚抵达时的同居女人是玛丽,玛丽当时带着一个塔希提小孩,是她与前任所生。麦考伊和米尔斯、坎塔尔组成三人帮,在这个小小的社区里不断地挑起事端。

威廉·布朗因为患淋巴结核,脖子部位的淋巴结感染了结核菌,之后留下了一个可怕的疤痕。这个病毁了他半边面颊,他从眼睑直到喉咙都被感染。布朗不喜交际,安安静静地和自己的女人生活在一起。和其他人不一样的是,他俩没有生育孩子。

约翰·威廉姆斯是根西岛说法语的本地人，个子不高、身形单薄，后脑勺上有一个明显的疤痕。他与帕修图来往密切，后来成为社区的铁匠和锯木匠，是岛上最像熟练技工的人。当帕修图因咽喉病去世以后，威廉姆斯变得相当消沉，甚至打算乘坐"邦蒂号"上仅剩的两艘小艇之一离开该岛。这些叛乱者得知他的想法后就把这些船烧了，领头的还是坎塔尔。

在这些岛民中，出身高贵的塔拉罗和托奥菲提结婚了。另外两个土布艾人提塔希提和奥哈（两人是叔侄关系）现在共同拥有普鲁登斯，而其余三人梅纳利、蒂摩亚和内霍共享剩下的那个女人玛瑞瓦。

这绝不是理想的结合，但却是行之有效的组合。然而某一天，亚当斯的配偶普瓦雷不幸坠崖而亡，他要求从塔希提女人中重新挑一个，这就打破了原有的平衡。克里斯蒂安和其他白人都不愿意与他共享女人，然后他们决定，威廉姆斯也应该从那6个塔希提男人共享的3个女人中分得一个。

他们争执了很久，最后亚当斯从那对叔侄手里抢来了普鲁登斯，而威廉姆斯则点名要了出身高贵的塔拉罗的妻子托奥菲提。这种情况难以长久维持，不久就出现了杀人惨剧。

现在无法完全得知当时的真实情况，因为唯一的记载来自约翰·亚当斯，而他又是一个惯于撒谎的人，他所讲的故事还互相矛盾。威廉·麦考伊的情人、来自塔希提的珍妮30多年后对一个名叫彼得·狄龙的船长讲述了当时发生的事情。然而，无可争辩的是，被夺走妻子的塔拉罗逃进森林里，开始与其他的土布艾人密谋杀害白人，以夺回他们自己的女人。但这里有一个最直接的问题，那就是托奥菲提在换了情人之后非常幸福，她对与性格相对温和的铁匠约翰·威廉姆斯生活在一起很满意。事实上，就是她通过温柔的歌声从自家院子里给克里斯蒂安的女人伊莎贝拉传递信息：

本地人为何磨斧头呀？
杀白人啊。
本地人为何磨斧头呀？
杀白人啊。①

伊莎贝拉心领神会，匆忙跑去报告克里斯蒂安，他抓起枪就去寻找那两个土布艾人。这两个土布艾人正准备冲进山里与塔拉罗会合，就遇到了克里斯蒂安。克里斯蒂安通知其他白人把另外3个共享玛瑞瓦的人也围起来，"咔嚓"一声给他们上了脚镣手铐。随后托奥菲提突然消失不见，也许是威廉姆斯在铁匠铺时她被塔拉罗抓走了。这个小小的社区陷入混乱之中。被铐的塔希提人说他们对白人忠心耿耿，这让白人内部产生了分歧。米尔斯、坎塔尔和麦考伊等暴徒恨不得立即消灭他们，而克里斯蒂安、杨和布朗则想避免社区回到野蛮社会，最起码在这个微型定居点里还要维持表面的文明。因此其中一个塔希提人即梅纳利提出自愿去追捕这些叛徒，陷入争执的白人妥协并同意了他的建议。他们解开枷锁让梅纳利去追踪这些叛徒。梅纳利很快带回消息说，年轻的土布艾人奥哈独自一个人在南面，而他叔叔提塔希提与塔拉罗和托奥菲提在西边。这个消息让白人相信他是

---

① Lummis, Trevor, Pitcairn Island: Life and Death in Eden, Ashgate, 1997, p. 58.

值得信赖的,因此给了他一把手枪,让他回去杀了塔拉罗。

梅纳利满嘴谎言而又巧舌如簧。他谎称自己的"妻子"玛瑞瓦也从白人手里逃跑了,诱骗塔拉罗加入他那一边,说他们应该通力合作。塔拉罗领头带着他沿路来到事先找好的藏匿处。梅纳利掏出手枪,顶着塔拉罗的背部扣下了扳机。幸运的是,梅纳利没有击中这个土布艾王子,而给了塔拉罗反扑的机会。然而他的反击只是暂时的,在与梅纳利的搏斗中,托奥菲提加入进来,抓起一块石头狠狠砸在自己前夫头上。

他们回到定居点,托奥菲提哭着扑入铁匠情夫的怀里。土布艾叔侄提塔希提和奥法投降了,但白人并没有轻易放过奥法。梅纳利这个大骗子,主动提出给他梳头,这是波利尼西亚人①表示和解的古老方式。奥法接受他提出的和解方式,梅纳利却趁机割断了他的喉管。

定居点又回归了往日的宁静,然而人们之间的信任纽带磨损得无法修复。不久之后,这个社区就分崩离析了。

与此同时,1793年1月22日,布莱船长带着珍贵的面包果凯旋,来到位于巴巴多斯的海港。他受到了奴隶主们的热烈欢迎,也得到了官方的褒奖,奖品是一件价值100基尼的银器。布莱在给班克斯的信中毫不吝啬对他的溢美之词,他写道:"子孙后代将永远铭记阁下,因为您给他们留下了无可估价的珍宝。"不幸的是,奴隶们发现无论用什么方法制作,这些面包果都难以下咽。因此这项牵涉整个帝国的事业也是徒劳无功。

---

① 塔希提人、土布艾人等是波利尼西亚人的亚种,文中提到波利尼西亚群岛的原住民时,有时用亚种名如塔希提人、土布艾人,有时用波利尼西亚人。

第六章 动乱的日子

在诺福克岛上，金的身体状况开始恶化。他的痛风病再次发作，慢性支气管炎让他稍一运动便气喘吁吁。尽管如此，金还是将朗姆酒军团成员针对流放犯的行为控制在可容忍的范围之内。1794年，金的前军事指挥官威廉·佩特森队长接替格罗斯成为新南威尔士的代理总督，但他与英国政府的关系并没有多少改善。

现在岛上绝大部分囚犯都居住在悉尼湾定居点之外的木屋里，293个女人带着90个孩子与她们的合法伴侣或事实伴侣生活在一起。尽管金对佩特森继续从悉尼往岛上输送顽冥不化的流放犯感到愤怒，但诺福克岛上还是保留了那个关押重刑犯的监狱。军团的已婚军官们也分开来居住，常常是和他们自己的妻儿子女一起生活，只有单身汉们要么住在军营，要么住在定居点里较为偏远的指定住处。流放犯与看守之间的紧张关系是根深蒂固、与生俱来的，但是金的经验和举措让这种紧张关系保持在一定的限度之内。

相比之下，皮特凯恩岛上自从1791年下半年的谋杀事件发生后，接下来的两年里人们之间的分歧与冲突愈演愈烈，尤其是叛乱者与塔希提男人之间，但是白人内部也同样存在分歧与冲突。克里斯蒂安越来越逃避现实，每天大部分时间不是在他发现的那个山洞里发呆就是独自在悬崖上徘徊。坎塔尔和麦考伊把塔希提人当成奴隶对待，稍有怠慢便无情鞭笞，不管是真的怠慢还是他们自己想象出来的。亚当斯的行为稍微好点儿。前候补少尉内德·杨和温文尔雅的威廉·布朗打心眼里瞧不起这些暴徒，但是，不管是这几个人，还是约翰·威廉姆斯和艾萨克·马丁都没有打算勇敢地站出来抵制坎塔尔和麦考伊的行为。事实上，这些白人之间达成了一致意见：不允许塔希提人拥有自己的土地。这也是他们仅有的统一意见。

而那些塔希提女人似乎对自己的同胞沦为奴隶这件事完全无动于衷。梅纳利把麦考伊的一头猪据为己有，叛乱者的女人玛丽认定他是小偷，因此他挨了欧洲人一顿鞭子。蒂摩亚从一个白人的地里偷了几个番薯，也遭到一顿毒打。

后来，这些叛乱者习惯了对岛民的支配，他们允许岛民拿着属于白人的火器去打猎，或者抓捕那些从家里逃走而在野外自生自灭的家猪。岛民们以前在自己的土地上自由自在地生活，现在却要忍受白人的压迫与剥削，叛乱者们似乎没有意识到他们深埋心底的怨恨与愤怒。1793 年 9 月，他们造反了。据杨的记载，这一天大家像往常一样起居生活，要么在村里的田地里，要么在山间的番薯地里干活。有些女人则出门到悬崖边捡海鸟蛋。蒂摩亚、提塔希提和内霍非常顺利地用主人给他们打猎的武器武装了自己。

枪声响起时，艾萨克·马丁正在自家花园里干活。他还以为岛民们又猎获一头猪，兴高采烈地说："干得好！我们今天又有一场盛宴了。"事实上，岛民们射杀了约翰·威廉姆斯，当时他正在蔬菜地里修篱笆。此时，米尔斯和麦考伊正监督着梅纳利给他们耕地，提塔希提跑过来问，能否让这个塔希提人去帮他抓猪。米尔斯和麦考伊同意了提塔希提的请求。现在这个 4 个叛乱者会合在一起，开始谋划下一步的袭击计划。他们第一个目标就是弗莱彻·克里斯蒂安，他们发现克里斯蒂安正在平整土地以拓宽耕地。根据杨的记载，"当时他正在……运送树根，他们走到克里斯蒂安身后，对准他后心开了一枪。克里斯蒂安倒了下去。他们用斧头砍伤了克里斯蒂安的头，任在其荒郊野外自生自灭。"尽管伤势非常严重，克里斯蒂安却没有死。麦考伊听到克里斯蒂安的呻吟，告诉了米尔斯，前枪炮军士长米尔斯却安慰他说，这只不过是"桅杆"①在叫克里斯蒂安的孩子回去吃中饭而已。[这时的长子索子德·奥卡托波（星期四·十月）又有了两个弟弟。]

这些波利尼西亚人聚在一起商量，已经干掉两个，还剩 7 个。

滑膛枪不可靠是众所周知的，他们没有把握同时击倒米尔斯和麦考伊。因此提塔希提跑去找他俩，谎称刚才看到蒂摩亚和内霍在麦考伊家偷东西。麦考伊上钩了，急忙跑回去保护自家财产。麦考伊冲进家里时，那两个土著人早已等在那里。蒂摩亚和内霍同时开枪，但都未击中。麦考伊退出屋外，梅纳利从身后扑来。麦考伊来不及思考，用力甩掉趴在身上的梅纳利，在他们还未来得及再次装弹前纵身跳进猪圈逃跑。

---

① "桅杆"是克里斯蒂安现任妻子伊莎贝拉的前夫，与克里斯蒂安一家生活在一起。

米尔斯的反应异乎寻常。当麦考伊找到他时，因为种族主义的狂妄自大，他并不认为这些原住民会真的威胁到他的生命。麦考伊没有停下来争辩，而是跑去警告克里斯蒂安。米尔斯的自信用错了地方。波利尼西亚人逼近前来，用枪瞄准他开火。米尔斯跟跟跄跄跑进屋里，他们跟过来对着他的头部猛击。

死了3个，还剩6个。

瘦高的费城人艾萨克·马丁和疤脸威廉·布朗各自在自家地里干活。反叛者首先找到那个美国人，把他射杀。按照珍妮·杨的说法："他并没有立即倒下，而是跑到离他不远的布朗家，艾萨克在那儿中了第二枪。他倒下去后，反叛者用锤子猛击他的头部，直到他断气。"①

他们出其不意地用石头砸中布朗，没有继续击杀，任他留在原地等死。然而反叛者打算离开时，布朗犯了一个致命的错误，他摇摇晃晃地站起来，急于逃走。"其中一个人追上他，把他拦住。"珍妮说，"布朗乞求他们高抬贵手，要不是他看到了自己的妻子，他们可能不会杀他，因为他们答应留他一条命。其中一个拿滑膛枪的人走到他身后，开枪打死了他。"

倒下5个，还剩4个。

与此同时，麦考伊也到了克里斯蒂安家，找到的却是他的尸体。克里斯蒂安家旁边是马修·坎塔尔的地，他听到枪声，正在武装自己。麦考伊向他喊话，那些塔希提人正在往这边赶。坎塔尔派自己饱受苦难的女人萨拉去通知其他人，自己却准备逃跑。萨拉首

---

① Lummis, Trevor, Pitcairn Island, p. 66

先来到约翰·亚当斯家,建议他跟她一起回家,不过亚当斯怀疑这是给他设的圈套,特别是当他看到那 4 个波利尼西亚人出现在他前面时。因此亚当斯逃进了灌木丛。

此时,这些一向平和的波利尼西亚人报复的欲望在衰退。他们也没有真的打算杀死内德·杨,不管怎样,是那些曾经从他那里得到过雨露滋润的女人保护了他。这时亚当斯偷偷回到自家的番薯地里抱了一捆蔬菜,这些波利尼西亚人发现之后打伤了他。尽管四人中有两人强烈要求结果他的性命,但最终还是放了他一马。

经历了一天的恐怖屠杀,那天晚上杨搬进克里斯蒂安的房子。这栋房子比其他人的稍微大一点,配得上领导人的地位。杨还把克里斯蒂安的女人伊莎贝拉拖到自己的床上,不过伊莎贝拉也心甘情愿,后来还有威廉·布朗的女人。在他的安排下,亚当斯得到治疗。子弹从亚当斯的右肩进入,穿过喉咙。

现在我们来盘点一下当时的情况。这次杀戮意味着一次性别再平衡。杨的前情人苏珊娜现在可供其他塔希提人来挑选,蒂摩亚选中了她。但坎塔尔和麦考伊还在林子里躲着,他俩的女人不愿意屈尊将就做提塔希提和梅纳利的情人。在这次暴动中,因为自己的角色,梅纳利明显感觉自己没有获得任何好处,随着时间的推移,原来的憋屈变为满腔怒火。一天晚上,正当蒂摩亚吹着笛子向苏珊娜求爱时,梅纳利从树下的灌木丛中跳出来,开枪打死了自己的情敌。提塔希提表示抗议,梅纳利威胁说要把他也一起杀了。

现在女人们开始参与决策。梅纳利不听约束,她们威胁说如果他不滚出去,就处理他。杨用武器支持她们,而剩下的波利尼西亚人——半大小子内霍和提塔希提——也非常乐意看着他离开。一天，梅纳利在林子里碰到受伤的麦考伊和坎塔尔，他们时不时对村子发动袭击，从高处射击那些波利尼西亚男人。

女人们又聚在一起。这样的状况必须解决。按照珍妮·杨的说法，她们决定派坎塔尔的女人萨拉和珍妮去跟林子里的白人接触。"(我们)强烈建议他们杀了(梅纳利)。"珍妮说，"他们那天晚上就动手了。"内霍和提塔希提没有意识到这些女人改变了效忠对象，出发去刺杀坎塔尔和麦考伊，然后回到杨的房间来谎称他们又一次刺伤了麦考伊。但事实并非如此，这些女人知道实情，因为她们和这些白人保持着联系。然而她们仍然假装支持这两个人的行动，并且安排第二天在杨的房子里开会讨论。

这两个年轻的塔希提人根本没有意识到自己死到临头。事实上，在接下来的那一天，他俩没有一点警惕之心，其中一个仰卧在杨家的地板上，另一个则静静地坐在外面，这时伊莎贝拉对杨点了点头。与此同时，西印度群岛人爱德华·杨射杀了坐在外面的那个塔希提人，苏珊娜则用斧子劈开了躺在地上的同胞的头。现在情况完全反过来了：塔希提男人一个也没了，只剩4个白人。

坎塔尔和麦考伊回到定居点，大约一个月后亚当斯伤好复原。那些女人把死人的头颅割下来，尸体掩埋。在他们曾经的伴侣的坚持下，5个白人的头骨保存下来，这些可怕的东西提醒着曾经发生过的可怕事件，但对于这些女人来说，它们具有精神上的意义。

白人解除了来自下属塔希提人的威胁，很快又面临一个完全出乎意料的局面。现在幸存下来的男人只有4个，而女人有9个。一旦发生点事，她们愿意而且有能力用斧头来解决问题。4个男人中，只有杨一个人获得了一点真爱，然而即使是他，当他坚持要埋掉这些头骨时,也失宠了。

珍妮有段时间曾委身于亚当斯和杨,现在却领着一群女人继续着堂吉诃德的事业,准备打造一艘船回塔希提岛。她们要求男人们协助造船,珍妮把自己的房子扒了用来建造船的框架,而这个房子原来就是用"邦蒂号"的木板盖的。据杨的记载,下水后,两三个碎浪打在舷侧,船就散架了。所有补给品都泡进水里了,不过这些女人至少还有能力游回岸上。

杨说,这些女人仍然对"她们的现状非常不满;可能与她们的从属地位不无关系,因为麦考伊和坎塔尔时不时会揍她们一顿"。现在看来,这两个人几近疯狂。杨说,在和这些女人的交往中,他建议"不要大笑,不能开玩笑,也不要给任何女孩赠送任何东西"①。

1794年10月3日,白人男子举行宴会庆祝战胜波利尼西亚人一周年。这时,麦考伊用他在苏格兰酒厂学会的技术,用甘蔗酿酒,但他几乎没有成功过。尽管如此,他们在宴会上仍然为这毫无成就而干杯,并且决定过一种新的和谐生活。然而,一个月后,杨得知(可能是从伊莎贝拉那里)塔希提女人正在酝酿一个计划,在男人熟睡时杀掉他们。他们迅速召集会议,决定不对这些女人首先使用暴力。杨说:"我们没有忘记她们的行为;我们达成一致意见,谁第一个行为不轨就处死她;只要有人胡来,惩罚就要持续下去,直到我们发现她们的真实意图。"

现在男女之间的战争进入了一个新阶段。有些女人离开定居

---

① Lummis, Trevor, Pitcairn Island, p. 87.

点,到岛上其他地方去生活,还带走了滑膛枪和一些其他武器。然而,一大帮孩子——至少有 12 个——需要照顾,女人们的生活难以为继,慢慢又搬了回来。有的与男人生活在一起,有的明面上一个人生活,但一旦有情欲就随时准备找男人发生关系。这是一个切实可行的解决办法,在接下来的四年里,他们一直这样生活。但是,到 1798 年,情况发生了变化。威廉·麦考伊用当地产的一种山茶树根做实验,最终取得了成功。是年 4 月,他用蒸馏法生产出第一瓶酒精含量颇高的酒。

* * *

诺福克岛的菲利普·吉德利·金和他的海军同事约翰·亨特也深受岛上的酒鬼困扰,后者从 1795 年 9 月开始接任新南威尔士的总督之职。朗姆酒军团的嗜酒习气已经扩散到整个殖民地,酒成为殖民地的主要硬通货。是年 9 月 11 日亨特正式接替威廉·佩特森成为新南威尔士总督,他发现这个仅有 3211 人的流放地,其中流放犯就超过 1900 人,其他人则几乎全部是军人或行政管理人员,只有少量刑满释放者和十来个自由民。

金已经成功游说议员让他担任副总督之职,他的候选也得到了菲利普总督的热情支持。然而,亨特颇受海军上将、勋爵、海军大臣豪的青睐,尽管他驭下的船只屡次受损,似乎已成习惯,他职业生涯里毁掉的船只已达四艘,包括"天狼星号"。而且,早在第一舰队时,他就被内定为菲利普总督的潜在接班人,即如果什么悲剧降临到总督头上,他就是顺位继承人。

值得慰藉的是，比金大了 20 多岁的亨特对诺福克岛上的情况很了解。"天狼星号"沉没后，他在诺福克岛待了 11 个月，并且设计了瀑布湾的登陆场。不管怎样，金的身体状况不允许他在新南威尔士担任更繁重的任务，他的痛风病又一次发作，痛苦得"胸和肺几乎挤到了一起"，同时他还受到持续不断的腹痛折磨。事实上，亨特到达 4 个月以后，金就申请返回英格兰休病假。总督对他的境遇表示体谅，因此他在 1796 年 10 月休假离开了诺福克岛。金回来之前，亨特任命 37 岁的约翰·汤森船长担任诺福克殖民地的代理副总督。事实上，金此生再未回到诺福克岛。

和他的军中同僚不同，汤森回避朗姆酒交易。他患有选择性耳聋，因此他在岛上的日子里，这里的情况变得更加糟糕。汤森似乎是一个狂热的共济会会员，在他的统治下，新南威尔士殖民地上第一座共济会礼拜堂建立起来。汤森在诺福克岛最大的成就就是在艾米丽湾的环礁湖造了一艘单桅帆船。1789 年，马修·弗林德斯驾驶这艘船绕着范迪门地转了一圈。

汤森与亨特的关系迅速恶化，他向 3 个国务大臣之一的波特兰勋爵控诉总督的领导，说亨特办事拖拉。事实上，汤森也受到同样的指控。他个人不像金那样对这个殖民地一往情深，在他的统治下，这里逐渐走向衰落，管理松懈，盗窃事件频发，士兵盘剥治下的流放犯。金从流放犯中发掘了一名教师，名叫托马斯·麦奎因，为他建了一所学校，并积极支持他的工作。汤森这个王老五对学校毫不上心，麦奎因不久又恋上了朗姆酒瓶子，学校纪律一塌糊涂。汤森离开时，学校已快要关闭了。

1800 年继任者到任前，这些都还只是诺福克岛上微不足道的小问题。事实上，相比之下，岛上居民回顾金和汤森的统治时，发现自己简直生活在极乐世界。他们对即将到来的虐待狂没有任何心理准备，那个人就是恶贯满盈的约瑟夫·福沃。

世纪之交的皮特凯恩岛，一个新政权也即将建立。但这里的政权更替是一番完全不同的景象。决定政权更替的日子在1798年4月，麦考伊完善了用山茶树蒸馏"烈酒"的方法。自此以后，他、亚当斯和坎塔尔几乎没有清醒的时候。杨加入他们的行列则事出偶然，不过杨后来喝酒有所节制，他说有些女人也投身酒海，纵情享受。他们完全忽略了自己的孩子，整天在公开场合寻欢作乐，纵欲无度。他们衣不蔽体、赤身肉搏，抛却一切礼义廉耻，只要高兴随时随地可以翻身上马。坎塔尔性欲旺盛，无论是烂醉还是清醒，都要找女人发泄。一旦遭拒则勃然大怒，拳脚相交，无论是谁，稍有忤逆则遭到虐待拷打，他甚至把萨拉的一只耳朵咬了下来，而这个女人还是他孩子的母亲、他最喜欢的玩物。

麦考伊的精神错乱更甚从前。在茫茫大海中，这个岛屿不过是一个微小的点，狂风肆虐、暴雨冲刷、与世隔绝，等待有人来发掘和认识、永远孤立无援，这个略通文墨的苏格兰酿酒师全身心投入酿酒事业中。按照亚当斯的说法，后来麦考伊事先特意把自己的手脚捆起来，再绑上石头以增加重量，然后面朝大海纵身跃下悬崖。然而，在麦考伊自己的日记中，亚当斯完全是一个自私自利的家伙，可能是麦考伊的同胞合伙杀害了他，嫌疑最大的当属亚当斯和坎塔尔，因为到那时杨已被肺结核折磨得虚弱不堪。

坎塔尔的女人萨拉也坠崖而亡，依据杨的说法，她当时正在捡鸟蛋。不管怎么说，萨拉的苦难日子结束了。之后坎塔尔要求苏珊娜来顶替萨拉的位置，她是杨的两个女人之一，相对年轻漂亮。然而那时岛上最少还有 5 个女人没有归属。实际上，苏珊娜很可能也在酗酒作乐，因为她就是在那期间怀孕的，还打算给孩子取名为爱德华·坎塔尔。杨断然拒绝了坎塔尔和苏珊娜的要求。坎塔尔接下来又找亚当斯要女人，也遭到拒绝。

坎塔尔威胁杨说，如果他不答应就要他两人的命。这时杨的健康状况不断恶化，他知道自己对付不了健壮如牛的坎塔尔，因此决定和亚当斯联手除掉坎塔尔。恐怖的事情发生了，那个血花四溅、惨叫连连的血腥场面永远印在目睹这一幕的孩子们的脑海里。亚当斯和杨把坎塔尔诱骗到亚当斯家，用酒把他灌醉。时机成熟，他们举起两柄小斧朝他的脑袋和脖子砍去。斧头砍入坎塔尔的四肢和头骨，他挣扎着求生，爬起来尖叫、敲打门窗，血花溅洒到墙上。他倒在血泊中，血水在"邦蒂号"甲板做成的地板上流淌。

这次事件后不久，爱德华·杨也追随他的同胞而去，1800 年初，肺结核要了他的命。现在岛上只剩下一个男人：约翰·亚当斯，即以前的二等水兵亚历山大·斯密斯。和他在一起的还有 9 个女人和 20 个孩子，他们的父亲分别是暴动者克里斯蒂安、米尔斯、麦考伊、杨、坎塔尔和亚当斯。孩子们的姓名是根据推测的父亲取的，因为岛上混乱的性关系，很难确定他们的亲生父亲是谁，后来就形成了皮特凯恩岛社群繁殖的基因库，这也决定了诺福克岛人群的独特特征。

第七章　福沃少校

菲利普·吉德利·金的痛风病和支气管疾病完全康复，1800年初他带着召回亨特以及任命他为新南威尔士总督的命令欢欣鼓舞地回到悉尼。然而，亨特却不太愿意腾出职位，直到9月金才去掉代总督的帽子，此时这两位海军同僚的关系变得非常不和。然而，金却积极地推荐亨特的侄子威廉·肯特船长出任诺福克岛的副总督，他俩曾经共同供职于第一舰队。不幸的是，肯特接到一个紧急任务，即担任供给船皇家海军"野牛号"（HMS Buffalo）的船长，因而错失了任命。海军军官们不得不接受福沃少校来担任诺福克岛殖民地的代理指挥官。福沃于1792年带着他的军团来到新南威尔士，这时他已经成为最大的土地拥有者，在他那2020英亩（817公顷）的土地上放养着1000多只羊。

令人惊讶的是，尽管福沃有着刽子手的恶名，随意鞭打在自己属地上干苦力活的100多名流放犯，简直臭名昭著，金还是对福沃的升迁满怀希望。乍看之下，很难理解福沃为何主动请求担任该职位，因为这意味着他不得不放弃牧场的利益而把它卖给约翰·麦克阿瑟。33岁的福沃也许认为该职位是一条快速升迁的捷径，而且诺福克岛素有土地肥沃、物产丰富、发展前景美好的盛名。格罗斯曾经建议驱除囚犯、把最好的土地赐给军队人员，这个建议现在很可能又有人在推动。

不管他隐藏的动机是什么，其中一个做法使他在该职位上的其他一切行为都显得黯然失色，即羞辱和折磨治下的男男女女来发泄无名之火，这种残酷成性是他的嗜好。毫无疑问，福沃这种强迫症可以从他的生活环境中找到根源，这个环境即使用最美好的词语来形容，也只能是"不光彩的"。他的名字来自他法律上的父亲——上奥索雷勋爵（Earl of Upper Ossory）约翰·菲茨帕特里克家里雇佣的一个法国厨师。菲茨帕特里克是一个爱尔兰贵族，福沃出生的1767年，他是贝德福德郡（Bedfordshire）下议院的议员，为人轻佻浪荡。两年以后他与安妮·利德尔——时任首相奥古斯都·菲茨罗伊的前妻——结婚。没有人知道菲茨帕特里克是不是福沃的亲生父亲，但是福沃母亲的5个孩子中，漂亮的伊丽莎白·惠勒和小约瑟夫最受菲茨帕特里克勋爵青睐。

1789年7月，福沃加入了贝德福德郡的第六十团并在新南威尔士军团中捐得一个职位，但作为下人的儿子，他非常引人注目。两年后，福沃被擢升为船长，并于1796年获得少校军衔。福沃青云直上的唯一解释只能是他的恩主在背后持续推动，而且他在殖民地所进行的家畜交易也需要大量货币支持。然而，这样的赞助看起来似乎不错，实际上他敏感地意识到自己永远被排除在那个社会阶层之外了。大量事实证明，英国各阶层之间僵化的界线严重影响个人性格的养成。福沃就是一个触目惊心的例子。

1800年7月，福沃来到诺福克岛，呆头呆脑的托马斯·罗利船长已临时接替了汤森船长的职位。罗利没什么文化，能连词成句但错误百出。罗利对殖民地的一个贡献就是关闭了几个自由民开办的酿酒室，他们为流放犯提供酒，而酒能让流放犯们从艰苦的劳动中得到暂时的解脱。金给福沃下达的命令主要是用适当的方式把流放犯分散到全岛各地来开垦这块皇家殖民地，以最小的代价充实国库，满足居民的衣食之需。金还命令福沃建立一个民事法庭，但要树立副总督的绝对权威。实际上如果福沃依令而行的话，就等于获得了绝对的专制权力。

　　福沃抓住了这次机会。他一到任就开始了白色恐怖统治。他给金报告说，他发现这里"简直处于无法无天的状态"，之后就完全瞒着总督进行恐怖统治，只对总督报告了建设计划的进程和管理人员的重新遴选事宜。福沃还对所有邮件进行审查。按照历史学家玛格丽特·哈泽德（Margaret Hazzard）的说法，"虽然（金）后来发现了诺福克岛上所发生的虐待式惩罚、纵欲无度和恐怖行为，但当时根本就没有意识到这个问题"。

　　福沃选择荒凉的内皮恩岛作为二次流放地，流放犯如果再次犯罪，将被遣送到内皮恩岛继续服刑。他们在内皮恩岛的工作就是在毒辣的阳光下煮海水熬盐，除了从大陆过来的船只通过危险的海峡后偶尔路过，这里几乎无人来访。福沃就任不久，一个路过这里的商船船长记录了这片水域的危险程度。"岛上的医生在返回停泊在海湾的船只时溺水而亡。"他写道，"与此同时，另一个军官被拖到岸上时已气若游丝，而小船已被击得粉碎，绝大部分船员伤势严重。

"另一艘跟随货船通过该地的小船也被大海吞没,除了一人逃生外,其余八位船员无一生还。"①

更偏远的菲利普岛也是惩罚的必选之地。单个"闹事者"会被流放到该岛达4个月之久,既无栖身之所,又无果腹之食。诺福克岛每隔几周会派人来这里看看这个二次流放犯是否还活着,并给他送一点儿补给。

福沃还在囚犯中迅速组织了一张间谍网,通过对男女囚犯实施令人触目惊心的严刑酷法,这个网络非常高效。木匠罗伯特·"巴基"·琼斯是一个刑满释放的囚犯,后来成为诺福克岛的牢头。他写道,福沃"是一个只信鞭子不信《圣经》的狠人"。福沃挑选的那个执行人理查兹和他一样有虐待癖。据琼斯说,理查兹来自爱尔兰克莱尔县,是"一个非常强势的人",也是个乐于"从乞丐肋骨上刨下半斤肉的家伙"。

对于严重违法者,金也不愿意施以50鞭以上的刑罚,而对福沃来说,200鞭才刚刚起步,刑罚的最后一道菜则是给半死不活的受刑者背上浇一桶滚烫的盐水。琼斯写道:"很多人是到死才获得解脱。"他说福沃坚持在刑罚现场观看鞭刑的全过程。"他对施刑者微笑以鼓励他们,有时还命令把受刑者带到他跟前,问道:'喂,你这该死的恶棍,感觉怎么样啊?'然后命令他们穿上衣服回去继续干活。"

鞭刑只是福沃的折磨方式之一。琼斯说,福沃最青睐的另一种方式是,"每个月把脚镣缩小一圈直到勒进肉里"。在诺福克岛这种

---

① Hazzard, Margaret, *Punishment Short of Death*, pp. 54–5.

炎热潮湿的地方，这种做法很容易引起感染。但是最恐怖的也许是水牢了：一个狭小的笼子孤零零地扔进深水井里，囚犯被赤身裸体关在里面，度过他们生命中暗无天日的 48 小时，既不能睡觉，也不能蜷缩，否则就会被淹死。

福沃的告密网在囚犯中能够像病菌一样传播，这毫不奇怪，因为囚犯会想方设法避免鞭刑或枷锁。对牢头来说，还有另外一个好处就是可以在囚犯中扩散不信任和恐惧感，因为他们会报复或仇恨他们的同监犯人。琼斯在临终前说："福沃对待女性流放犯尤其残忍。她们被当作奴隶，可以公开出售给自由民，也可以卖给流放犯，那些年轻漂亮的女性流放犯的价格往往高达 10 英镑。"

现在达西·温特沃斯已成为岛上的客座主任医师，只要可能他都会进行干预。但是福沃的话就是法律，而且岛上还有其他和他一样荒淫无度的人，其中一个重要人物就是总治安官特德·金伯利，他的专长就是羞辱女性流放犯。"在他的脑子里，女性生来就是为男人提供便利的。"琼斯写道。每周四晚上金伯利会定期为军官们在营房里组织"娱乐活动"。晚饭后，"所有女人都要参加'美人鱼舞会'，除了背上涂上一个数字外，所有女人都要一丝不挂，以便于她们的仰慕者辨认。当他们看到自己最喜欢的女人表演某些滑稽的动作时就会鼓掌，再喝下一两加仑朗姆酒后，才会醉醺醺地结束那天晚上的娱乐活动"。

最可敬的人也会被这鬼地方给拉下水，其中又以威廉·米歇尔为甚，他本来是来当牧师的，据琼斯说，米歇尔"放弃了这个职业，因为经商更赚钱"。米歇尔开始与"一个名叫莉莎·麦卡恩的年轻漂亮女人鬼混，她和他一样狡猾，比那些久经锻炼的士兵还能喝酒。

米歇尔被这个魔鬼迷得神魂颠倒，难以自拔。他供应的食物价格飞涨，却都是腐败变质的东西。琼斯说，"他给囚犯提供的猪肉早就腐烂变质，手指往上一戳一个洞"。

1801年下半年，金任命亨利·富尔顿为诺福克岛的官方新教牧师，尽管富尔顿被指控并被判谋反罪。富尔顿曾在都柏林的三一学院接受教育，毕业后在印度为父亲工作两年，然后返回爱尔兰与青梅竹马的安·沃克结婚，并加入爱尔兰圣公会，成为接受圣命的牧师，受命前往爱尔兰西海岸城市戈尔韦（Galway）教区任职。然而1798年，富尔顿惹上事端，审判之后被判终身流放。富尔顿的婶母替他给皇家海军"密涅瓦号"（Minerva）交了120基尼路费后，他的妻子与孩子陪同他前往流放地。1800年1月11日，他们与另外180名"政治犯"一起登陆。

富尔顿联合温特沃斯和其他人一起试图节制福沃的行为，但收效甚微。指挥官福沃可以随意挑选自己中意的女人，包括流放犯，但他最终选定了舍温夫人。那位舍温中士被投入监狱后，妻子被福沃占为己有。舍温曾在仓库服役，那是任何人都可能捞到油水的好地方。出狱之后不久，这位中士离开诺福克岛回到新南威尔士，并在帕拉马特（Parramatta）开了一间杂货店。

尽管如此，人道精神仍有一丝残存，抵制着指挥官及其跟班丧尽天良的残酷人身侵犯。两个年轻的爱尔兰人彼得·麦克莱恩和约翰·沃拉汉在同伴中酝酿组织一次暴动。他俩在18世纪90年代起义①后被流放到新南威尔士。他们的武器是木制长枪,秘密砍伐削尖之后淬火变韧,藏在浓密的灌木丛中。他们计划先用这些武器逼迫某个看守军官打开军械库,然后逮捕或杀了福沃,一举掌握这块殖民地。计划实施了第一步之后就戛然而止,但不管怎样,他们决定砸碎这可恨的枷锁或在尝试中死亡。

这两个爱尔兰年轻人制成了 100 杆长枪,甚至策反了至少 4 名饱受福沃变态成性的纪律折磨的士兵。1800 年 12 月 14 日,他们准备妥当打算释放信号,这时一个已被判刑的强奸犯亨利·格里迪看到这个拍马屁的良机,就向福沃告发了他们。福沃随即唤醒卫兵,找到两个肇事的领头者,"咔嚓"一声给他们上了手铐。格里迪领着士兵找到一个藏着 30 杆长枪的地方。这足以证明他们的罪行。福沃片刻未停,召集了一个由 4 名军官组成的"法庭",未加任何审判就将他们定罪,并立即执行绞刑。也许愤怒的面容后面有福沃对自己爱尔兰出身的愤恨在作祟。不管出于什么原因,第二天,也是一个星期天,福沃召集全岛人民来绞刑现场观看。这仅仅只是一道开胃菜。接下来,又有 22 个流放犯,用福沃自己的话说,"受到了严厉的处罚"。

福沃得知还有 4 个士兵参与此事,立即开除了他们的军籍,其中一个还挨了不下 500 鞭。这是一个对上级无法隐瞒的"纪律"事件,尽管作为海军长官的总督金没有提出抗议,但现任朗姆酒军团指挥官的佩特森少校却被他这种未经适当的军事法庭审判便贸然定

---

① 这里可能是指 1798 年 5 月 23 日爱尔兰人联合会发动的推翻英国人统治的民族起义。

罪并处罚士兵的行为激怒。

这一事件导致措辞激烈的书信往来越来越多，最终福沃被迫请假返回英格兰捍卫自己的职位。而诺福克岛上，囚犯与士兵携手相庆。他们称之为"婊子"的安·舍温陪伴福沃一同返回英格兰。安是否陪同福沃前往贝德福德郡安普提尔庄园（Amptill Park）拜访他的恩主，我们不得而知。但是从福沃态度来看，这次拜访肯定是富有成效的，因为他被提拔为中校，并在1802年返回诺福克岛时已被确认为副总督。

福沃离职的这段时间里，金打算把福沃的职位转给朗姆酒军团的约翰逊少校，但他的上司威廉·佩特森代他拒绝了，因此诺福克的拉尔夫·威尔逊船长取而代之。威尔逊和他的爱尔兰妻子生活在一起，在他的坚定领导下，人道主义有所恢复。一位路过诺福克岛的船长夫人伊莱扎·肯特夫人对威尔逊夫妇的热情好客大为赞赏。他们为她准备了一张极为舒适的床铺和奢华的早餐，并陪伴她到附近的定居点四处参观。

福沃和情妇回来后着手启动一个建设项目，这个项目让流放犯们疲惫不堪，很多人过劳死。据肯特夫人说，这是福沃为自己建造的"政府大楼"，要求必须是"一座大楼，坐落于显著的位置，从大楼里可以俯视全城（金斯顿 Kingston），且能看到特特尔湾、内皮恩岛和菲利普岛"，所有结构都必须用当地的石材搭建。每个流放犯每天必须打五车石板，而所用的工具则是随时需要修理的粗制滥造的东西。如果大锤手柄折断或大锤飞出，流放犯就会受到一顿毒打，然后还得穿上血水浸透的烂衣服继续完成自己的工作。

福沃日益疯狂，鞭刑的使用日益频繁。琼斯说："从少校归来之日岛上就充满了无声的抱怨。这些人肯定非常希望自己能回到英格兰，说出这里的真相。毫无疑问，他应该受到惩罚，也只有我能够告诉他们真相。谋杀，我只能这说是赤裸裸的谋杀。上帝可以忘记和原谅，但我永远无法忘记也不能原谅。"

一个叫查尔斯·马赫的受到鞭笞，这次事件差点酿成另一次暴动。"可怜的家伙。"琼斯说，"他挨了250鞭，打到200鞭时金伯利拒绝继续数下去，他的意思是这次惩罚已经够了。马赫的后背已经皮开肉绽。"福沃这次做出了让步。但另一次一个女流放犯羞辱安·舍温，福沃下令抽她250鞭，施刑者理查兹推脱说他"身体欠安"，无法执行这样的刑罚。福沃命令金伯利拿起鞭子，但他拒绝，并大声抗议说自己不打女人。福沃勃然大怒，命令列兵米克·凯利执行。凯利接受命令，但是他非常有节制，没有一鞭打在她背上。据琼斯说："这种阳奉阴违的行为差点让少校先生抓狂，他命令把这个女人投入一个黑漆漆的洞里关上两周。"

新来的流放犯都要挨上25鞭作为"下马威"，而售卖女流放犯的行为也已经成为一种制度。"但凡女流放犯都被当成奴隶。"琼斯说，"她们是极好的交易物品，一个流放犯只要有机会拥有一个女流放犯，（即使去偷）他也会毫不犹豫地去做。"不可避免的是，有些囚犯会竭尽所能乘坐简陋的木筏逃离，但他们的结局不是溺水而亡就是被波浪冲回岸上。"有个男人试图逃跑，他在门板上打出两个洞，把双腿塞进里面，但他还没有走出十英里，一个脚趾就已折断。"琼斯说。其他人不是吃沙子就是喝盐分极高的海水让自己身染疾病；最极端的是砍断自己的一只手或一只脚，希冀能被送回新南威尔士本土治疗。

但最无耻的命令来自英国政府，那是一个长期有效的命令。命令规定一旦有外国船只出现在视野里，所有爱尔兰流放犯必须立即被聚集起来关在木制建筑物里，以免他们里应外合颠覆政权。如果有外国人登陆，则需点火为号。这个命令是在琼斯临终前生效的。"我接到的命令是，如果有外国人敢于逼近我们，那就杀光我监管的所有囚犯。"琼斯写道。这个命令证明那个声称所有囚犯都受到国王乔治保护的声明只不过是一个谎言而已，"保护？见鬼去吧。"他写道。

与此同时，福沃开始在岛上为子孙后代做准备，他发起了一场试图改变殖民地性质的运动，即把这里的与刑罚有关的元素全部转移到范迪门地。福沃的野心现在已经非常明朗：他要把诺福克岛变成自己的封地，土地要由清白的劳力来开垦和种植，地上的房子要按照他的要求来设计和建造。要实现这个计划，在他的专制统治下，还必须保留足够多的流放犯奴隶和管理人员来从事劳动。据福沃自己说，他将成为实质上的南海之王。

不过不幸的是，尽管他的设计宏大，诺福克岛不会如此轻易就向狂妄自大的"约瑟夫一世"屈服。当地的植物与气候使他得了哮喘病，经常呼吸困难，最终要了他的命。1803年9月，正是干旱季节，绝望中的福沃离开诺福克岛前往澳大利亚本土。海上的航行和帕拉马特内地干旱炎热的天气有助于福沃身体康复。第二年1月，福沃回到诺福克岛，此时他身体状况大为好转。但是没过几周，哮喘病再次发作，尽管他竭力克服，到1804年8月，他不得不承认只有一次更长时间的海上旅行才能缓解病情，这也是他所期望的。因此，9月9日福沃登上了返回英格兰的轮船，陪同他的还是那个情妇，按照琼斯的说法，她"看起来面容苍老，忧心忡忡"。

如果福沃还怀着有朝一日在贝德福德郡康复即回去当岛上之王的梦想，那么他只有失望了。非常有趣，也极具讽刺意味的是，福沃向国务大臣、白金汉郡勋爵四世罗伯特·霍巴特呼吁通过战争和建立殖民地以放弃流放殖民地的建议简直太成功了。他在去伦敦的途中，英国政府采纳了他的建议，决定全面遗弃诺福克岛。

福沃到达伦敦时必须面对一个既成事实，即遗弃诺福克岛的命令已经送达新南威尔士，总督金已经开始着手向位于范迪门地北岸的达尔林普尔港（Port Dalrymple）（后改名为朗塞斯顿Launceston）撤离囚犯。福沃的计划陷入一片混乱。海上航行真是有魔力，他的身体状况又在好转。他梦中的王国正在消失，因此只好寻求官场与政治上的任命。小皮特接任利物浦勋爵成为首相，任命卡姆登大臣查尔斯·普拉特为霍巴特的继任者。

福沃给卡姆登递上他在诺福克岛制订并在海上修订过的计划，争取更加"审慎的"安排，即允许在诺福克岛自由殖民。这个官老爷听着他的汇报，对这种转向多少有点惊讶，但还是愿意对他的亲身经历做出回应。福沃随后又写信给总督金寻求支持，自己继续游说议员赞成他的有限选项。随着书信和推荐信在世界各地的传递，几个月时间过去了。金被他说服，金也觉得"他的"殖民地应该以某种形式保留下来，这也不奇怪。

现在再回到诺福克岛。这里的管理权已经交到更有教养的约翰·派珀船长手里，他曾经于1793年至1795年间在岛上服役两年，当时金是这里的首领。派珀是一个苏格兰医生的儿子，瘦高个儿，生性活泼，借助于叔父的影响在新南威尔士军团获得少尉军衔。他随皇家海军"皮特号"（HMS Pitt）一起出征杰克逊港，同船的还有军团新来的胖指挥官弗朗西斯·格罗斯。年轻的派珀当时还只有19岁，但彬彬有礼，各方面都显得非常有魅力，这使他受到一代殖民地女士的钟爱，大多数女士的丈夫也喜欢他。

派珀接任诺福克岛的指挥官时只有31岁。他在杰克逊港生下一个孩子萨拉，后来认可她与一位自由民结婚并举行了盛大的婚礼庆典。但在诺福克岛，派珀刚到不久就夺走了刑满释放犯詹姆斯和玛丽·希尔斯年仅15岁的女儿的贞操，并把她藏在金碧辉煌的政府大楼。他们接连生下两个儿子。

总督金传达了来自伦敦的命令，但命令自相矛盾，令人迷惑不解。英国政府决定保留这个定居点，却埋怨付出的代价太大。事实上，派珀治理下的诺福克岛生产出丰富的蔬菜和粮食作物，此外，他还把满载腌猪肉的供给船一次次送往新南威尔士本土。

非法售卖流放犯的事情同样让人难以理解。尽管派珀一船一船往达尔林普尔港输送流放犯，同时又从总督金那里接收过来同等数量的爱尔兰政治犯。尤其是1805年9月7日，他手下的看守监视到一船船运送过来的流放犯倾泻到诺福克岛，整整九大帆船。派珀立刻执行英国政府曾经颁布的命令，迅速把爱尔兰流放犯集中起来。但是他不像福沃那样残暴，而是把他们集中关在监狱的院子里，只是安排了一些文明的治安官在四周站岗。正如他后来给总督金讲述的："收到舰队将驻泊瀑布湾的消息，我命令一位中士带着20人加入了值勤的行列；与此同时，派遣一门大炮紧随我之后过去。"派珀发现他们打的是英国旗帜，这时他们朝天开了一枪，同时打旗语让岸上同仁派一艘船下水，派珀和军官同僚担心这是一个陷阱，因此派人去把所有军械装备迅速调集到瀑布湾附近。

僵持了5个小时之后，旗舰放下一艘小艇，在派珀火力范围内登岛。令防御者们高兴的是，船上负责的军官原来是利特尔中尉，来自弗朗西斯·法耶尔曼船长指挥下的"大英中华舰队"。他们一直试图诱骗中国政府向英国贸易开放港口，这一进程最后导致1840—1842年的第一次鸦片战争。但目前法耶尔曼还没有取得任何进展，他们正在着手执行一项秘密任务，即侦察和记录东印度群岛敌舰的出没状况（尤其是法国和俄罗斯的舰队）。

显然，这是一项紧急任务。据派珀说，"尽管他们亟须休息以恢复精力，法耶尔曼船长仍然决定当天晚上继续航行"。

福沃最终于1807年12月接到命令返回诺福克岛，如果"那里还有足够多的居民生活在那里"，他将继续担任指挥官。如果没有多少人口的话，不管威廉·佩特森在不在任，他都将前往杰克逊港担任副总督。然而，杰克逊港这个比诺福克岛大得多的殖民地上发生的一系列事件将永远结束他宏大的梦想。总督金回到伦敦一个月以后，福沃才打算启程。这时金的身体已非常虚弱，一年以后就去世了。朗姆酒军团内部杀机四伏。半癫狂状的麦克阿瑟数次单挑指挥官佩特森，整个殖民地陷入无政府状态，暴动随时都在发生。前往目的地诺福克岛之前，福沃首先到达杰克逊港，他发现这里现任管事的是乔治·约翰斯顿少校，佩特森已去了范迪门地，而总督威廉·布莱已被抓起来了。

第八章 布莱总督

由于面包果树传奇的失败和弗莱彻·克里斯蒂安与彼得·海伍德家人对他的反感,布莱发现他已在海军部门失宠。直到1795年,也就是把难吃的塔希提主食交给西印度群岛的奴隶主三年之后,布莱才得到再次任命。

埃文·内皮恩接任海军部长的职位改变了布莱的命运。内皮恩把邓肯在泰晤士河与朴次茅斯的肮脏运囚船上的囚犯转运到新南威尔士,在组织运输的过程中,他与邓肯·坎贝尔结成了利益共同体。通过他的影响,布莱被任命为装载24门火炮的皇家海军"加尔各答号"(HMS Calcutta)的指挥官,该船驻防于荷兰海岸,参与封锁荷兰。英格兰夺取法国在西印度群岛多巴哥岛(Tobago)和圣·卢西亚(Santa Lucia)的殖民地后,法国正在荷兰海岸纠集舰队准备进攻英国。

这几年里,布莱表现得非常出色,接下来的七年中经历了一些小规模的战争,比如1801年哥本哈根海战①,在这场战役中他担任皇家海军"格兰顿号"(HMS Glatton)的船长,因为在战场上操纵舰艇的能力而获得了尼尔森的嘉奖。布莱的职业生涯有如他航行的大海,变幻莫测不可预料,突然之间发生了巨大改变。1804年在勘察荷兰海岸时,布莱与部下起了冲突。那个人声称自己受了伤,无法站岗,他应该没有说假话,但是布莱命令自己的副手逮捕这个部下。这个军官被无罪释放后起诉布莱,说他"羞辱和虐待"自己。这是一个大家耳熟能详的故事,军事法庭发现这个指控"部分可信",他们斥责船长并命令他以后要"注意措辞"。这个警告效力有限甚至未产生任何效力。尽管如此,布莱还是得到约瑟夫·班克斯爵士的青睐。一个月以后,也就是1805年3月15日,在与卡姆登勋爵交谈之后,这个著名的植物学家主动提出帮他获得新南威尔士总督之职,接替菲利普·吉德利·金。不仅如此,他的年薪还被提高到2000英镑,是现任总督薪水的两倍。

布莱犹豫不决。他的妻子贝琪患有海洋恐惧症,极不愿意离开英格兰,况且他们的小女儿还没有结婚。然而,这是职业生涯中的又一次机遇,他们夫妻俩也都不愿放弃。他们最终达成了妥协。贝琪仍然留在英格兰,大女儿玛丽和大女婿约翰·普特兰中尉陪同布莱一起前往新南威尔士。

海军部命令约瑟夫·肖特船长带领军需船皇家海军"海豚号"(HMS Porpoise)护送布莱赴任,并任命普特兰做他的船长和舰艇指

---

① 哥本哈根海战是一场发生于1801年4月2日的战争,海德·帕克爵士率领的英国舰队和丹麦-挪威舰队在哥本哈根附近交战。此战丹麦损失惨重,多艘舰艇被击毁俘获。

挥官。布莱虽然名义上是肖特的上司，却和玛丽乘坐一艘较小的运输船，这是造成灾难的原因，因为肖特船长和布莱的脾气完全一样，都是一触即发。在旅途中，有一次布莱没有事先知会即自行改变自己所乘坐的运输船的航向，肖特命令普特兰中尉开了两枪，一枪击中船首，一枪击中船尾。但这两枪没起到任何作用，肖特命令其惊慌失措的女婿继续填充弹药准备开第三枪。据玛丽说，"要不是我们立即靠近，肖特将对我们直接开火"。

布莱做出的回应是登上"海豚号"，夺取了护卫舰的控制权。他们到达悉尼后，布莱私设法庭审讯肖特，然后把他送回英格兰接受军事法庭的审判。肖特被体面地宣布无罪释放，因为军事法庭发现布莱待他不公。这时新任总督布莱自己又遭到了朗姆酒军团的攻击，因为他激怒了傲慢的约翰·麦克阿瑟，致其冒险背叛。

总督金于1803年给内皮恩的一封信里曾经给麦克阿瑟做过一个简短的评价："他在这里任职的十一年时间里聚集了大量财富，同时也帮助军官同僚获得了一些财富（大部分是私贪公共财产），播下纷争与冲突的种子……菲利普总督离开这里之前，他的恶魔本性在很多场合下已显露无遗，尽管别人是被他发动起来，但他在幕后像木偶一样操纵着他们。"①

实际上，现在朗姆酒军团已经控制了殖民地的所有贸易。像那时的许多英国领地一样，新南威尔士货币也短缺，因此朗姆酒成为交易的中介物。"胖子"弗朗西斯·格罗斯曾经取消了菲利普总督规定的朗姆酒交易禁令，这些酒大多来自孟加拉，其中也包括其他烈

---

① 金给内皮恩的信，转引自 Salmond, Anne, Bligh, p. 460.

酒,通常指由小麦酿出的烈酒。军团的军官们可以利用他们的职位和手中的财富吞进所有进口物资,然后以非常低廉的价格兑换所需的商品和劳力。到 1805 年,蒸馏器经进口进入新南威尔士,粮食都被用来酿制"朗姆酒",而不是供人们食用。1796 年,麦克阿瑟正式离开朗姆酒军团,但是他的影响力依然存在,还在对一线士兵发号施令。

刚开始,麦克阿瑟用一种令人讨厌的惺惺作态代表自由拓居者迎接这个新任总督,布莱也受到恰到好处的吹捧。然而,这不过是昙花一现的美景。布莱带来的命令是结束朗姆酒贸易,而这恰恰是麦克阿瑟保持自己在军中的力量与影响之源。殖民者中的自由民则对麦克阿瑟和军团的这种剥削方式感到非常愤怒。350 多人联名上书布莱,拒绝承认麦克阿瑟为他们代言,还指责麦克阿瑟囤积绵羊以抬高羊肉的价格。

布莱支持这些小户人家。但他以惯有的方式做出回应,即把麦克阿瑟叫过去大肆辱骂一通,顺带把另外一个人也卷了进来。那个目光敏锐的牧场主麦克阿瑟却对他的训斥置之不理。布莱咆哮着说,要把麦克阿瑟手里的政府赠地和牲畜全部收回来,这个卡姆登庄园(以麦克阿瑟在英格兰的恩主的名字命名,这是一个聪明的做法)的主人毫不让步。不久以前,他曾跟朋友说过,总督"也许会再一次坐船离开这里"。①

诺福克岛在布莱心中可有可无。他给派珀船长的命令是驱除岛上所有的囚犯,只留下管理框架。这个任务必须在 1809 年前完成,

---

① 金给内皮恩的信,转引自 Salmond, Anne, Bligh, p. 461.

届时派珀自己也将回到新南威尔士本土，这个瘦高而活泼的指挥官倒也乐见其成。除了地平线上出现偶尔疑似外国船只时会担惊受怕，有妻儿子女的陪伴，派珀在政府大楼的生活还是非常惬意的，但这并不能替代他在悉尼极尽享受的忙碌社交生活。

到1807年12月叛乱发生时，布莱已经完成殖民地的人事调整。他未做任何解释就开除了人缘很好的助理军医达西·温特沃斯，同样被解除职位的还有熟练的军医处处长托马斯·贾米森。因为在信里言语冒犯，3个商人分别被判处一个月监禁以及罚款。他们的怒火再一次在布莱的统治中心酿成一次灾难。

麦克阿瑟牵涉到一起小的民事案件里，军团里的6个军官决定阻止法院对他的审判，这是暴动的导火索。布莱指控这些军官企图暴动，因此招来乔治·约翰斯顿少校处理这个事件。约翰斯顿不愿意接手，他声称条件不允许他承担此任务，因为他和军官们吃饭聚会之后回安嫩代尔（Annandale）时把小船撞坏了。约翰斯顿把船修好之后，却站在了麦克阿瑟一边，把他从监狱里放出来。约翰斯顿站岗放哨，麦克阿瑟写诉状控诉布莱"犯了罪，他让你在这片殖民地上无法忠实地行使自己的最高权力"，并提出要约翰斯顿逮捕布莱。麦克阿瑟的军官同僚一签完字，就领着各阶军人向政府大楼进发，据说他们发现布莱躲在政府大楼的床底下。

不过这个说法不太可信。布莱确实有很多毛病，但他绝不是胆小鬼。布莱说他打算逃跑前正在转移官方文件。不管事情的真相是怎样的，布莱的确没有理睬暴动者要求他离开殖民地回英格兰待一年的要求。相反，接下来的15个月里他一直住在政府大楼里，而约翰斯顿则掌握了控制权，他任命麦克阿瑟为殖民大臣来经营殖民地的商业事务。这就是 1808 年 7 月 28 日福沃中校达到杰克逊港时所面临的情况。作为上级军官，他需要决定支持约翰斯顿还是扶持布莱，抑或自己掌权。因为有机会登上一个大得多的职场舞台，福沃建立诺福克王国的最后一丝幻想也消散了。他选择自己亲自掌控新南威尔士。

据一个同时代的人说，英格兰舒适的生活使福沃摆脱了在诺福克岛患上的哮喘和腹痛折磨，现在已变得"非常肥胖"。福沃开除了麦克阿瑟，打击朗姆酒贸易，并且鼓励中小商户把多余的玉米用于养猪。福沃还千方百计劝说布莱离开，但这个严阵以待的总督决不妥协，因此他俩关系闹僵也就毫不奇怪。

然而由于威廉·佩特森上校从达尔林普尔港乘坐"海豚号"归来，福沃的任期被缩短。佩特森自 1804 年开始就在那里担任副总督，还成立了自己新的前哨部队，为朗瑟斯顿奠定了根基。佩特森也喜欢喝酒，难得有清醒的时候。尽管如此，他仍然坚持接管福沃的权力，并认为福沃必须明白自己的副手角色。佩特森也坚持要求布莱离开新南威尔士，布莱总督最终屈服，于 1809 年 2 月登上了回国的"海豚号"，回去参加另一轮司法听证会。然而，刚一上船，他就改变了主意，命令驶往德文特河，希望得到副总督大卫·柯林斯的支持。但是布莱的热情在那里消磨殆尽，1810 年初他再次回到杰克逊港，最终于 5 月离开返回英格兰。

布莱在总督府"监狱"里消磨时光的两年间，他以前的那帮叛乱分子的子孙后代已有了惊人的发展。1808 年 2 月 6 日，一个星期六，梅休·福尔杰船长率领来自马萨诸塞州楠塔基特岛（Nantucket）的美国海豹猎船"蜂鸟号"（Topaz），横穿广阔的太平洋，在习习海风中向西南方向驶去,这时监视哨认出了1767年乘坐"燕子号"时卡特里特首次发现的岛屿。福尔杰在航海日志中写道:"在微风中驶往位于东方的陆地,这就是传说中的皮特凯恩岛……早上放下两艘小艇,寻访海豹。①

"快要靠岸时,(我们)看到了陆地上的烟火,我对此感到非常惊讶,卡特里特船长曾经记述这里人烟绝迹。逐渐靠近陆地,我发现一艘载有三人的小船向我们划过来。他们用英语和我打招呼,问谁是那艘大船的船长,还给我送了许多椰子,这是他们带过来的礼物。他们还邀请我上岸,说岸上还有一个白人。

"我来到岸上,在那找到一个名叫亚历山大·史密斯的英格兰人,他是'邦蒂号'上逃出来后唯一幸存的人……这次叛乱的主谋和指挥是克里斯蒂安。"

为了便于福尔杰理解,亚当斯使用了在"邦蒂号"上登记的名字(他在岛上也用这个名字)。为了取悦这个来访者,亚当斯首次讲述了叛乱后所发生的事情。这完全是一个自我美化的故事,他把自己描绘成一个在18世纪90年代所发生的杀戮事件中受到惊吓的旁观者。然后,据福尔杰记录,内德·杨因病死亡后,"亚当斯立即开始耕种土地,生产出足够全部人口享用的粮食,作为皮特凯恩岛的总司令(原文如此),他生活得相当惬意。"

福尔杰只待了10个小时,囫囵吞枣地记下叛乱者的故事。"已故叛乱者的孩子都说英语,水平还不错;有些人已长得与成年男女

---

① 福尔杰的航海日志,转引自 Young Rosalind, *Mutiny of the Bounty and the Story of Pitcairn Island, 1790–1894*, Pacific Press, 1894, pp. 38–40.

一样高大。公正地说,我想他们都是仁慈而热情友好的人;无论叛乱者史密斯在过去犯过什么错误或罪行,现在的他是一个值得尊敬的人,对那些横穿浩瀚海洋的航海者来说,他也许还有所帮助。"

1800年杨去世时,他的长女已有11岁,长子也已10岁,另外十几个孩子还不到6岁甚至更小。真正耕种这片土地的人是那9个活下来的女人。亚当斯声称杨去世以后,他突然醒悟过来,开始阅读从"邦蒂号"上抢救出来的《圣经》,他非常清楚如果他有什么不当行径,这些女人完全可能用斧头或滑膛枪来招呼他。他还说,作为身心改造计划的一部分,他把麦考伊酿制烈酒的器具砸碎,但砸碎酒器的行为更可能是这些女人主动所为。

尽管如此,亚当斯确实积极配合,因此也获得了很好的回报。1807年,亚当斯40岁,也是皮特凯恩岛被发现40周年,现在他可以随意挑选女人,大多数女人也是善良而充满活力的同床者。作为唯一具有读写能力的人(尽管能力不是很强),他教孩子们阅读《圣经》,成为他们的知识之源和心中的权威。他是否对这些未成年少女进行"性侵"则不得而知,但一个世纪后人们说这事在皮特凯恩人中"经常发生"[①]。

在21世纪这个即时通信发达的世界里,我们理所当然地认为叛乱者们的隐秘事迹一旦被发现即会迅速传遍文明世界的每个角落。事实上,这个事情传到英国海军部的决策者耳中经历了数年时间。作为离别赠礼,亚当斯把"邦蒂号"的方位罗盘和肯德尔航海经线仪送给福尔杰,这个经线仪曾经救过布莱的命,后来又救了克里

[①] Marks, Kathy, Pitcairn: Paradise Lost, HarperCollins, 2008, p. 214.

斯蒂安的命。福尔杰向东驶往胡安·费尔南德斯群岛（Juan Fernandez）（即鲁滨孙·克鲁索岛）①，不知什么原因，他的方位罗盘和经线仪被这里的西班牙总督没收。这个总督又把福尔杰和他的船员一起投入监狱，直到数月后新任总督到来才把这些美国人释放。

福尔杰终于抵达瓦尔帕莱索（Valparaiso）②，这个属于智利的港口是从大西洋前往太平洋的最佳中转站，也是船员最喜欢停留的地方。福尔杰向在这个海军基地服役的皇家海军中尉威廉·菲茨莫里斯报告了那个重大发现。1808 年 10 月 10 日，菲茨莫里斯把这个消息以及"蜂鸟号"的航海日志摘要一起转呈英国驻巴西海军基地司令。但海军司令部直到 1809 年 5 月 14 日才收到这份报告，而普通大众直到 1810 年 3 月才得知此事，当时一篇基于此事的评论文章刊发于英文版的《评论季刊》（Quarterly Review）上。1810 年 10 月 27 日，即布莱回到英格兰两天后，《悉尼公报》（Sydney Gazette）刊发了"蜂鸟号"的航海日志摘要。

这只不过是美国海豹猎船的一份报告，因此并没有受到海军部首脑的重视。1813 年 3 月 1 日，失望的福尔杰给海军少将霍瑟姆写信，更加详细地报告他对皮特凯恩岛的访问，并且说："我把从亚历克斯那里得到的方位罗盘也寄了过来。我已将它修理好，回来的路上用的就是它。现在我把它转呈少将阁下。"霍瑟姆也没有理睬这份报告。直到 1814 年由斯坦斯船长和皮蓬船长指挥的两艘英国战

---

① 南太平洋的一个火山岛群岛，距离智利本土大约有 667 公里。与复活节岛并为智利在南太平洋的两个属地，该群岛是名作《鲁宾孙漂流记》的故事原型发生地。

② 智利的最大海港，也是南美太平洋沿岸的最大港口。始建于 1536 年，是首都圣地亚哥的海上门户，距圣地亚哥约 100 公里。

舰皇家海军"布立吞号"(Briton)和"塔古斯号"(Tagus)分别经过该岛附近,这个故事才在英国引起了轰动。这些战舰到马克萨斯群岛(Marquesas)①巡航以后返回瓦尔帕莱索,途中观察哨注意到岛上似乎有房子以及农田般规整的小块土地。他们试着靠近,一艘独木舟向"布立吞号"划了过来,上面有两个年轻人。靠近以后,其中一人喊道:"你们现在不打算扔给我们一根绳索吗?"

水手们惊得目瞪口呆。他们爬上甲板以后,身材健壮、皮肤黝黑的皮特凯恩年轻人自我介绍说他们是星期四·十月·克里斯蒂安和乔治·杨。克里斯蒂安时年24岁,杨18岁,俩人都穿着围腰带,戴着饰有漂亮羽毛的草帽。在一次海战中失去一条胳膊的斯坦斯邀请他们下舱进餐,然后一起上岸,斯坦斯发现亚当斯的族长地位比福尔杰所报告得更加稳固。

斯坦斯后来写信给海军中将曼·利迪克逊(Manley Dixon),"一位庄严的老人,名字叫约翰·亚当斯,'邦蒂号'叛乱者放弃大溪地(Otaheite)后唯一幸存的英格兰人。他嘉言懿行,父亲般地照看着这个小小的殖民地,不得不让人肃然起敬。岛上出生的所有人态度虔诚,经过这个老人的努力,关于宗教的正确理念已植入这些年轻人的头脑中。亚当斯享有无比尊荣的地位,对他们来说,亚当斯是所有人的父亲,他们就是一家人。"

亚当斯还只有47岁,他还有15年寿命,却被描述得这么老,这一点值得注意。而且亚当斯是叛乱者,这是确定无疑的,那么不

---

① 太平洋中南部法属波利尼西亚北部岛群。1842年沦为法国殖民地,现为法属波利尼西亚一部分。

容置疑,斯坦斯的职责就是逮捕他,并送回英格兰接受审判。如果这个悔罪者在审判中刻意强调因意志薄弱而造成了错误,这也是可以理解的。况且,他还有足够的时间来打磨这个暴动故事及其后果,展现对他自己最有利的一面,同时掩盖其在岛上因为霸占他人妻子而引发流血冲突的事实。斯坦斯最后决定不带他走而自己离开。他说,他这么做很大程度上是为了保全这个小小的社会。

此时,暴动故事的主角之一威廉·布莱已经永远离开了海洋。1814 年 7 月,他被擢升为海军中将,年金足够他在人生的最后三年里过上丰裕的物质生活。布莱的妻子贝琪已于 1812 年去世,但几个女儿经常到他位于肯特郡法灵汉(Faringham)的舒适小别墅来看望他。还是在 1814 年,约瑟夫·福沃也走到了人生的十字路口。在抛弃那个荒谬的殖民野心之后,福沃回到了英格兰,一心谋取在军队里获得提拔。7 月,福沃晋升少将,11 月 17 日,福沃终于与那个"婊子"情妇舍温夫人在德比的万圣(All Saints)登记结婚。

现在再说回到诺福克岛。约翰·派珀完全摆脱了布莱与麦克阿瑟之间的纠纷。截至 1810 年,他已完成清理诺福克岛的任务,只留下几个年龄较大拓居者、流放犯以及一支小分遣部队。这年年初,一艘船把他和玛丽·安以及他们的两个儿子、马匹、牛羊和粮食都转移到新南威尔士本土。一抵达杰克逊港,派珀就为自己建了一栋可以俯视全港的大楼。这时,新南威尔士军团已经解散,新任总督拉克兰·麦夸里牢牢地掌握着控制权。

派珀得到了一个调任至新组建的 102 团任职的机会,但他决定不接受这个任命,打算全心身投入殖民生活这个伟大的机遇中。派珀和总督夫人是老朋友,他在诺福克岛时麦夸里夫人经常给他写信。1811年，派珀与家人一起返回英格兰处理一些事务，他给自己置办了全新的奢华行头，与之前送回英国接受教育的女儿萨拉团聚。1814年，他们全家返回新南威尔士，路上萨拉与一个到新南威尔士冒险的自由拓居者约翰·斯拉普坠入爱河。他们年底举行的婚礼成为社交季的高峰时期。派珀自己于两年后同玛丽·安结婚。

然而，派珀离开诺福克岛时，岛上还有几个顽固不化的刑满释放犯，他们不愿轻易放弃努力了很久才得来的还算富庶的农耕生活。麦夸里委任托马斯·克兰中尉前去监督他们最后的撤离。克兰与前流放犯威廉·哈钦森一起做工作，哈钦森已刑满释放，现在被提拔为流放犯主要的监管人员。1813年2月15日，"吟游诗人号"（Minstrel）和"尼尔森夫人号"（Lady Nelson）过来把自由拓居者、物资储备和军人一起拉到悉尼或范迪门地。他们离开后，只剩下哈钦森和一小伙值得信赖的流放犯。他们的任务就是毁了岛上的一切。

那些曾经关押过太多流放犯的石头建筑将被夷为平地。剩下的牲畜如山羊、绵羊、猪和老弱病残的马都杀了用来做腌肉。水力磨粉机被砸成碎片，水磨河上的大坝任其自行被摧毁。不能给逃跑的流放犯或任何把此地当成天堂或战争基地的外国势力以任何遐想。为了确保不留下任何活着的哺乳动物，他们留下12只凶残的澳洲野犬，一旦捕获活着的牲口，它们就会争抢撕咬，不死不休。哈钦森说："它们饿到一定程度就会自相残杀。"①

1814年2月15日，整整一年后，毁坏者接到新任务，"袋鼠号"来到海湾把他们接上船。他们放出澳洲野犬，划着小艇靠近"袋

---

① Hazzard, Margaret, *Punishment Short of Death*, p. 107.

鼠号",把一个破坏殆尽的小岛留在身后。一个痛苦惨叫曾经响彻云霄的地方,一个文明外衣被撕掉、邪恶变成常态的地方,一个在帝国正义伪装下人道主义沉入无底深渊的地方,这一切都将成为历史。

哈钦森向麦夸里报告:"我非常高兴地向阁下保证,那里不会给任何踏足于此的人留下任何诱惑。"

第九章　帝国的正义

帝国的正义无疑是伦敦传道会(London Missionary Society)首席代言人塞缪尔·马斯登的指路明灯,他于1814年放弃了原来时常试图改变土著异教徒宗教信仰的做法,启程前往南太平洋。关于澳大利亚土著,马斯登写道:"土著的所有行为都非常明显地反映出他们没有过去、现在和未来的概念,在我看来这是传教工作中最大的障碍。"然而,他相信,海的那边有更多沃土在等待着狂热的英国国教徒去开发。

此时马斯登已拥有了大片沃土。他在新南威尔士殖民地得到了3000多英亩最好的良田和草场,他那些流放犯奴隶把这里变成了殖民地的样板。继任的各位总督任命他为治安官,他主持公道时丝毫未考虑"他的主"随时欢迎有罪之人回归主的怀抱。自称"将军"的约瑟夫·霍尔特是少数从诺福克岛离开(经约翰·派珀同意)而没有受过福沃虐待的人之一,他于1810年回到新南威尔士本土,见识了马斯登怎样用他那套指导原则对待自己的同胞。

"这个倒霉的家伙,"霍尔特后来写道,"双手抱树,双腕被绳子绑住，胸部紧紧贴在树上，这样他就没法躲闪，鞭子也不会落空……执行鞭刑的两个人分别是左撇子理查德·赖斯和来自悉尼的刽子手右撇子约翰·约翰斯顿，他们分开站在菲茨杰拉德两侧。我从来没见过如此有节奏的鞭打，即使打谷场上的打谷机也没有这两个杀手有规律。他们没有一点怜悯之心，享受这恐怖的活计胜过一切。最初几鞭下去，菲茨杰拉德肩头的血喷溅而出。我感觉太恶心、太恐怖了，吓得我赶紧转过脸去不敢直视这恐怖的场景。

"我见过许多恐怖的场景，但这是最触目惊心的一次。那天刮着风，尽管我站在行刑现场背风处，离他最少15码远，但我敢断言，这两个刽子手每挥动一次鞭子，血、皮、肉都会溅到我脸上。菲茨杰拉德挨了整整300鞭，其间（马丁）梅森医生不时走过去探探脉搏，因为没有医生在场，50鞭以上的刑罚是违反法律规定的。

"我永远也不会忘记这位'仁慈'的医生，因为他笑着说：'继续吧！这个人能把你俩累到吐血。'菲茨杰拉德在受刑期间一声未哼。他唯一说过的话就是'打我身上，不要打我的脖子！'行刑结束后，两个行刑者架着他的双臂把他扶上马车。菲茨杰拉德对他们说，'放开我'，并用双肘击打他们的胸口，把两人都打翻在地。然后他毫不借力就登上了马车，就像从来没挨过罚一下。医生评论说：'那个男人还有再挨两百鞭的实力。'

"第二个被捆起来的囚犯是佩蒂·高尔文，一个20岁左右的年轻人；他也被判罚300鞭。最初100鞭打在肩膀上，裸露的肩胛上骨头都露了出来。然后医生指导第二个100鞭打肩胛骨以下的部位，一会儿即血肉模糊，医生只好命令剩下的100鞭朝小腿上打。整个过程中高尔文甚至没有一声呻吟或一次躲闪，事实上，如果他这样做……他被抬进马车送到医院。"①

因为无论爱尔兰人还是澳大利亚土著，他们对拯救自己的灵魂都不感兴趣，马斯登出发前往新西兰，这里的毛利人与欧洲人的接触越来越频繁，尤其是岛屿湾(the Bay of Islands)地区。亚麻贸易商人和木材商人聚集在这里，捕鲸船和海豹猎船在此休整待发，同时这里也是一个出逃流放犯能找到工作并与当地人混居的地方。马斯登注意到，这些欧洲人使毛利人的生活腐化，显然，这里需要他那正义的宗教服务。因此，1814年3月14日，马斯登乘坐纵帆船"敏捷号"(Active)出发前往岛屿湾，陪同他的是3个业余传教士：约翰·金、威廉·霍尔和托马斯·肯德尔。

马斯登举行了新西兰土地上有史以来第一次基督教事奉，并开始与年轻首领鸿伊·希卡谈判，打算成立一个布道团。鸿伊·希卡随他回到悉尼，并在此达成协议。这个年轻首领鸿伊·希卡在交易中获利匪浅。接下来的一年里，希卡在金、霍尔和肯德尔的陪伴下带着满载枪炮和弹药的船只回到新西兰，这些弹药足以让他对敌人发动一场小规模的战争：枪炮换灵魂——这是马斯登非常乐意付出的代价。

这个布道团绝对是一个灾难。事实上，他们从来就没有布过道。托马斯·肯德尔抛弃了自己的妻子，娶了一个毛利巫师的女儿，把自己变成了毛利人，并忘记了自己的基督徒身份。此时，肯德尔似乎有点精神失常，开始相信毛利人是埃及人的后代。他和霍尔也为鸿伊·希卡的纳甘普希(Ngapuhi)部落购买军火，以在所谓

---

① Holt, Joseph, Memoirs, 1838.

的"滑膛枪战争"(Musket War)①中大规模扩张领土。

他们的行为让伦敦传道会感到不满。1820 年肯德尔与鸿伊·希卡一同返回英格兰，希卡的朋友怀卡托(Waikato)陪同做保镖。肯德尔在英格兰被任命为英国国教牧师，他安排鸿伊·希卡以"新西兰国王"的身份会见乔治国王。英国国王赐给这个毛利人大量礼物，其中包括一副盔甲，他回到悉尼后迅速用它换回更多枪炮。肯德尔于 1821 年回到新西兰，但他与马斯登的关系破裂。1823 年，"鞭刑牧师"马斯登再次来到新西兰，亲自解除肯德尔的职务。然后纯粹出于刁难，他又一一拜访了悉尼的印刷商，警告他们不要出版肯德尔的毛利人语法书。

肯德尔非常不情愿离开他的毛利女人回到妻子身边，但他还是打点行装准备离开新西兰。然而当他乘坐的轮船"布兰普顿号"(Brampton)即将离港远航时，肯德尔又决定留下来，并把这归结为神的指示。三年后，他接受了位于瓦尔帕莱索英国领事馆的牧师之职，但最终没有成行，而是带着家人回到新南威尔士的乌拉杜拉(Ulladulla)②。这个插曲中唯一的亮点就是他的孙子亨利·肯德尔③在那儿长大，并将写出澳大利亚历史上一些最令人神往的抒情诗，比如描绘本土动植物。

马斯登虽然去过新西兰 7 次，却从未北上去过诺福克岛，他只

---

① 1807—1845 年间新西兰毛利部落之间为了争夺地盘、扩大领土范围，利用他们从欧洲人手里获得的滑膛枪和其他武器，发动了超过 3000 次大大小小的战争，是为"滑膛枪战争"。

② 悉尼以南 230 公里的海滨小镇，名字来自土著语，意为"安全的港湾"。

③ 肯德尔(1839—1882)，澳大利亚殖民主义时期最多产的诗人，出版三部诗集：《诗和歌》、《来自澳洲森林的叶子》和《山间的歌》。他的诗歌属于浪漫主义流派。

是努力确保新西兰成为南太平洋上英国国教的总部。诺福克岛的福音传播事业将由马斯登的继任者乔治·奥古斯都·塞尔温主教来实施。不过1838年5月马斯登去世时,塞尔温还只是一个助理牧师,虽然他看起来是一个很有前途的人。

塞尔温在伊顿公学和剑桥大学圣约翰学院接受教育,1829年在与牛津大学赛艇队的比赛中获得第一名,毕业后回到伊顿公学当老师,直到后来被任命为牧师。1839年,他与法官约翰·理查森爵士的独女萨拉结婚。两年以后,他将开启在南海的伟大冒险事业,这也将成为诺福克岛黑暗历史上光辉的一章。

此时,亚热带季风吹过诺福克岛。堆积丰厚的落叶使土地变得肥沃,也掩盖了帝国入侵者乱砍滥伐和火烧燎原的伤痕。在遥远的伦敦,诺福克岛进入殖民帝国的新任掌门人、战争与殖民国务大臣巴瑟斯特勋爵的视野,这是一个一脸奸诈的人。一份来自新南威尔士的报告引发了麻烦:拉克兰·麦夸里总督对流放犯"不合宜的同情"使流放对阻止犯罪的作用大打折扣,因此需要更加严酷的手段。

1794年继承伯爵爵位之前,亨利·巴瑟斯特还是下议院的议员,其父是英国司法大臣。从1783年威廉·皮特就任首相开始,巴瑟斯特对之后的四任首相都有着相当大的影响力。在行政管理上,他被认为是"一把好手",但他有个坏习惯,总是不合时宜地发出滑稽的咯咯笑声。然而,麦夸里的同情并不是什么好笑的事情。因此1819年,巴瑟斯特派特立尼达(Trinidad)奴隶殖民地的首席法官、牛津大学毕业的约翰·托马斯·毕格承担调查新南威尔士流放制度的重任。同时,巴瑟斯特还另外给了他3个"锦囊",建议他需要考虑的3个标准。巴瑟斯特说,应该使流放成为"真正恐怖的东西",如果发现麦夸里有仁慈的表现,应该立即上报。任何仁慈的东西都应该被连根消除,毕格可以任意推荐"更严酷的流放地"。

1810 年,麦夸里刚到新南威尔士,这里叛乱四起、风雨飘摇,而现在已被他整顿成一个稳定的殖民地。麦夸里建立了合理的行政管理制度,制定了表现良好即可减刑的奖罚制度,开创了一个为真正的进步奠定基础的建设项目。麦夸里的种种努力是以身体健康为代价换来的,因此他申请解除自己的总督职务,只保留军中的职务。巴瑟斯特没有拒绝他的请求,但他的答复让麦夸里误会。自以为是的毕格到来新南威尔士,麦夸里不仅认为巴瑟斯特拒绝了他的请求,还认为巴瑟斯特要求他待在殖民地办公室接受新任上司的责骂。

毕格的态度丝毫没有减轻麦夸里的恐惧。他带来的命令是总督必须服从他的指导,给予他与总督相当的官方尊重和特权。毕格坚持他们应该遵守命令。麦夸里顺从了他的意思,但是他没有意识到巴瑟斯特的一个秘密指令是从当地"有影响力的居民"中私下采集证词,这让麦夸里没有机会做出任何回应。毕格在报告中批评麦夸里对流放犯的"错误管理措施","对刑满释放犯太好"。他还主张在范迪门地建立一个制度更严酷的流放地,巴瑟斯特对这个建议很满意。不止如此,他还进一步接受了约瑟夫·福沃的建议,于 1821 年任命出生于苏格兰的托马斯·布里斯班少将接替麦夸里的职位,此人对这个奸诈的殖民大臣的刑罚制度充满热情。

布里斯班给人印象最深的是他对天文学的热爱。他曾在爱丁堡大学研究天文学,在澳大利亚期间对南半球星空中的 7385 颗星星进行了分类。然而,什么都无法掩盖他在大英帝国建立针对自己同胞的恐怖刑事制度中所充当的角色，而他也明确地知道自己的行为。

1824年7月22日，巴瑟斯特派布里斯班前往新南威尔士就职。

"我要求你必须立即到诺福克岛履新，根据信中计划整肃诺福克岛这艘废船或监狱……越来越多新南威尔士和范迪门地最邪恶的流放犯将会被送到这个岛上……立即建立一个二次流放地，这里不允许减刑……"①

布里斯班曾经建议把诺福克岛作为"流放犯堕落的终点"，现在他在回复中自己又补上了一条："我想把那个地方留给重要的死缓犯人和其他重刑犯。我希望大家可以这样理解，即被送到这儿的重刑犯将永远断绝回家的念头。"②

巴瑟斯特同意了，布里斯班立即动身。1825年5月，布里斯班雇了一条私人双桅横帆商船"布鲁特斯号"（Brutus）运送流放犯和物资储备到诺福克岛，负责陪同押送的是理查德·特顿船长领导下的第40团的一个小分队，他们乘坐的是殖民地的独桅纵帆船"美人鱼号"（Mermaid）。护卫舰于6月6日抵达，装载了57名流放犯、34名士兵和12名随军妇女儿童。他们是负责清理再生植被和建筑住所的先遣队，因此大多数流放犯都有自己的手艺，工作完成后就会离开。12月又有31名流放犯加入先遣队，其中包括几个女人，他们最终也要返回新南威尔士本土。

他们首先为自己建造供流放犯居住的围栏，以及军人住的木

---

① Historical Records of Australia, series 1, vol. 11, p. 322, 转引自 Hazzard Margaret, Punishment Short of Death, p. 109.

② Historical Records of Australia, series 1, vol. 11, p. 604.

屋。特顿要求以最快的速度建设。这些人每天工作 12 个小时，切割石材、烧制石灰，用他们生产的材料建造了一间小型监狱和一个大得多的仓库。每天围栏里留两个流放犯在注满水的大锅下烧水。晚上，流放犯们自己在煤堆和灰烬中烹制晚餐，食物包括腌制的牛肉或猪肉，以及玉米面做成的生面团。当先遣队离开、第一批永久居民到达后，这里还是实行同样的制度。

其间，即 1825 年 12 月，大陆的布里斯班总督被一个更热诚的严酷纪律信奉者取代，他就是拉尔夫·达林中将，曾经的毛里求斯代总督。

毛里求斯人民很乐于看到他离开，相当一部分原因是他曾允许一艘英国护卫舰停止隔离，导致了一场致命的霍乱在此流行。达林抵达后的第一件事就是命令诺福克岛上所有的女人撤离。他于 1826 年 3 月向殖民部（Colonial Office）解释说："我的目标是把这片殖民地变为极端惩罚之地，但不会让他们就此死去。那些最堕落最放荡的人……将很快被送往诺福克岛。目前那儿有 115 人，此外还有几人将被在第一时间转移过去。"

达林的命令由新任指挥官、出生于爱尔兰的唐纳森·万斯船长执行，其时万斯声称有一个女人带着自己的 3 个孩子逃进了森林。不过，不到一周他们就自己回来了，差点饿死。尽管她极力为自己辩护，但还是与其他人一起被第一艘运送船送出海。其他流放犯都是三十几岁甚至更年轻的男人，多数都被判处绞刑，但他们所犯之罪常常不过只是偷盗一些财物或者在爱尔兰反抗过英国当局的压迫。后来他们被减刑为戴镣铐的终身监禁或几十年有期徒刑。

对于更严重的犯罪，当局则严格执行死刑。这是从托马斯·巴雷特,即 1788 年第一舰队抵达后不到一个月时间便开始的,他所犯的罪行是闯入商店盗窃财物。第二年,安·戴维斯因为偷了其他流放犯的衣服和其他物品而被处死。1826 年之后的十年里,350 多个人遭遇了同样的命运。因此达林对堕落与放荡者所谓的"缓刑"往好里说是夸张,往坏里说就是不加节制的残酷虐待。事实上,布里斯班说要使诺福克岛成为囚犯断绝回归之路的地方,达林决定让其成为"极端惩罚之地,但不会让他们就此死去"的地方,他们的态度让岛上居民陷入绝望。这个岛太小,不可能提供长期隐匿之所,也缺乏生存条件。四面大海浩瀚无垠,是不可逾越的天然屏障。因此暴动便是不可避免的了,唐纳森到达才 6 个月就发生了暴动。

指挥官开始缩减口粮、制定更严酷的纪律时,暴动计划已酝酿了 3 个月。无论在范迪门地还是麦夸里港,臭名昭著的"黑人"约翰·戈夫都是最引人注目的恶棍,1826 年 9 月 25 日,他与其他 20 个同盟者一起实施他所制订的暴动计划。戈夫对同伙说,自己知道离诺福克岛不到 100 英里处有个岛屿可以作为避难所,他确信有这么一个岛屿。流放犯们的地理知识欠缺,他们很多人认为中国就在地平线的那一边。

戈夫是一个黑人,出生于怀特岛,其父是西印度群岛的黑人,母亲是白人,因此他成为众多英国黑人中的一个。作为奴隶的后代,他们非常清楚自己的社会地位,对此也极为愤恨,尤其是在航海贸易中。当局自然无法容忍这种背叛倾向,戈夫为此付出了沉重的代价,脱光衣服,背上挨了 2000 鞭,一个卫兵的子弹打掉了他所有的门牙。

早上点名之前,戈夫的信号刚发出,帕特里克·柯林奇和罗伯特·斯托里两个诱饵就冲进了树林,唐纳森派出 30 个士兵追赶。他们一消失在视野里,戈夫和其他人便开始攻击看守,把他们关进监狱。接着抢劫仓库,战利品装满诺福克岛仅有的四艘船中的三艘,另外一艘被凿。罗伯特·威尔逊下士带领卫兵追来,逃跑者爱德华·沃森击中威尔逊和威廉·摩尔,并用刺刀刺死了倒地的威尔逊。他边刺边喊:"我已经干掉了一个!""你,你这个家伙,本来就应该第一个被干掉。"①

沃森又向另一个士兵博伊尔中士开枪,但没有打中。戈夫开枪打伤了尤斯顿列兵,又用枪托对他猛击,尤斯顿倒地不起。第四个卫兵跑回去躲到堡垒后发警报,唐纳森命令司号员召唤追踪队伍回援。唐纳森率领部队追来,可 50 个逃跑者已经登上两艘捕鲸船和一艘小船,冲向往南 6 公里处的菲利普岛。

他们行程顺利,一登岛就伐木制作桅杆,准备下一程的逃亡事宜。然而,第二天晚上唐纳德就修好了那艘凿洞的船,带着 25 名重装士兵出发,追向菲利普岛。戈夫和他的手下见他们追来,竭尽全力放船下水,但被巨浪打了回去。第 57 团的士兵发现他们的行踪,把他们驱回岸边并抢滩成功。上岸后战斗仍在继续,但流放犯在武器方面处于劣势,弹药很快打光。士兵抓捕了 14 名流放犯,掉头回到诺福克岛。而戈夫和其他人仍然散布于岛上各处。

戈夫他们住在山洞里,靠捕猎山羊、打鱼和挖野生番薯为生,两周后士兵们回来抓走了戈夫和绝大部分逃跑者。然而,还有几个

---

① Duffield, Ian, 'The life and death of "Black" John Goff', Australian Journal of Politics & History, vol. 33, issue 1, April 1987, pp. 30 – 44.

人坚持了6个月才投降。其中一个叫约翰·威福斯的死于精力衰竭,回来后在医院仅仅活了一个小时。

戈夫、沃森和摩尔被带到悉尼受审,三人均被处以绞刑。在宣布戈夫的审判结果时,他向法官申请减刑,因为吃救济粮和可怕的鞭刑就是流放犯的日常。首席法官对此嘲笑不已。在此过程中,法官从法院的角度对这些无耻之徒进行了非比寻常的谴责。

"至于你在诺福克岛上受到严苛待遇,"他说,"你们这些人为什么会被送到那儿?法院非常清楚没有犯下最严重罪行的人是不可能被送去的;那么你们过去是为了享乐吗?是来享用大地的果实的吗?不需要戴着镣铐干活吗?

"不,把你们送到那儿不只是对你们过去所犯的罪行进行惩罚,也是为了震慑其他人。就如你所说,这非但不是一种责罚,政府把这个殖民地作为重刑犯二次或三次受罚的流放地是聪明之举,对于作恶者它就是恐怖之地,就是为了防止不幸充斥于殖民地的刑事犯罪分子继续作恶。"从来没有上诉法院如此痛快地承认他们的恐怖统治。

1827年8月,唐纳森回到自己的军队,由第39团的托马斯·赖特船长接替他的职务。第39团成立于1701年,之后一直在爱尔兰、西印度群岛和西班牙服役。赖特是一个刚愎自用的人,把自己的情人私藏在前往新南威尔士的运囚船皇家海军"波恩号"(HMS Boyne)上。尽管她最终为他生了3个孩子,赖特也没能把她带上诺福克岛。事实上,他的叛逆行为很可能是他职位任命背后的原因。

赖特一到任诺福克岛就命令把220名囚犯的沉重镣铐换成轻的,以显示出他的一丝人性之光。然而,还不到一个月,这事就半途而废了。这时,他量了300英亩(120公顷)土地,要求200个人一起用锄头挖出18英寸(46厘米)深的坑。这事劳累至极,流放犯们拒绝执行。赖特的回应是,如果达不到他所要求的深度,每次惩罚50至100鞭。

到了10月,绝大部分暴动者都在岛上服刑,他们正在酝酿第二次暴动。这一次领头的是帕特里克·柯林奇,他三十多岁、满脸雀斑,来自爱尔兰朗福德县。一天,赖特船长从岛中心的农场回家,柯林奇从路边高处的隐蔽地跳向赖特船长,用一根棍子袭击了这位指挥官。赖特架开攻击者,跟跟跄跄跑回驻地。他召集卫兵,可柯林奇躲过了追踪者。

如果柯林奇能成功击杀赖特,其他暴动者便会随时罢工。不管怎样,他们在等待时机。三天后,柯林奇再次出击,这次他打算用长矛刺杀工头,所谓的长矛就是一根绑上利刃的木棍。赖特这次发动卫兵向囚犯营发起进攻,他们已探明柯林奇正领着众人去往沼泽区。赖特派丹尼斯·塔尼中士带着两个士兵悄悄跟在后面,"你们知道你们的职责,就这么干!"在囚犯们鼎沸的喧闹声中,士兵们截住柯林奇的去路并把他扑倒在地。按照流放犯们的说法,他们不仅开枪打死了柯林奇,还把他的尸体拖到监狱,摆在行刑台上,强迫所有囚犯列队观看以示警告。

一年后,赖特被达西·温特沃斯的儿子威廉·查尔斯控告谋杀,但被判无罪释放,因为其中一个目击者做伪证,与赖特的副手考克斯中尉的证词出入极大。然而,赖特被召回悉尼,亨特船长短暂地过渡之后,代理指挥官的职位由约瑟夫·韦克菲尔德船长担任。

韦克菲尔德因其提出发展要塞农场的计划而引人注目，但他的继任者抛弃了这个计划。韦克菲尔德只干了12个月，另一个在诺福克冒险传奇中占有一席之地的虐待狂登上了这个黑暗的舞台。事实上，自1825年以来，他通过接近巴瑟斯特勋爵来为自己的案子辩护，同时也在为自己的任职做前期准备。今天，詹姆斯·托马斯·莫里塞的名字作为一家精神病罪犯医院的名字而广为人知，没有什么比这个更适合纪念他的生平与工作。

第十章 "让那些恶棍规矩点"

作为一个职业军人,莫里塞三十多岁前的生活可谓不温不火,平淡而普通。莫里塞出生于1780年,他的父亲老詹姆斯·托马斯是胡格诺派的金匠,为英国贵族打造佩剑和鼻烟壶而出名。老詹姆斯与珍妮塔·塔德韦尔结婚后在帕丁顿(Paddington)过着上流社会的生活,他们的第一个孩子小詹姆斯就出生在这里。这个男孩接受了良好的教育,1798年作为海军少尉加入斯塔福德郡(Staffordshire)志愿军第80团。作为一个18岁的少年,他曾请人替他画像,从画像上看,精心修剪的黑发下是一张年轻而阴郁的脸。

莫里塞乘轮船前往印度,那是他所在部队的驻地。莫里塞在部队恪尽职守,于1800年晋升为中尉。此时,英国与拿破仑之间的战事正紧,他被派往驻埃及的军团,到达时正逢庆贺亚历山大战役胜利。之后五年,莫里塞未获晋升,因此在英格兰休病假期间,他花了1500英镑在第48团捐了一个船长的职位,随即投入发生在西班牙的半岛战争(Penisular War)①,对手是拿破仑的军队。莫里塞在此服役期间无所建树,但是1811年5月16日这一天改变了他的命运,当时莫里塞31岁。在阿尔布厄拉战役(the Battle of Albuera)②中,他被法国火炮的碎片击中,脸部受伤严重,此后面容犹如魔鬼。

莫里塞的一个军官同僚福斯特·法因斯船长后来这样形容他的模样:"一边脸比另一边长出一大截,一只死鱼眼像印章一样戳在额头上,大嘴直接裂到眼角,露出一口毫无用处的森森白骨。"③莫里塞的后人说这是军刀砍出的伤口,然而莫里塞亲口告诉法因斯,这是"半岛战争送给我的礼物:一枚32英寸的弹壳击中了我,把我打成碎片……身上所有的骨头都碎了,昏死了一个星期"。

这个创伤不仅损害了莫里塞的身体,也改变了他的灵魂。伤愈之后,莫里塞又回到军团继续履职,团中诸人因为恐惧和尴尬总是避开他。这个恐怖的伤痕让他愤懑不已,越来越愤恨。不久,他感觉必须找个突破口来发泄心中的愤怒,那些长相俊朗的手下成为他折磨和残害的首选目标。1817年,第48团调防新南威尔士,可以疯狂地惩罚手下的流放犯,让他兴奋不已。

1818年12月,莫里塞被任命为纽卡索(Newcastle)的指挥官。

---

① 半岛战争(1808—1814)是拿破仑战争中一场主要的战役,发生在伊比利亚半岛。交战方分别是西班牙、葡萄牙、英国和拿破仑统治下的法国。

② 半岛战争中的一场战役。英国军队在西班牙一个名叫阿尔布厄拉的村庄同法国人鏖战一场。英国虽然取得胜利,但也付出了巨大的代价。一般认为,该战役虽是一个战略性错误,但却显示了英军的团结和牺牲精神。

③ Brown, p. L. (ed.), Memoirs recorded at Geelong, Victoria, Australia by Captain Foster Fyans (1790 – 1870), 1962.

在一次视察中，麦夸里总督注意到莫里塞对流放犯劳动管理的"高效"。目光敏锐的毕格委员发现莫里塞是自己之后又一个酷爱严刑峻法之人，特别赞赏他对不同囚犯都有独特的惩罚办法。被提拔为少校后，莫里塞于 1823 年 11 月调往巴瑟斯特①，接替威廉·劳森的职位。劳森曾经与 W. C. 温特沃斯以及富裕的自由民格雷戈里·布莱克斯兰发现了一条翻过蓝山前往富饶大平原的路，平原上住着维拉度里（Wiradjuri）人②。

其时，澳大利亚土著人正在抵抗帝国的入侵，布里斯班总督宣布对该地区进行军事管制，莫里塞则领导着旨在扑灭起义的报复性劫掠行动。布里斯班对此感到高兴。正如他向诙谐的巴瑟斯特勋爵所报告的："我感觉有必要提一下他们在巴瑟斯特的做法，他们把 75 个人分为一个个小组，每个小组由一个治安官带领从不同方向深入内陆……这种做法让这些不幸之人一直处于警觉状态，充分意识到自己的职责……他们那个伟大而最好战的首领外号'星期六'，一直和我在一起，我已经取得了他的谅解，而他和他的部下参加了 11 月 28 日在这里举行的年度会议……"

然而，尽管对黑人的穷追猛打使他获得了一定的满足感，但莫里塞真正的目标是获得布里斯班授予的至高无上的惩罚权，即到诺福克岛任职。1824 年，莫里塞请假回英格兰当面向巴瑟斯特请求，用他自己的话来说就是："我（就是）让那些恶棍变得规矩点儿的人……即使惠灵顿公爵搜遍整个大英帝国的军队，也找不到比我更合

---

① 巴瑟斯特坐落于新南威尔士州，是澳大利亚历史最悠久的内陆城市，也是澳大利亚第一个淘金地。

② 澳大利亚某土著部落。

适的人。我了解他们的一切伎俩。"①

为了强调他的承诺,莫里塞还大秀如何控制囚犯的种种细节。"离开英格兰之前,我每天都去弓街(Bow Street)拜访伦敦的每一个位警察。我简直对当兵感到耻辱,哈哈哈,每天无所事事却领着工资。"②巴瑟斯特对莫里塞提交的严厉镇压流放犯的"优秀制度"印象深刻,急切地向新任总督拉尔夫·达林推荐莫里塞。这个46岁的残疾人确认自己的薪水每年高达600英镑,可谓优渥丰厚,现在他终于可以把那个来自怀特岛的23岁年轻女孩路易莎·艾米丽·沃克斯搞到手了。他们离开英格兰后一年,沃克斯就为他生下一个女孩珍妮塔·路易莎。

莫里塞与约翰娜·德亚赛在新南威尔士育有一子,名叫安布罗斯·澳大利亚·格莱珀·莫里塞,1825年1月22日出生,2月6日在帕拉马特的圣约翰教堂受洗。莫里塞与德亚赛相识于巴瑟斯特,他们很可能是在1824年即莫里塞返回英格兰之前结婚的。然而,自结婚后,莫里塞就拒绝承认他们的关系,也不认与她生的孩子。

在前往诺福克岛任职途中,莫里塞在悉尼短暂停留,达林总督对他的任职提出异议。尽管在对待流放犯方面,他与莫里塞意见一致,但莫里塞的妻子与孩子的出现却带来了一个问题。按照达林的命令,莫里塞的妻儿必须留在大陆。但莫里塞非常固执,坚持要求妻儿陪同前往。达林还注意到麦夸里港、莫顿湾(Moreton Bay)及其他地方的总督每10个月只有182英镑的薪俸,莫里塞600英镑的年

---

①② Brown, p. L. (ed.), Memoirs recorded at Geelong, Victoria, Australia by Captain Foster Fyans (1790–1870), 1962.

薪"很可能会引起不满",尤其令人不满的是,莫里塞还能额外领取一份中校俸禄。①

直到接到一个完全不同的命令后,达林才任命莫里塞担任有名无实的警督,但莫里塞却不愿接受。接下来的两年里,莫里塞与悉尼和白厅②反复交涉,过程可谓艰辛。最终,他放弃军俸,僵局才打破,1829 年莫里塞接到命令,继续担任诺福克岛的副总督。然而,他的行程再次推迟,这次是自己请求延后赴任。莫里塞在纽卡索的那段时间里,流放犯们被铁链锁在磨盘上,成日成月干着单调的磨面工作,不死不休,他们所遭受的痛苦给他留下了深刻的印象。为了自己的新职位,他想要一副这样的刑具。2250 英镑,天哪,英国殖民部拒绝支出这笔开销,并建议"用其他惩罚方式来取代花费甚巨的磨面机"。③

莫里塞打算接受这个新挑战。

1829 年 5 月 26 日,他总算到达诺福克。那时,他的第二个女儿伊迪丝·茱莉亚·伊莱扎已经出生,与他们一同前来的还有他的妻舅亨利·沃克斯。沃克斯捞到一个代理副教长的职位。莫里森夫人自己还带了一个女仆。

指挥官惩罚的权力受到限制,最高只能罚 300 鞭,至少从理论上来说是如此,但是没有限制鞭刑执行的次数。莫里塞也有权把囚

---

① 1826 年达林给巴瑟斯特的信。

② 伦敦市内的一条街,连接议会大厦和唐宁街。这条街及其附近设有国防部、外交部、内政部、海军部等一些英国政府机关,因此人们以白厅作为英国行政部门的代称。

③ Historical Records of Australia, series 1, vol. 13, Hay to Darling, 20 May 1827, p. 315, quoted in Hazzard, Margaret, Punishment Short of Death, p 122.

犯囚禁在仅能容身的单人小牢房，只提供果腹的食物，无须请示其他部门即可加刑三年。但事实上，莫里塞掌握手下500名甚至更多囚犯的生杀大权，还可以设计官方规定中没有提到的其他惩罚措施（替代磨面机）。比如，他可以让刽子手设计更重的木筏，足以碾断囚犯的肋骨；他可以用粗糙的木塞塞进囚犯口里来增加他们的痛苦；他可以让他们戴着沉重的锁链干活，也可以把他们赶到水深及腰的海中切割石块和珊瑚；他还可以把他们关进福沃首倡的"哑牢"，沉入充斥着自己与他人的排泄物的黑水之中。这些手段在莫里塞到达诺福克的数月里被他挨个使用。既然没有牧师愿意照顾这些讨厌的家伙，莫里塞只好每周日亲自为自己的统治祈神护佑，所有人被迫集中起来聆听从他那丑恶的歪嘴里喷出的训斥。

囚犯们又造反了，这是必然的。一队被铁链锁在一起的苦役，从采石场散工回去的路上对监工发起袭击，他们用镐柄把他打翻在地，用锤子一顿乱砸，任其自生自灭。然后他们砸碎铁链，从监工身上掏出钥匙，释放其他囚犯，并准备冲击莫里塞的驻地。然而，监工并没死，恢复知觉后他跟跟跄跄地赶在他们之前拉响警报。首先到场的是查尔斯·斯特尔特船长。

斯特尔特船长最为人称道的贡献是第一个发现了默里-达林盆地。后来他满脑子想着的是要找一处内海，最近一次远征是深入马兰比季河（Murrumbidgee），归来时他已是精疲力竭、疾病缠身。尚未回到驻地，出发前往诺福克要塞的信号让斯特尔特满血复活，他迅速做出反应，召集所有卫兵，封锁监狱的全部出口。

在监狱里，囚犯们花了一整晚制订暴动计划，然而到早晨他们发现自己处处居于下风，最后只好投降。他们都被挂上沉重的铁链，锁进狭小的牢房。不过，一个精神抖擞的年轻人从斯特尔特那高高的窗户跳了进去，说如果斯特尔特能关照他，他就说出谁是罪魁祸首。探险者斯特尔特急匆匆来到牢房的墙脚，等待行动的信号。然而，他等来的却是半木桶粪水。

恶作剧者这次看错了人。这个平时温文尔雅的军人在哈罗公学接受教育，与其他贵族子弟如艾伦·坎宁安、约翰·奥克斯利、汉密尔顿·休谟等人交往密切，这次他真的被惹火了。在莫里塞的鼓励之下，斯特尔特把围墙内的 70 个人拉出来轮流架到三脚架上鞭打。

斯特尔特在岛上的日子变成了噩梦，尽管有计划送他前往新西兰定居或为达林远征，他还是被迫返回英格兰休假。回国途中，斯特尔特本已下降的视力再次受损，以致完全失明，尽管还有一丝治疗的希望，但永远不可能完全康复了。

两个流放犯劳伦斯·弗拉伊内和亚伦·普赖斯分别记录了莫里塞统治下的经历。他俩是完全不同的人，他们的反应为恐怖统治提供了两种不同的视角。普赖斯是英国人，和帕特里克·柯林奇一起被分配给一个有产业的悉尼商人维卡斯·雅各布做仆人，普赖斯住在梅特兰（Maitland）附近的下亨特谷（Hunter Valley）。和柯林奇一样，普赖斯从雅各布家逃出来加入帕特里克·赖利领导的丛林劫匪。然而，他们抵达诺福克岛后，爱尔兰人柯林奇选择了继续反抗，而普赖斯则选择了屈从，后来的三十多年里，他从流放犯转变为警察的帮凶、治安官、监工，最后成为总工头。

弗拉伊内和许多同伴一样，是一个黑头发、蓝眼睛的爱尔兰年轻人，在都柏林犯了盗窃罪，于 1826 年被送到新南威尔士。之后的四年里,他反复逃跑,直到当局失去耐心,将他发配到诺福克岛。在将他运送到诺福克的"露西·安"(Lucy Ann)号船上,弗拉伊内被打得遍体鳞伤,露出森森白骨,身上爬满了蛆。到达诺福克岛时,他已奄奄一息。弗拉伊内后来写道:"我的双肩实际上已经腐烂,发出的恶臭连我自己也无法忍受……在这种情况下,我一上岛就被派去运送腌牛肉,卤水渗入我本已腐烂且坏疽的肌肉,刺痛难忍,我真的只求速死。"[1]

对于普赖斯之流,弗拉伊内打心底里瞧不起,他写道:"只有用人血来交易才能求得赦免。"在福沃的制度下,普赖斯之流就是告密者。这种情况在莫里塞及其继任者的统治下得到进一步发展,他们摧毁了囚犯之间团结一致的任何可能。弗拉伊内知道这些人就是他的敌人,他们"可能采取任何背信弃义或血腥的行动,不管这样的行为有多肮脏或多恐怖"[2]。

不久后,弗拉伊内被带到莫里塞跟前,随即被送往采石场开采石板。指挥官对他的辩解置之不理,直接判了他100鞭。但他不甘接受这样的惩罚,反身冲着上校直骂暴君。莫里塞说,从没有人敢对他这么说话。"我说他们都知道这么说的后果。'但我还是毫不掩饰地用英语对你说你是个尼禄那样的大暴君。'"[3]

弗拉伊内在回忆录中回顾往事时很有可能虚张声势,但无可怀疑的是,莫里塞当时对摧毁这个爱尔兰年轻人的精神有着莫大的兴

---

[1][2] 弗拉伊内未标注日期的诺福克岛回忆录,转录与转引自 Robert Hughes, The Fatal Shore, Vintage Books, p. 462.

[3] 弗拉伊内未标注日期的诺福克岛回忆录,转录与转引自 Robert Hughes, The Fatal Shore, Vintage Books, p. 463.

趣。他下令额外再加 100 鞭,并亲自站在旁边监督,确保每一鞭"刽子手都用尽全身力气"。两个月以后,由于殴打告密者,弗拉伊内被再次带到莫里塞面前,莫里塞早已等候多时。他幸灾乐祸地对弗拉伊内说:"我将罚你 300 鞭,分三次进行。"

第 100 鞭抽完后,弗拉伊内被送回监狱待一周,等待后背结痂。莫里塞派温顺的助理医生亚历山大·加马克去看他能否经受第二次 100 鞭而不至于死在三脚架上。弗拉伊内要求一次打完了事,九尾鞭抽完之后他被扔回小牢房。为了减轻痛苦,弗拉伊内把配给他的饮用水倒进石头地板的低洼处,往里撒了一泡尿,然后把火辣辣的后背泡在尿水混合物里,剧烈的刺痛过后痛苦渐渐缓和。"我身上仿佛爬满了蛆和寄生虫。"他说,"连我自己都讨厌看到自己的样子。"①

悉尼来的政府船只"菲利普总督号"(Governor Phillip)带来了一个减轻犯人痛苦的命令,规定一次犯法最多只能处罚 100 鞭。劳伦斯·弗拉伊内被释放后回到流放犯社区,之后不久,一个更可喜的减轻痛苦的机会出现在他面前:他发现在总督官邸干活的两个流放犯女孩偷了副总督的东西,但只被关了一个晚上。其中一个女孩是他的同乡,那天晚上他找到一条通道潜入她们所在的牢房。"她们太了解上校对我的态度了。"弗拉伊内写道,"她们同样对我惹怒上校感到担忧。"事实上,这也为那天晚上酣畅淋漓(尽管小心翼翼)的性游戏增加了刺激感。这件事他到死都记忆犹新。

弗拉伊内之所以暂时得到解脱,是因为都柏林出生的新任总督

---

① 弗拉伊内未标注日期的诺福克岛回忆录,转录与转引自 Robert Hughes, The Fatal Shore, Vintage Books, p. 463.

理查德·伯克下达的命令。他所颁布的法案于 1831 年开始生效,该法案宣布刑事案件的审判由人民陪审员取代军事委员会,并把施加于流放犯的刑罚限制在 100 鞭之内。总体而言,对待殖民地的态度,伯克倾向于自由派,尽管他对诺福克岛没什么兴趣。莫里塞意识到伯克不可能像达林一样默许自己施虐的治理方式。而且,当时殖民地盛行活跃的小报,爱德华·史密斯·霍尔编辑的《悉尼箴言报》(Sidney Monitor)对诺福克岛尤为关注。霍尔曾帮助成立新南威尔士银行,从某种意义上说,达林总督被召回也有他的一份功劳。

霍尔直接写信给巴瑟斯特勋爵的继任者、殖民大臣戈德里奇勋爵,他在信中写道,诺福克岛上的流放犯"食不果腹、衣不蔽体,简直就是人形妖怪。就算诺福克岛上这些可怜虫是魔鬼而不是人,他们也不该受这样的罪呀!这世界上没有比这更残忍的虐待了"。他回顾了毕格专员的报告,莫里塞在纽卡索时,由于经常实施鞭打,其治下的囚犯背上"满是沟壑,布满疤痕"。"那些被雇来负责殖民地建设的官员,如莫里塞上校之流,他们都会实施暴政,但是在英国皇家政府挑选的官员中,莫里塞是最不合适的"①。

对于岛上的其他军官,除了偶尔有囚犯暴动或谋杀监工或自相残杀制造的紧张气氛外,这里的生活异常单调乏味。譬如,福斯特·法因斯船长刚到岛上时大发感慨,"没有哪个地方的景色比诺福克岛更优美有趣。"②他写道,"这里气候宜人,每天都像在天堂一样。岛很小但土地肥沃,长满了柠檬、番石榴、石榴、番荔枝和其

---

① 1832 年 2 月 9 日霍尔给戈德里奇的信。
② Brown, p. L. (ed.), Memoirs recorded at Geelong, p. 32.

他水果……一年四季果实累累,岛上大部分土地一年到头地铺满绚丽的柠檬果。对我来说,诺福克岛就像仙境一样,与新南威尔士比起来真是太美了。"

"山谷里长满各种外来植物,河水清澈见底、甜美可饮。如果是来参观,十天半个月都可能意犹未尽。悬崖陡峭,汹涌的海水在数百米外滚滚而来,撞击着崖底。"然而,数月之后,法因斯就开始哀叹自己的命运了。"很快我就熟悉了岛上的每一个角落。尽管我酷爱射击和锻炼,但每天的重复运动让我厌烦。很多日子里,我弓着腰爬上皮特山……只求能远远看一眼远方的轮船。无数个日夜里,我就在这种心情中煎熬度日。"

法因斯也不缺排忧解愁的法子。鲸鱼定期光顾,他尤其喜欢看它们受到长尾鲨围攻的样子。他写道,长尾鲨"咬住鲸鱼,垂直跃起,又重重摔下。我曾数过,一条鲸鱼在一个小时内遭到五条鲨鱼攻击,鲸鱼挣扎着上下翻滚,常常因伤势过重而死去……"

1831年的一个周末,莫里塞夫人的兄长亨利·沃克斯带着两条赤毛赛特犬和两条大纽芬兰犬来到一处岩石上的钓鱼点,他的流放犯仆人、朋友恩赛因·弗特斯克,勤务兵米利甘和另一个流放犯与他一同前往。沃克斯当时的注意力全在鱼线上,据法因斯记载,"海水突然从岩石上退下去数百码",随后又涨了上来,"米利甘冲向弗特斯克,把他扑倒在地,自己的一条腿踏进岩石缝里,勇敢地抓住他,直到海水退却,卷走眼前的一切"[1]。

弗特斯克和米利甘很幸运,他们都逃过了这一劫且未受伤,沃

---

[1] Fyans, F., 'Autobiography to 1843', State Library of Victoria, p. 96.

克斯、两个流放犯和四条狗就没这么幸运了。"这一切都被远在四分之一英里(420米)外的人们看在眼里。沃克斯泳技高超,还有四条狗陪伴。他们(本来)最有希望逃生,因为沃克斯比其他人靠近岸边。但这只是假设,事实上,他们都成了鲨鱼的腹中之食。"这个事件给了莫里塞夫人沉重的打击,她病倒在床,数周后才能起身。

总督府举府哀悼。就在那时,莫里塞申请2560英亩(1036公顷)土地的请求被政府驳回。指挥官与囚犯之间的敌意越来越强。莫里塞开始饱受头疼的折磨,情绪变得极端消沉,即使最残忍的鞭笞场景也无法让他摆脱这种阴郁的情绪。但是当他申请解除职务时,戈德里奇勋爵通过总督答复说,"莫里塞上校应该还记得,是他自己恳求承担现在的职务,诺福克岛上的这类流放犯,正是他得以担任指挥官的主要原因",语气颇为不满。

戈德里奇的答复对莫里塞简直是火上浇油,让他愈加愤懑。1832年开始,他的情绪开始大幅波动,一会儿怒不可遏,遭罪的自然是那些囚犯,一会儿又消极厌世,对管理殖民地完全丧失兴趣。按照玛格丽特·哈泽德的说法:"当时空气中无时无刻不充斥着暴戾气息。无法遏制的暴力行径在监狱中盛行,总是暴力对暴力。为了应对增多的犯罪,鞭笞也相应增加,而鞭刑的频繁使用又进一步加剧了犯罪。"①

诺福克岛自身似乎也愤怒得发抖。1832年5月29日,普赖斯在日记中写道:"大约早上5点,我们感觉到一种类似地震的剧烈震动,几个囚犯被掀翻在地。军官们说山头在剧烈震动,他们也很

---

① Hazzard, Margaret, *Punishment Short of Death*, p. 128.

有可能遭到掩埋。政府大楼铃声大作,延续了好几分钟,居民们纷纷寻找安全出口逃离。莫里塞夫人昏倒在门口。岛上每个人心中惴惴不安,为自己的安全担忧。"

莫里塞颓丧期间,法因斯船长挑起了管理的责任,他的管理方式就是鞭子,很快他就得到了"鞭笞者法因斯"的绰号。现在岛上已有750名囚犯,他们睡觉时这个人的头挨着那个人的脸,每张吊床只有20英寸(50厘米)宽,上层宿舍里挤进多达120个人。

囚犯们靠得很近,这为他们制订暴动计划提供了机会。在一个没有女人的世界里,同性性行为成为发泄的捷径。事实上,不久之后,诺福克岛就成为"反常"性行为的代名词。

随着莫里塞退居幕后,法因斯开始担心惩罚措施无法贯彻实行。"在盘问的过程中,一个年长而可靠的治安官直截了当地告诉我,自从指挥官不再掌政,就没有哪一次惩罚是真正执行的。"他写道,① "第二天早晨,我去警察局巡视,让我震惊的是,(惩罚)名单上的名字多达50个,他们来自各个不同团体……岛上的流放犯多达近千人,图谋犯罪的重刑犯翻了一番。"

法因斯急匆匆地赶去政府大楼。"我恳求(莫里塞)仔细审查名单上的人,并指导我怎么应对。'你认为怎么合适就怎么处理吧。'莫里塞这么回答。"俩人争论到底应该由谁来决定实施鞭刑,最后法因斯在争辩中提出,要么由他来执行指挥官的权力,要么他将袖手旁观。莫里塞说:"我是你的领导。我会在第一时间把你驱逐出去,向上级报告你有暴动的嫌疑。"法因斯转身就走,回到自己的住处。

---

① Fyans, F., 'Autobiography to 1843', p. 109.

"很快，"他说，"最多不超过一个小时，我收到一封公函，授权我来行使惩罚，与警察局的授权如出一辙。我一刻未停就赶了过去。"赶到地点，法因斯给22个流放犯判处的最低刑罚是50鞭。"这次事件的处理迅速又及时，情况很快就好转了。"他写道。

但事情并不像表面上看起来那么顺利。"根据治安官（亚伦）普赖斯每天给我的情报，他从流放犯那探知他们正在策划一场暴动。"法因斯觉得难以置信，因为在流放犯中"规则至上已成为共识"。但是第二天晚上，一个囚犯被杀害在自己的吊床上。随后，普赖斯马上"就过来了，就像往常一样趁黑跑过来找我"，再一次拉响了警报。他写道："警铃一响起，岛上的每个人都会过来向你打探情况。"为了表示感谢，法因斯给普赖斯递上一杯白兰地。普赖斯拒绝了，他说："喝酒会把我引上邪路，把我变成流放犯。"

这伙流放犯的头领约翰·纳奇布尔是英格兰准男爵、曾经的海军军官的儿子，现年42岁，他被流放后沦为铁匠。他们计划接管诺福克岛，把残忍而漫长的厄运留给莫里塞与法因斯。他们打算把莫里塞和法因斯吊起来，临死前再放下来，剁成四块，分别丢到岛上的4个罗经点。普赖斯和另一个告密者詹姆斯·莱奇威克则要被活活烧死。

第二天早晨，警铃又响了，但什么事也没发生。接下来的一天还是如此。到第四天，监牢里传来一声枪响，囚犯们纷纷冲向守卫。"守卫们表现得非常英勇，在自卫的过程中杀死两人，其他人都受伤了。"法因斯记录道。300人从工地冲进来加入战团，他们的武器是农具和采石工具。士兵们从堡垒里跑出来吊起大门。

"我们所处比混战人群高出80码。"法因斯写道，"我只能边跑边喊。当时我下达的命令是'各自开火',我的手下照此执行……我们推进迅速,很快就把前面大约500人赶回了他们的营地;那些往长岭方向跑的家伙很多都中弹受伤。"

岭上冲来另一伙流放犯,他们扛着粗糙的淬火木矛。"我们开了几枪,紧随其后,将他们赶回营房。"法因斯写道。他向莫里塞报告说,最少还有100名囚犯在逃。按他的说法,当时莫里塞迷迷糊糊、心不在焉。"别担心,上校。"法因斯船长说,"我们的人一休整好就出发搜索全岛,会尽量替你射杀那些非法暴徒。"

最后9人死亡,数十人受伤,暴动逐渐平息。1834年1月底,当局重新掌控了局面,急于对流放犯实施报复。法因斯和他的手下花了5个月审问目击证人,为即将到来的审判做准备。与此同时,行刑手则点着火把加班加点鞭笞流放犯。他们不再哀号乞怜,但求速死以结束痛苦。

一年前莫里塞由于身体原因申请休假12个月,现在终于获准。事实上,他并不打算再回来,2月,莫里塞永远离开了诺福克岛。1834年3月10日,莫里塞夫人打好包,与孩子及三男三女6个流放犯仆人乘坐"菲利普总督号"一同离开。一回到大陆,54岁的莫里塞便卖掉军中职务,转而寻求地方上的管理职位,但没有任何进展。1838年,莫里塞回到巴瑟斯特,得到一个地方法官的职位,买了一些田产。然而,三年后,澳大利亚银行破产,莫里塞失去了一切,被迫变卖庄园,依靠微薄的薪水还债度日。莫里塞那个地方法官所得薪水极少,但他还是竭尽所能保住这个职位。1852年8月17日,莫里塞在工作岗位上去世,享年72岁。莫里塞夫人穷困潦倒,只能靠政府救济度日。

第十一章　皮特凯恩岛上的麻烦事

诺福克岛还没从暴动的震荡中走出来，大洋彼岸皮特凯恩岛上的居民又陷入冲突的旋涡。这次冲突迫使岛上居民迁移、回流，背井离乡，不知所措，而始作俑者就是他们的指挥官——一个与莫里塞最癫狂时期相比有过之无不及的人。

这次冲突酝酿了很久，激烈骚乱前曾有过数次轻微的动荡。斯坦斯和皮蓬船长1819年到访后的五年里，先后大约又有13艘各类船只造访该岛。大多数捕鲸船都是前来寻访淡水和蔬菜的，皮特凯恩岛的岛民们也乐于提供。詹姆斯·亨德森船长率领的"大力神号"（Hercules）上的一个印度人给他们赠送了急需的木工工具和大号铁锅，岛民可以用来从海水中提取盐分。后来这些工具又被用来作为蒸馏器，酿制新款山茶酒，就是这种酒给最初的暴动者带来了巨大的浩劫。亨德森返回印度后在《加尔各答杂志》上发布了一则广告征集捐赠物，以便在下一次前往南美时，能向皮特凯恩人赠送犁具、炊具，甚至一艘7米长的快艇，这样他们便可以去往比原始独木舟能划得远得多的海上打鱼。

1823年10月，英国捕鲸船"赛勒斯号"(Cyrus)停靠在附近海面上，船长约翰·霍尔与约翰·亚当斯谈了大半个晚上。现在岛上已有45人，亚当斯也已56岁。亚当斯关心的问题是，除了自己教他们识文断字之外，岛上的年轻人需要更多的教育。根据19世纪末爱德华·杨的一个后人罗莎琳德·杨的记述："船长答应尽其所能……还问（船上）是否有人愿意接受亚当斯的请求留下来。犹豫了几分钟之后，26岁的年轻人约翰·巴菲特走了出来。"①

巴菲特在老家布里斯托是一个细工木匠学徒，自己跑出来加入皇家海军，但他所乘坐的船在圣劳伦斯湾失事，他被海水冲到加利福尼亚海滩上。巴菲特想方设法从加利福尼亚来到檀香山，加入"赛勒斯号"。罗莎琳德·杨写道："与他同船的有个大约19岁的年轻人，名叫约翰·埃文斯，是一个土生土长的伦敦人。因为爱着巴菲特，他决定留在岛上，为此他从船上逃了下来。

"因为身材矮小，埃文斯试图藏进一个树洞里，等船开走了再露面。尽管他的计谋并未得逞，但还是被允许留下来成为皮特凯恩岛上的一员。"②

巴菲特很快安顿下来，几个月后与内德·杨的女儿多萝西成婚，亚当斯主持了他们的婚礼。之后不久，小个子埃文斯牵起了亚当斯的女儿蕾切尔(Rachel)的手，她比他大将近10岁。据罗莎琳德的记述："亚当斯老人并不同意他们的婚事……然而这事还需要女儿自己做决定。她的回答简短而坚决：'试试看吧，爸爸。'"埃文斯送给她的戒指"是一个用帽贝壳的外环做成的东西"。他们没有生育子女。

---

①② Young, Rosalind, Mutiny of the Bounty and the Story of Pitcairn Island, 1790 – 1894, pp. 55 – 6.

第十一章　皮特凯恩岛上的麻烦事

亚当斯这段时间一直忙着庆祝皮特凯恩岛上有了新鲜血液，因为暴动者的后代终于开始了杂交的进程，基因变得多样化。暴动者的后代中没有谁能入得了他的法眼，他打算拥立巴菲特作为皮特凯恩岛未来的头领，然而，他的这个心愿是无法实现的。

1825年，皇家海军"茂盛号"（HMS Blossom）在弗雷德里克·比奇船长的率领下来到皮特凯恩岛，比奇在岛上驻扎了16天。根据他的记录，当时岛上男女各35人，其中只有五人是塔希提岛上迁移过来的土著。村子有五栋房子建在一个临海的斜坡上，其他房子与之相距甚远。

来访者每天晚上都在不同的房子里吃饭，食物是用塔希提式的土灶做的，但盛食物的器皿则是各种西式餐具和陶器，在弗莱彻·克里斯蒂安的儿子星期四·十月家更是如此。比奇告诉岛民说，他们闭门造车所制定的日历多年来都是错的，于是主人星期四一夜之间就把自己的名字改为星期五·十月·克里斯蒂安。

通常男人先吃饭，女人伺候好他们后再单独吃饭。

根据比奇的报告："甘薯是他们的主要食物，或烤或煮，有时也与可可豆混合做成蛋糕，吃时涂上山茶树上提取的糖浆。猪肉是难得一见的美味，人们主要以水果和蔬菜为生。虽然简餐陋食，但起得早，运动又多，他们倒也很少生病。"

现在巴菲特已承担起施教的重任，尽管他手头只有一本《圣经》和一本《公祷书》①。亚当斯每周除周末外，还要举行不少于五次的祷告仪式。这个幸存的暴动者已成长为一个老练的族长，族里的一

---

①　《公祷书》是圣公会的祈祷用书。是圣公会信仰的一个重要特征，也是保存圣公会信仰的重要途径。

切习俗与争端都由他来裁定。在与比奇的几次谈话中,亚当斯提供了另一个版本的故事,比如"邦蒂号"上的暴动(到目前为止,在此事件中他只是一个目瞪口呆的旁观者)、皮特凯恩岛早期的杀戮生活(跟以前的说法一样)。

比奇不是傻子,他抄录了爱德华·杨的一部分日记,比对着斟酌亚当斯所述的真假。比奇离开时,杨的日记还保存在亚当斯那里,不久后就"丢失"了。尽管如此,这个海军军官并没有找到需要提请英国政府干涉该岛事务的理由。事实上,他对巴菲特的学校教育和宗教教导赞赏有加。"作为一个造船工匠和细木工,他也是一个聪明的技师,对于岛上的人来说大有帮助,很受民众欢迎。"①接下来的三年里,生活平静,一如既往,只有一个重大变化:约翰·巴菲特重启酿酒装置,开始生产山茶酒。不久他又教会年龄较大的女孩纵情声色(起码是为他自己服务)。结果是他最少拥有两名私生子。②

1828年,有两个人突然驾驶18吨重的海豹猎船闯入皮特凯恩岛,并坚决要求留下来。这俩人很古怪,一个是美国人,名叫诺亚·邦克,另一个是出生于爱尔兰的逃兵,从青年时代起开始用乔治·胡恩·诺布斯这个名字。诺布斯是一个幻想家,他为自己的家庭背景编造了许多不同的故事,邦克则对约翰·巴菲特说他们的船是从秘鲁的卡亚俄(Callao)出发,前往远海捕猎海豹。他们向南航行了200公里,船上其他的成员登陆宰杀捕来的海豹,然后剥皮,

---

① Barrow, John, A Description of Pitcairn, London, 1845, quoted in Nobbs, Raymond, George Hunn Nobbs, 1799–1884: Chaplain on Picairn and Norfolk Island, Pitcairn Descendants Society, 1984, p. 19.

② Lummis, Trevor, Pitcairn Island, p. 137.

而他和诺布斯则继续向南航行。

据诺布斯的玄孙雷蒙德说:"他们返程时发现船上的船员和救生艇都不见了,于是邦克举债装备了这艘船。由于担心回去后交不出海豹皮债主扣押他们的船,邦克建议他俩一起前往皮特凯恩岛。诺布斯回答说他早就这样想了……因此俩人来到该岛。"①

事实上,很可能是这俩人抛弃了船上其他成员,偷了这艘船。以亚当斯为首的岛民对他们的话深表怀疑,因为亚当斯本人就是老练的假话大王。横跨太平洋,行程5600公里,邦克的身体已经虚弱不堪。八天的仔细审查后,亚当斯最终还是允许他们留下来。邦克对自己过去的一些行为深感痛苦,往事不堪回首,他自己也不愿再提起。弗莱彻·克里斯蒂安的孙女佩吉拒绝他的求爱后,邦克选择了跳崖。按照罗莎琳德·杨的说法:"由于某些原因,他没有坠亡,自杀意图也未能实现。"②然而,不久之后,邦克还是服用过量的鸦片酊自杀身亡。

爱德华·坎塔尔曾照顾过这个美国人,他声称邦克把他们的船赠送给了他。但诺布斯拒不接受,他把船拆散,用拆下来的木板为自己建了一栋房子。坎塔尔当然不可能原谅他。

亚当斯时年已59岁,身体一日不如一日,诺布斯毛遂自荐要担任族长继承人,把巴菲特和其他可能的人选都排除在外。为了支持自己的要求,诺布斯声称自己的父亲是英国贵族,而母亲杰迈玛·弗伦奇是爱尔兰准男爵的女儿,其实两者都是虚构的。实际上,他就是一

---

① Nobbs, Raymond, George Hunn Nobbs, 1799 – 1884.
② Young, Rosalind, Mutiny of the Bounty and the Story of Pitcairn Island, 1790 – 1894, p. 68.

个女仆的私生子,与贵族毫无关系。不管是不是私生子,总之,他是一个弃子,被亲生父母送给一对无儿无女的夫妇,他们住在英格兰郡雅茅斯附近,这个地方与他最后落脚的地方同名,也叫诺福克。

对于亚当斯和皮特凯恩岛上那些对大英帝国怀有敬畏的普通人,这样的出身足以让他们产生尊敬甚至是崇敬之感。但此人的故事某些部分听起来不那么可信,那就是关于他们疯狂的探险生涯的。诺布斯说自己12岁从家里逃出来远征海洋,在七年时间里与大自然进行了惊天动地的搏斗,还遇到过西班牙海盗。

真相还是一团迷雾。诺布斯很可能在12岁应征入伍,之后在不同的军舰与商船上服役。弗朗西斯·罗顿-黑斯廷在印度担任总督时他可能在那里待了一段时间,这一点也许可以解释他为什么选择伯爵来做他的"父亲"。然而,诺布斯显然早在1824年就已打定主意要来皮特凯恩岛了,因为在便士报和传教士口中,这个岛犹如蓬莱仙境一般。

诺布斯住进新居3个月后,一个比利时商人朱尔斯-安托万·穆伦豪特造访皮特凯恩岛,寻找志愿者与他一起到西面的岛屿采珍珠。穆伦豪特对诺布斯的行为不以为然。现在亚当斯已失去往日的权威,诺布斯把这个社区搞得四分五裂。巴菲特在这间房子布道、做祷告,诺布斯则带着另一群人在另一栋房子里做同样的事。"我把他拉到一旁,如实告诉他我是怎么想的。"穆伦豪特写道,"……这些善良纯朴的人在毫不了解他的情况下就接纳了他,而他却对着这些人布道,真是既可笑又荒谬。"[①]一年后,一名船医罗伯特·格

[①] Nobbs, Raymond, George Hunn Nobbs, 1799-1884, pp. 12-13.

思里来访,他的话加强了这一观感,据雷蒙德·诺布斯说:"格思里质疑他的动机,认为他不仅狡猾,而且'太傲慢,从不下地干活',是一个'自私、貌似虔诚的伪君子'。"

巴菲特与亚当斯也陷入(全面)冲突,尤其是在宗教上。在《圣经》选读和布道上,老族长只选择《圣经·旧约》。巴菲特通过耶稣基督代祷①来讲解宽恕和救赎的概念时,老人指责他破坏了自己所做出的严格规定。诺布斯看到了机会,他选择支持亚当斯,通过这种方式来离间巴菲特与亚当斯的关系。他还联手弗莱彻·克里斯蒂安的孙女萨拉来支持他的诉求。1829年3月亚当斯去世,但未来的头领由谁担任这一问题还没有解决。

诺布斯建立自己的学校后,巴菲特的学生很快就只剩下8个,而诺布斯的学生则有15个,二人间的权力之争变得更加公开化。诺布斯已经说服居民用公共储备的食物(肉和蔬菜)给他支付报酬,这样他就不需要"下地干活了"。巴菲特预感大势已去,因此交出了土地,但心中的愤懑却久久不能平息,而且愈演愈烈。两人的矛盾不可调和,但是与父亲同名的爱德华·杨试图缓和他们的关系。诺布斯的领导地位巩固前,杨是当地社区家庭纷争的主要调解人,以避免亲人之间陷入互相残杀的状态。

然而,在此之前整个社区几乎都被卷入混乱与困惑的旋涡之中。事实上,这种情况在1825年就已现出端倪,当时亚当斯对比奇船长说,他所担心的是岛上的资源很快就要枯竭。比奇也有同感,他把亚当斯的担忧报告给了政府。这个报告引起了约翰·巴罗

---

① 即耶稣基督代人祷告,这是《圣经·新约》中才出现的概念。

爵士极大的兴趣，他是推动皇家地理学会成立的关键人物。亚当斯曾经要求让他们搬迁到新南威尔士或塔斯马尼亚，但传教会和他们在塔希提的代表强烈建议他们回到"家乡"。有一个名叫珍妮·杨的皮特凯恩女人曾经于1817年乘坐美国捕鲸船离开皮特凯恩岛，现在就住在塔希提。[①] 珍妮告诉传教士（也许是传教士杜撰的）岛上其他人都想像她一样离开。

传教士们早在1797年就乘坐"达夫号"（Duff）来到了塔希提岛，但他们中绝大多数人由于受到塔希提女人百无禁忌的性诱惑而离开了教会，其他人则逃到了新南威尔士。到了19世纪初，伦敦传道会的亨利·诺特教士得到了塔希提国王波玛尔二世的支持，波玛尔二世于1815年受洗入教。因此传教士们在塔希提群岛的影响力颇强。

到1831年，皮特凯恩岛上的人口增长到135人，但是人口随时都可能有爆发式的增长，因为岛上有87个女人，绝大多数到了生育年龄。现在，男人们面临着令人眼花缭乱的选择。在遥远的伦敦，政府决定"必须采取措施了"，因此讨论了各种各样的方案。既是作家又是行政长官的巴罗曾经出版了一部名为《"邦蒂号"的暴动与陷落：一部跌宕起伏的历史》（Eventful History of the Mutiny and Piratical Seizure of HMS Bounty）的书，强力支持皮特凯恩岛岛民迁往塔希提。这个提议获得了成功。驻扎在印度的海军总司令和新南威尔士总督拉尔夫·达林下达命令，派亚历山大·桑迪兰兹率领皇家

[①] Young, Rosalind, Mutiny of the Bounty and the Story of Pitcairn Island, 1790–1894, p. 60.

海军"彗星号"(HMS Comet)、三桅帆船"露西·安妮号"(Lucy Anne)前去执行迁居任务。

他们于 1831 年 2 月 28 日抵达皮特凯恩岛，桑迪兰兹"向居民们通告他们此次任务的目标"。① 第二天，他召集各家各户的主事人参加会议。"我向他们充分说明，迁居大溪地还是继续留在当地，完全由他们自己决定。我要求亨利先生尽可能详尽地给他们介绍了大溪地的情况。亨利现在是新南威尔士政府雇来的远征向导，他对大溪地的风土人情和律法所知甚详，也参加了波玛尔国王和其他首领主持的关于土地、防卫和帮扶承诺的会议，因此很适合负责解释工作。"大约一半皮特凯恩人马上就同意搬迁，第二天"剩下的人也做出了同样的决定"。

事实上，皮特凯恩人的想法很复杂。作为暴动者的后代，在英国法律之下，他们对自己的地位有一种与生俱来的担忧，对皇家海军的威严心怀敬畏，不想招惹那些为了他们的利益而消耗大量人力物力的人。他们有一个天然的愿望，想去看看他们的塔希提籍母亲与祖母念念不忘的土地。无论如何，按桑迪兰兹的说法，"所有人立即开始做出发前的准备，甘薯、土豆、家什等一切能用的东西都打包装船，以便转运到即将前往的地方。直到 3 月 7 日，居民才全部登上'露西·安妮号'。"一路顺利，16 天后他们抵达帕皮提港(Papiete Harbour)，才发现这个岛目前"处于已故国王之女波玛尔女王的统治之下，但遗憾的是，我们来得不是时候，内战即将爆

---

① 1831 年 5 月 31 日，桑迪兰兹呈给海军少见 E. 欧文爵士的报告。

发"。①

据《联合服务杂志》(United Services Journal)一个匿名通讯记者1831年5月15日的报道,在传教士的影响下,很多部落首领打算背叛女王。双方冲突的原因在于文化差异:女王希望在她统治的社会里重申"性爱本能无罪",而传教士们则坚持19世纪英国中产阶级的道德准则,即清教徒式的生活方式。

公开的战争是避免了,但皮特凯恩人夹在中间左右为难。据穆伦豪特说:"让这些纯朴善良的人陷入这样堕落的旋涡真是糟糕透顶。他们抵达后所接受的第一次道德教育就是看到大约50名塔希提妇女从岛上游到他们所在的船上,当着他们的面与船上的水手调情取乐,这样的放荡行为使他们一刻也不想停留,强烈要求回到自己的家园。"

穆伦豪特的叙述有点夸大其词。皮特凯恩人也许被亚当斯、巴菲特、诺布斯以貌似庄重的形式改变了宗教信仰,但完全有理由相信他们也是具有正常性欲的人,这不是清教徒的戒律所能改变的。更严重的问题是塔希提岛的流行病威胁到他们的生存。在赐给他们的肥沃土地上才生活了六周,就有六人患上热病,其中两个男人还各有6个孩子需要抚养。4个月后,他们打算回到自己的老家,但还未成行又有11人濒临死亡,其中包括社区的中坚人物星期五·十月·克里斯蒂安和爱德华·杨。

诺布斯对他们回家的计划持反对态度。他已经与波玛尔女王拉上了关系,波玛尔女王收养了他还在襁褓中的儿子鲁宾,想把他和

---

① 1831年5月31日,桑迪兰兹呈给海军少见E.欧文爵士的报告。

自己的孩子一同抚养。巴菲特率领那些愿意返回皮特凯恩岛的人离开，穆伦豪特为巴菲特与其家人率领的先遣团准备了一艘采珍珠的纵帆船，让他们回去照料当时留下来的牲畜和庄稼。这是一次艰难的航行，他们一度甚至困在豪勋爵岛（Lord Howe Island），克里斯蒂安的一个家人死在这里。

在塔希提的皮特凯恩人卖掉了他们仅有的一点财产，在一个欧洲社团的协助下，最终筹到一笔钱，租了一艘美国双桅横帆船"查尔斯·达盖号"（Charles Dagget），于1831年9月2日回到了自己的家乡皮特凯恩岛。这次回家对他们来说利弊相伴。他们这个小小的社会不仅损失了17个成员，更严重的是，在与塔希提社会接触后，那里的恶习在他们的成员中成为星星之火——当年塔希提岛的原住民被外来海员用朗姆酒腐蚀，妇女对性的随意态度也被利用了——一回到皮特凯恩岛，他们就点燃酿酒装置，很快"酗酒和淫风又重回该岛"。①

有些岛民向伦敦传道会请求重派一个牧师取代已染上酒瘾的巴菲特和诺布斯，坎塔尔家族的要求尤其强烈。伦敦传道会还未来得及答复，一味催化剂已混入这个不稳定的混合体，这味催化剂仿佛是由复仇之神设计的。此人以一个幻想家和骗子的形象出现，与他相比，诺布斯为自己想象的贵族出身仿佛一个美好的白日梦。自称约书亚·希尔勋爵的这个头发花白的高个子臆想狂于1832年10月从塔希提乘坐三桅帆船"玛利亚号"（Maria）来到皮特凯恩岛，声明是英国政府派他前来接管岛上的事务。

---

① Lummis, Trevor, Pitcairn Island, p. 142.

希尔很快发现诺布斯整天醉醺醺的，皮特凯恩岛整个社会四分五裂。① 这种糟糕的境况为他篡权夺位提供了条件。希尔刚来时与诺布斯住在一起，但是不到两个月，他不仅解除了诺布斯的教师职位，还把他从自己的房子里驱逐出去。现在这里成了政府大楼，希尔勋爵则是它的终身主人。最少有一半岛民站在他这一边，领头的是坎塔尔家族。希尔攫取权力时，查尔斯·克里斯蒂安不得不牵头与诺布斯、巴菲特和埃文斯结成松散的联盟。

1833年5月30日，皇家海军"挑战者号"（HMS Challenger）来到皮特凯恩岛。查尔斯·弗里曼特尔船长上岸访问，后来他在报告中说他对希尔的善意持怀疑态度。"以希尔先生这个年纪的绅士（60岁），再考虑到他那世袭的尊荣，特意从英格兰跑到皮特凯恩岛定居是不可思议的。我一开始认定他是某种冒险家，他的目的可能是作恶而不是为善。（但）他既然砸碎了所有的酿酒器具，并组织了戒酒协会，在这种情况下，我只能在权力范围内尽可能去帮助他。"

唉，弗里曼特尔船长本应该相信他的第一感觉。希尔生于1773年，可能在美国出生，但他的早年生活至今仍是一团迷雾。现在我们知道，希尔于1830年离开英格兰出发前往夏威夷，但这里的总督拒绝赐给他土地。1831年10月，希尔想方设法来到了塔希提岛，此时皮特凯恩人离开不过数周。朱尔斯－安托万·穆伦豪特立即对他展开了调查。"传教士们相信他是一个重要人物。"穆伦豪特说，"他们把希尔带到女王面前。"然而，穆伦豪特这个比利时人发现希尔是一个"像孩子一样虚荣、傲慢无边、内心充满危险幻想的人，

---

① Lummis, Trevor, Pitcairn Island, p. 142. p. 144.

任何人只要反对他就与他结下了不解之仇。"希尔说服"玛利亚号"的英格兰船长把他捎到皮特凯恩岛,事实上,这些传教士看到他离开心里也乐开了花。

弗里曼特尔离开后,希尔开始独自面对他心目中的敌人。他公开指责诺布斯、巴菲特和埃文斯是"讨厌的外国人",指控他们通过婚姻窃取岛民们与生俱来的土地所有权。巴菲特后来写道:"我们和家人收到他发来的信函,要求我们立即离开。"希尔作为法官和陪审员,因为一些鸡毛蒜皮的小事下令以鞭打羞辱他们。巴菲特和埃文斯从坎塔尔家族一个结实的男孩手中夺下了鞭子,诺布斯则因卧床不起而躲过了这一劫。

1834年3月8日,捕鲸猎船"托斯卡号"(Tuscan)一靠岸,希尔就命令巴菲特他们离开。据雷蒙德·诺布斯说:"打算前往塔希提的斯塔沃尔船长、船医贝弗雷德里克·内特和伦敦传道会来的两个传教士对这些英国人的困境深表同情,主动提出把他们和家人带到塔希提去。"男人们离开了,但他们的家人却留了下来,这是希尔虚张声势的策略。传教士们对希尔凌驾于自己之上没有提出抗议,对他驱逐那3个人也没有表示异议。到达塔希提后,巴菲特成了一艘商船的大副,诺布斯则带着埃文斯去了甘比尔群岛(Gambier Islands)做传教士。然而,三人都向位于瓦尔帕莱索的英国当局写信和诉状申诉冤情。

再回到皮特凯恩岛。希尔分别任命老中青三代人担任不同的职务以加强自己的统治。他们建造了一个监狱来关押那些他严苛统治的受害者,希尔还确保监狱不会闲置。然而,阿克顿勋爵对于权力的腐败倾向的论断,不可避免地施加于独裁者虚妄的自尊。亚瑟·

坎塔尔11岁的女儿因为偷甘薯被带到希尔面前，他决定对这个小女孩处以死刑。希尔把坎塔尔叫到面前，告诉他自己的决定。这位父亲无法接受，希尔抓起剑，两人扭打在一起。战况并不公平，另一个路过的年轻人跑回家拿来火枪，威胁要打爆希尔的头，才结束了这个局面。坎塔尔身上留下了终身的伤痕，但希尔的恐怖统治事实上也就此终结。据罗莎琳德·杨说："他们允许他站起来，平平安安地回到自己的房间。虽然没有对他采取进一步的行动，但他从此无依无靠、不再受人爱戴。直到永远离开皮特凯恩岛时，他才拿回自己的剑。"

这件事发生在1837年，此时诺布斯、巴菲特和埃文斯已经回来了。诺布斯、克里斯蒂安与巴菲特家族之间的友好关系永远无法修复，但乔治·胡恩·诺布斯也得到了一些重要的教训。诺布斯继续担任教师和牧师，而让约翰·巴菲特在一个称为"共同进步社"（Mutual Improvement Society）的工作坊全职给年轻人传授木工技术和他新学会的航海技术。

第十二章 "令人心碎的场面"

1834年6月底威廉·伯顿法官抵达诺福克岛,他对137名反抗莫里塞的囚犯发起正式指控,不过最终只有55人受到审判。陪同法官前来的皇家检察专员(Crown Solicitor)大卫·钱伯斯认为针对其他人的证据完全是无稽之谈,会成为司法界的笑柄,这些证据无一不是来自告密的流放犯。但既然这些人中有暴动的幕后决策者约翰·纳奇布尔,那么整个司法程序就不能只是走走过场。

伯顿法官曾是一名海军军官,是一名强烈反对天主教的英国国教徒,他无法理解为什么流放犯似乎"身处上帝创造的优美环境中却提不起热情,没有把它建设成天堂,反而变成了地狱"。囚犯们出现在他面前时,他们看起来"面容苍老、形容枯槁、目光呆滞空洞,脸上的皮肤松弛……不忍直视",[①] 事实上,这些囚犯中年龄最大的才35岁,这使他尤其感到震惊。

---

① Burton, Religion and Education, p. 154, quoted in Hughes, The Fatal Shore, p. 477.

审判是在紧邻流放犯营房旁专门建造的屋子里进行的。在法庭上，他们的代理律师是约翰·普莱斯多，此人因为酗酒，在岛上臭名昭著，曾经"在酒精的作用下"①辱骂一个叫丘奇的船长而被迫公开道歉。普莱斯多向四人组成的军事陪审团提出上诉，但几乎无人理睬。他们确定被告中有35人犯了罪，伯顿判处其中29人绞刑。伯顿正打算离开时，一个被判处流放的囚犯突然大喊："法官大人，我们的罪行以前就宣判了，我们认为本应被判处死刑，也做好了赴死的准备，更希望已经被处决。把我们送到这里毫无仁慈可言，我不要求活命，也不需要别人怜悯，在这种条件下生命是没有价值的。"伯顿深受感动。他写道："对于这样的恳求，我的内心不可能无动于衷。"他向新任指挥官约瑟夫·安德森少校提出这个问题。

安德森1790年7月出生于苏格兰，15岁时加入第五十军团成为职业军人，参加过多次对法战争。他稳步晋级，1826年获得少校军衔。第五十军团于1834年调防新南威尔士，伯克几乎一眼就挑出了这个满脸胡茬、长相凶猛的苏格兰人，让他来掌管这个流放地。安德森和妻子玛丽带着一个儿子和四个女儿，全家人于3月到达诺福克岛。玛丽是一位将军之女，他们八年前在英格兰成婚。

伯顿找到安德森与他商量流放犯的事情，他发现安德森对其治下的1400名流放犯相当熟悉，情报来源就是前任发展起来的那个密告系统。安德森勉强同意了伯顿的请求，答应回大陆请示总督之前暂缓执行绞刑。回到悉尼，伯顿法官满怀热情地向伯克总督和他的咨询委员会（Executive Council）提议，有点讽刺的是他们给已被

---

① Sydney Gazette and NSW Advertiser, 3 October 1834.

判处死刑的 16 名流放犯减刑为终身苦役。不管怎样,伯克最终同意派两名牧师前来听取那些注定要上绞刑架的人的临终告白。总督派去的人是温莎教区的英国国教教区牧师 H. T. 斯泰尔斯教士和罗马天主教的澳大利亚代理主教威廉·厄拉索恩神父。两人乘坐"伊莎贝拉号"(Isabella)于 9 月抵达,离行刑日期仅有一周。

他们一上岸就立即探访各自的教友。囚犯们的遭遇把他们吓得目瞪口呆。后来成为主教的厄拉索恩神父在回忆录中写道:"一个士兵被派来领我去监狱……现在我必须记下我所见过的最令我心碎的场景。

"监狱呈方形,其中一面有一排低矮的小牢房,以木瓦覆顶。狱卒打开第一道门说:'躲开一点儿,先生。'我看到一股黄色雾气飘出来,那是关在其中的囚犯呼出的热气。

"雾气消散后,我走进囚牢,看到 5 个人被绑在一根横杆上。我真诚地与他们每个人交谈,等他们有了思想准备并得知他们的姓名后,我宣布谁可以暂时免除死刑,谁将在五天后被执行死刑。我就这样一间一间走过去,直到见完所有的囚犯。

"每个听到自己被判缓刑的人都痛哭失声,而那些被判死刑立即执行的反而双膝跪地,感谢上帝,眼里没有一滴眼泪。这是事实,毫不夸张。"

两个神职人员都感到震惊,而随后在政府大厦参加的一个招待会更让他们惊骇。斯泰尔斯教士在报告中说:"我发现这是一次奢华的聚会,与我才体验过的人间地狱形成奇怪的对比。"

这里的"奢华",加上军装笔挺的官老爷和衣着时髦的官太太,哪里是安德森所谓的"丰裕的生活"能形容!这里有进口美酒,每天有"成群成群的牛羊"提供鲜肉。此外,"鲜肉美酒,官员们想买多少就能买多少,面粉更是只要象征性地支付两分钱就能买到一磅……我那座位于奥林奇溪谷(Orange Vale)的庄园也是人间天堂,物产丰富,应有尽有。我们每年大约生产400磅上等咖啡……我家的家畜和家禽都在政府大厦旁饲养,有几十只火鸡、鹅、珍珠鸡,还有鸭子……我们制作出前所未见的好培根……公共制酪场就在我家旁边,岛上的官员、士兵和自由民每天都定量配给鲜奶和黄油。因为有这些供给,我们生活极为舒适,别无所求。"①

安德森下令在监狱大门旁竖起一个绞刑架,在绞刑架前建了一个足以关押半数囚犯的围栏,以便让囚犯在行刑时观看。而另一半囚犯则被关在监狱里的某个地方,在那里他们也能从背后观看行刑场面。1834年9月22日,囚犯们被聚集在上述两个指定的地方,安德森站在他们面前,命令他们从自己同伴的命运中吸取教训。最后安德森说道:"如果你们谁敢妄动,我已授权围栏里的军官立即开火。"

第一批七人被从监牢里带了出来,他们穿着奶黄色的薄棉布衣,年龄最大的29岁,而年轻的威廉·麦卡洛克才21岁。麦卡洛克恳求斯泰尔斯教士替他给远在英格兰的母亲写信,请求她原谅自己。七人都被蒙上头,然后同时"垂下来",囚犯们看着这个场景,默不作声。第二天,同样的"教训"在重复。随后牧师们乘船离开。

安德森这个吝啬的苏格兰人决定把那个临时审判室用来作为官员及其家人的教堂,并请求总督给他们派一名牧师主持圣礼。总督答应派斯泰尔斯和厄拉索恩前来,但没人愿意冒险过海送他们来到

---

① Anderson, J., Recollections of a Peninsular Veteran, 1834, pp. 152 – 4.

这个早已名声在外的"罪恶之岛"。在一个全部由男人组成的监狱里,每天晚上都会发生"有违天理的罪行",而囚犯对此早已司空见惯,鸡奸几乎是新来者的入门仪式。事实上,1835年两个英格兰贵格会牧师詹姆斯·巴克豪斯和乔治·华盛顿·沃克应伯克总督之邀来到这里,他们当时很快就意识到存在这种"极端违背天理的罪行",因而建议把监牢改为单人间。他俩在这里待了一个月,承担了一些牧师的工作,但直到1837年诺福克岛也没有常驻牧师。

安德森发现两个流放犯误入歧途之前对神学有所研究,其中一个是英国国教徒,一个是罗马天主教徒。安德森让他们主持祷告仪式以减免刑期,同时获得每周一先令的报酬。巴克豪斯也建议把审判室作为流放犯日常劳动之后学习阅读与写作的场所。安德森同意了这个方案,但这一方案无法实施,因为囚犯们从地里回来时已筋疲力尽,还常被打得皮开肉绽,而且无论如何他们也无法学以致用,因为乞求怜悯或救赎也不可能让他们离开这座岛。

安德森不需要巴克豪斯督促就开始重建那些摇摇欲坠的木质监狱。几乎从到任那天开始,安德森就着手启动这个监狱建设项目。四面用围墙圈出一个巨大的长方形,里面是一座八角形的石头建筑。这座建筑的环境既严酷又狭窄,还幽暗恐怖,很可能一开始就计划用以折磨身处其中的人,使他们疯狂,继而互相残杀或自杀。在鞭子的威胁下,囚犯们自己修建了这个人间地狱。

安德森的统治有点类似传奇导演塞西尔·B. 德米尔①作品所展

---

① 美国电影制作人,被誉为美国电影之父,最有名的作品为《十诫》(The Ten Commandments)(1956)。

示的那样,他把奴隶分为两部分,一部分在条件恶劣的田地劳作,另一部分则把巨石从采石场拖到位于汹涌大海与群山间的平地处的建筑工地。但是在诺福克岛,血是真实的,从囚犯的后背喷射而出,比如威廉·赖利在叛乱后的两年间里挨了1000多鞭,又如迈克尔·伯恩斯在不到三年时间里,戴着沉重的枷锁,忍受了至少2000鞭。这也不奇怪,他俩都是爱尔兰人,所犯罪行是"唱了一首歌",毫无疑问,这是一首反抗大英帝国的爱尔兰民歌。[①]

相反,英格兰军官们则过着闲适惬意的日子。第八十军团的年轻海军少尉亚伯·D. W. 贝斯特于1838年被派驻此地一年,他留有一本日记,他的日记中很少提到流放犯,记载的几乎全是统治阶层的社交享乐生活。譬如,1838年9月的某天,"对于诺福克岛上的单身汉来说是个美好的日子。我们打算第二天在餐厅举办一场舞会,舞会的形式前所未有。屋子四周布置了大量常绿植物,使它看起来像个凉亭。乐队演奏台上挂着一幅透明画,表达我们对客人的欢迎。晚餐室则布置得像军械室,门上的透明画上题着'吃、喝、玩、乐'的字样"。

9月26日,"一大早起床,沐浴更衣,然后到管委会完成我的分内事。任务一完成,我就出去打猎,目标是一只野猫。7点钟回家。早上9点大伙儿开始聚集,被领进舞厅时,他们对舞厅的布置与装饰纷纷表示赞赏……舞会一直持续到深夜,消夜接着开始。消夜同样让客人大加赞赏……一张丁字形长条桌摆在屋子中央,屋子另一端陈放着各种各样的诺福克岛美味。消夜结束后,大家互相祝

---

① Hughes, The Fatal Shore, p. 480.

酒唱歌。然后继续开始舞会,直到早上5点才散场……"

10月,他们组织了一场第五十军团对第八十军团的板球比赛。贝斯特征用一队流放犯帮他们准备场地,"场地的条件非常恶劣,车轧马跑、野草横生"。比赛当天,"群情激昂,营房里的男人们夺门而出,冲到板球场临时搭建的售票口和帐篷,以烟草为筹码竞相猜测比赛结果。12点半比赛准时开始,一直进行到下午5点,直到宣布第五十军团赢得比赛。这是我意料之中的结果,自从离开英格兰以来我们几乎没碰过球拍……一只尾巴上涂满肥皂的猪被放了出来,我们一群人跟在后面追赶取乐。尽兴后,我们把流放犯们和猪一起赶回营房,我也回到自己的房间,晚餐已经准备停当。用完餐后,我们转战餐厅,继续跳舞,直到深夜……"

过往船只上到访的宾客也玩得兴高采烈。比如,1839年2月6日,"正在参加午宴的海恩先生加入我们的聚会,他是'爱丽丝号'的指挥官。海恩先生是一个安静而风度翩翩的美男子,是我见过最帅的男人之一。我们很快分头寻找乐子,7点钟再次聚在一起共进晚餐。我们坐到很晚,听着特纳先生美妙的歌声。特纳先生有一副好嗓子,品位也不错,可惜缺乏科学训练。接近凌晨4点,晚会厅某个角落的喧闹声越来越大,有人在争吵,接着椅子横飞,旁观者随时会被砸中。暴风雨过后,闹事者彼此搀扶着回家睡觉,聚会就此散场……"

在对待流放犯的问题上,安德森刻板的做法给他们的毁灭埋下了种子。比如,他拒绝考虑巴克豪斯的建议,即几个世纪以来世界各地通行的做法:用牛耕地,同时用它们的排泄物来肥地。他让流放犯们在地里排成一排挥舞着锄头,在队伍两头安排了最强壮的人，由他们确定前进的步伐。中间跟不上步伐的人就要挨打，因此他们只能浅浅一锄便往前走，结果地里什么他长不出来。

这反过来提高了食物供给的成本。安德森试图用土豆取代玉米面作为日常口粮，流放犯们就开始造反，安德森以饥饿迫使他们屈服，由此获得了一个"土豆乔"的绰号。

由于过度依赖流放犯的奴役劳动，而流放犯又消极怠工，建设项目推进得事倍功半。驻地医生亚历山大·加马克医生让那些他认为病得太重或伤得太重而不适合劳作的流放犯"下岗"，这简直是给安德森出难题。指挥官安德森对加马克医生和那些装病逃差的人非常愤怒，1836年底，他启用经验欠缺的帕特里克·哈尼特医生来取代加马克医生。哈尼特医生是一个爱尔兰天主教徒，年仅26岁，1832年作为助理医师从家乡利默里克县（County Limerick）来到新南威尔士。哈尼特对安德森的要求言听计从，把每天的"病号名单"砍掉一半。那些被抓回来劳动的人包括一个新来者，即年轻的威廉·卡斯尔顿。他因为一点微不足道的违法行为而获罪，被判处七年流放，1830年乘坐皇家海军"旗舰号"（HMS Admiral）来到悉尼。

在诺福克岛，卡斯尔顿声称自己患有"肠疾"，但也被送去劳动。第二天和第三天，他一直在申诉。哈尼特说他就是"偷懒"，还威胁要把他送到指挥官那里去。随后的一天，卡斯尔顿的狱友与他同来，发誓说看到"血顺着卡斯尔顿的腿往下流"。哈尼特兑现了自己的威胁，12月9日把卡斯尔顿送上法庭，处罚50鞭。行刑者把他捆在三戟刑具上，才打了37鞭他便奄奄一息。哈尼特命令把卡斯尔顿带下去，转移到一个孤岛式的流放犯医院，那是一座潮湿、闷热的石头房子，六天后卡斯尔顿在痛苦中死去。

对于哈尼特和安德森来说,不幸的是,事发时自由牧师托马斯·阿特金斯恰巧在诺福克岛做短暂停留,狱吏亚伦·普拉斯称阿特金斯是"囚犯的朋友",当时已经得到伦敦传道会的举荐,如果不是他,这一事件也就消失在历史烟尘中了。阿特金斯时年 29 岁,性格有点古怪,是个不太安分的人。他喋喋不休地对安德森的"暴政"提出抗议,经常与指挥官打嘴仗。他和安德森都在向伯克总督寻求支持。

伯克站在了安德森一边,阿特金斯怒气冲冲地乘坐殖民地的横帆船"菲利普总督号"离开了诺福克岛,于 1837 年途经莫顿湾来到悉尼,在这里他对安德森的统治进行了猛烈的抨击。《珀斯公报与西澳杂志》(Perth Gazette and Western Australian Journal)一个匿名通讯员刊发了对他的采访,阿特金斯把拥有 1500 名流放犯的诺福克岛描述为"罪恶与污染的集散地"。这篇采访稿详细地描述了威廉·卡斯尔顿的死亡过程,以及阿特金斯与安德森之间的激烈争论。"听到这些,"通讯员评论说,"对于阿特金斯所说的安德森的手下及其周围的人只知阿谀奉承,毫无自己的思想,我们毫不惊讶。按这个自以为是的暴君(安德森)的性情和行为,仅凭经验,我们也知道情况属实。"

通讯员说,应该"召回安德森少校,他把这个流放地上军官们的住所变成了一个魔窟……即使不被解雇也应该受到谴责"。安德森和哈尼特的统治维持到 1839 年年中,但安德森少校还将继续他的军旅生涯。他和兄弟约翰将军最终在富饶的古尔本山谷(Goulburn Valley)获得 8.5 万英亩(合计 3.44 万公顷)土地,他也在军团中晋升为上校,退休后定居墨尔本。安德森后来还成为维多利亚立法委员会成员，任期在 1852 年至 1856 年，其主要工作就是阻止中国人和其他少数民族进入这片南方大陆。

哈尼特后来被指定为殖民地医生，在麦夸里大街开了一家私人诊所，他与他的大家庭则在莫纳诺的一个山坡上建立了家业。不过哈尼特没有机会享受退休后的牧场主生活，从诺福克岛回来才五年就去世了，年仅 34 岁。

安德森在诺福克岛上留下的不朽遗产就是那栋三层的粮仓，石头上刻有他的名字，此处后来被皮特凯恩人改为教堂；军事路（Military Row）（后改名为"质量路"Quality Row，这倒名副其实）的官员住宅群也是他的功绩之一；他也是那座几近完工的八角形监狱的奠基者。安德森还留下了一部风格奇异的记录人类苦难的历史，威廉·卡斯尔顿只是无数倒在他那专横的皮鞭之下的受害者之一。

安德森离开后，"鞭子手"之名传给了第八十军团的托马斯·班伯里少校。班伯里少校 1839 年 1 月抵达诺福克岛，但直到安德森离开才掌权。和安德森一样，他也是半岛战争的老兵，战绩颇佳。然而，班伯里出生于直布罗陀，是本杰明·班伯里少校和某个女人的私生子，这是他职业生涯中无法去除的污点。班伯里来到诺福克岛时，父亲已去世，死状极惨。1827 年，老班伯里与他唯一合法的儿子、18 岁的亨利·米尔·班伯里乘坐轻便马车前往班伯里庄园外 3 英里左右的地方，但他们的马不知受到什么惊吓，最后翻车了。父子二人都被压在马车下，被马踩了 3 个小时，直到有人经过将他们救起，此时老班伯里少校已口不能言，弥留数日之后去世。托马斯·班伯里在两卷本回忆录《一个老兵的回忆》里没有提及他们死亡的情况。

托马斯·班伯里于1838年来到悉尼，上任之前与新任总督乔治·吉普斯爵士进行了会晤。这次会晤并不成功，据托马斯·班伯里说，总督接待他时"傲慢无比、无端发火"，最后"不欢而散、互相厌恶"。然而，他决定在新岗位上大放光彩，离开悉尼之前就对岛上的资源进行了全方位的研究，并且制订了一个自食其力的计划，最显著的一项就是取消安德森禁止使用犁耙的荒唐规定。4月，他终于掌握权力，对病号名单提出了批评，并做出新的规定："如果一个人病得不能干活，那他也就病得不能吃饭。"

他在回忆录中对这一政策沾沾自喜。① "在医院排队自称患病者的队伍缩短了50%。"他写道。事实证明，这个新政策是聪明反被聪明误，但他确实没有其他什么事迹可供炫耀。在短短的任期里，一直困扰班伯里的是流放犯们随时准备逃跑，更严重的是，他治下的士兵又发生了一次暴动。

某天早晨一群军官去捕鱼，他们兴高采烈地把渔网往岸边拖，此时流放犯们正在酝酿着逃跑。一伙囚犯瞅准机会，扑到海里爬上船，把甲板上由"模范囚犯"充当的船员扔到海里，驾着船逃往深海。据贝斯特少尉说："警报立即响起，两艘各有4名士兵的快艇开始追踪，一进入射程就开火。逃犯们发现逃无可逃，只好扔掉手里的桨橹。他们被带回来后即受到审判，并被定罪，短短几分钟内每个人都挨了300鞭。"

暴动发生后，安德森留下的第五十军团的人想把班伯里拉下

---

① Bunbury, Thomas, Recollections of a Veteran: Being Personal and Military Adventures in Portugal, Spain, France, Malta, New South Wales, Norfolk Island, New Zealand, Andaman Islands, and India, vol. 2, p. 320.

台。那些即将离开的士兵把自己开垦的菜园、棚屋以及存储的自种蔬菜和其他粮食作物都卖给了第八十军团的人,聚集在旧营房背后一个叫作"爱尔兰镇"的地方。班伯里很快意识到把他们从农场重新赶上战场让他们心生怨恨,尤其是在这里他们可以用自己的农产品与那些"病得吃不了东西"的流放犯交换他们从军官那里偷来或捡来的物品。班伯里认为(这倒没有冤枉他们)那些棚屋就是他们的交易点,也是流放犯们存放赃物的仓库。

7月1日,在没有任何通知的情况下,班伯里命令一个监工带着一群流放犯扒掉了其中一个菜园棚屋。消息传到了部队驻地,当拆迁队来到爱尔兰镇时,"群情激奋的"[1]士兵们赶跑了拆迁人员。班伯里得知他们的忤逆行为后,给驻军士兵下达命令并斥责他们,同时宣布要立即拆掉棚屋,由他亲自担任监军。

班伯里纠集了一支拆迁队伍向爱尔兰镇进发。他看到"一支三四十人的队伍从新军营里闯了出来,带着上膛的火枪向我站立的地方冲了过来"。班伯里站在原地,寸步不让,他说谁敢上前一步就砍掉他的头。"除非你们踩着我的尸体过去,否则想都别想!"班伯里说,他们这种行为等同于叛乱,是死罪。然而,还没等枪声响起,天上就响起了一声炸雷,士兵们退回他们形成"武装"准备行动的军营走廊。

雨水缓和了暴动者的紧张情绪,班伯里从对峙处退了回来。他说:"最后他们安静地回到自己的岗位,但是要求每天定量供应与

---

[1] Bunbury, Thomas, Recollections of a Veteran: Being Personal and Military Adventures in Portugal, Spain, France, Malta, New South Wales, Norfolk Island, New Zealand, Andaman Islands, and India, vol. 2, p. 320.

新南威尔士本土品质相当的烈酒。"班伯里对此不予理睬,告诉他们说单身士兵本不应该用菜园营利,他现在打算把他们从菜园里撤出来,并声称以后由政府菜园供应蔬菜。政府每天将从他们的薪水里扣除一分钱,如果有瓜果供应的话,还需另外扣除半分。士兵们不乐意了,这也不奇怪,因为供应量和必需品的缩减已经使他们的薪水降到每天不足六分钱。1838 年 11 月 4 日到岛上给天主教徒流放犯担任牧师的阿奇迪肯·约翰·麦肯罗目睹了这次暴动,认为责任在于"愚蠢的"班伯里。

7 月 23 日,班伯里终于向吉布斯总督提交了报告。除了对暴动进行了详细的陈述外,他还对前任的殖民地管理方式进行了直接而含蓄的批评,不仅提到士兵的菜园,还说军队没有每天例行巡逻,也未受到检阅,总而言之"纪律涣散"。然而,安德森此时还在悉尼,他以苏格兰人的愤怒对此做出回应。吉布斯显然认为,他最初对班伯里的坏印象不无道理,因此下令把他召回。班伯里在悉尼苦熬了 9 个月,之后被派往新西兰的岛屿湾,他在这里取得了事业上的成功,经过与毛利首领的一轮谈判之后,南岛最终纳入英国的统治之下。

出生于爱尔兰的托马斯·赖安少校临时接管了诺福克岛,但是英国议会和白厅发生的事很快改变了作为流放地的新南威尔士的现状,南太平洋上极端暴力而臭名昭著的状况得到革命性的改变。

第十三章 变革之风

皮特凯恩岛上,变革也在进行。1838年,一艘装载16门火炮的英国海军战舰皇家海军"飞行号"(HMS Fly)在小贵族拉塞尔·埃利奥特船长的指挥下到访皮特凯恩岛,他们发现岛上居民热切要求将这里正式变为大英帝国的一部分。因为不久前一艘美国捕鲸猎船在岛上驻留了两周,船员们要求与妇女发生性关系,男人们于是拿起武器来保卫自己的家园,岛上居民到现在都没有从这次恐慌中恢复过来。

此外,出生于皮特凯恩岛的爱德华·坎塔尔与那3个英国人诺布斯、巴菲特和埃文斯之间的关系仍然紧张。诺布斯已经巩固了自己作为精神领袖的地位,由于缺乏兴趣,巴菲特领导的共同进步社已解散,他现在醉心于用当地产的梅罗树制作家具。他们的妻子则致力于耕种。没有一技之长的埃文斯则整天埋头于自己的菜园。

11月30日,埃利奥特船长踏上皮特凯恩岛的海滩,他发现到处都有人与他搭讪,请他为他们制定一部"宪法",这样他们就能获得大英帝国的认可,也得到了一部法典。于是,尊敬的拉塞尔·埃利奥特在没有得到官方许可的情况下,通过适当的仪式授予该社区一面英国国旗,并在船舶文件(ship's paper)①的基础上加了几条冠冕堂皇的细则。尽管英国议会直到 1887 年才承认皮特凯恩岛是大英帝国的一部分,岛民们却认为埃利奥特的文件就是帝国的官方许可文件。"无论男女,岛上年满 18 周岁的居民都拥有自由投票权",这份文件至少确定了每年选举出的治安官的地位。船长还规定 5 至 15 岁的儿童必须接受义务教育。岛民们自己又增加了 10 条法律,包括对狗的控制、宰猫要受到处罚、到处乱跑的猪损坏财物要赔偿、土地的耕种、禁酒、未得治安官的许可禁止妇女登上来访船只等。

然后他们选举身材魁梧的坎塔尔做他们的治安官。

在这个仅有 104 人、男女各占一半的小社区里,治安官很难像在大都市社会那样在司法上超然物外,尤其当事情牵涉到坎塔尔自身时。据罗莎琳德·杨说,因为"一旦被激怒,(他)就可能采取残暴的行动"。② 她说,有一次坎塔尔与约翰·埃文斯发生了争执,"两个人都无法控制自己的情绪。争吵升级后,强壮的坎塔尔像举起孩子一样把矮小的埃文斯举起来,用力扔进了猪圈,这样才结束了争吵,埃文斯受了重伤。"

坎塔尔再次当选。

1840 年,诺布斯特别高兴,因为伦敦传道会的船只"卡姆登

---

① 船主随船携带的卫生、载货单或人员名单、保险、注册证明之类的法律文书,以满足航行目的地的海关、卫生、移民等方面的要求。

② Young, Rosalind, Mutiny of the Bounty and the Story of Pitcairn Island, 1790 – 1894, p. 92.

号"在罗伯特·克拉克·摩根船长的率领下来到皮特凯恩岛。牧师希斯先生与船长带着新南威尔士总督乔治·吉布斯爵士的礼物以及足够每家分配一本的《圣经》来到岛上。诺布斯招待了他们,这天白天加晚上完成3次祷告仪式后,"卡姆登号"迎着风扬帆起航,消失在地平线后。然而,"卡姆登号"在新赫布里底群岛①遇到一个极具冒险精神的传教士约翰·威廉姆斯,他最近刚从英格兰返回,带来了一些萨摩亚语的《圣经·新约》译本,他们将其带上船。船只继续向前,来到坦纳岛(Tanna)②,威廉姆斯与摩根船长、传教士詹姆斯·哈里斯、亚瑟·坎宁安一起登岛上岸。据教会历史学者格雷姆·肯特(Graeme Kent)说:"他们按照惯例分发礼物,而威廉姆斯和哈里斯则沿着沙滩寻找饮用水。"③

"岛民们对他们并无敌意,不过显然也没有多少热情,但这两个传教士的行为改变了他们的态度。岛民们本来正在准备一场宴席……他们突然担心威廉姆斯和同伴会像以前的欧洲人那样,悄悄溜进他们的宴席场地偷走食物。他们显然慌了神,一些埃罗芒甘斯人把这两个传教士团团围住。其中一个头领拉尼亚那曾亲眼看着自己的儿子被来访的欧洲人杀害,似乎正是他第一个抢起了棍棒。

"这些欧洲人转身向自己的船只跑去,坎宁安和摩根船长很快就爬上了船,因为他们走得没有那两个传教士远。哈里斯试着跳过一条小溪时跌倒,被岛民们用棍棒和长枪打死。威廉姆斯也跟跟跄

---

① 即现在的瓦努阿图,位于夏威夷与澳大利亚之间的南太平洋群岛。
② 新赫布里底群岛南端的一个岛屿。
③ Kent, Graeme, Company of Heaven: Early Missionaries in the South Seas, Reed, 1972, pp. 84 – 5.

跄地被一棍子打倒在地。这些埃罗芒甘斯人围着他用长枪猛戳,直到他断气。这些土著人将两位死去的传教士拖到大树下的灌木丛中,后来把他们吃了。"

第二年,弗莱彻·克里斯蒂安的原配伊莎贝拉("桅杆")也死了,标志着与第一批暴动者最后的联系纽带又断了一根。现在唯一的幸存者就是苏珊娜,她与"邦蒂号"上的暴动者一起航行时才14岁。她是爱德华·杨的第一任妻子,曾经砍下一个熟睡中的塔希提同胞的头。苏珊娜30岁时嫁给年仅15岁、第一个出生在皮特凯恩岛的男性星期四·十月·克里斯蒂安。两人婚后生子,这些暴动者终于有了孙辈。苏珊娜活到1850年才去世。

看到来访的船长夫人的穿着后,岛上女性改变了自己的服饰,改穿欧洲风格的衣服,传统女性服装已成为历史。那种高腰束身的衣服原本只是周末的盛装,后来却成为日常的流行装扮。这种新的着装得到了诺布斯和来访的神职人员的认可。然而,无论老少,这种保守的穿衣方式对抑制皮特凯恩男人的情欲却无济于事。女孩子戴上婚姻结的平均年龄下降到14至15岁间,而且结婚时常常已有身孕。①

越来越多的船只造访皮特凯恩岛,1833年至1850年起码有350次停靠在这里。由于美国捕鲸猎船以此地作为补充淡水和新鲜蔬菜的固定停靠点,水手们用衣服、工具以及现金交换他们需要的淡水和新鲜蔬菜,皮特凯恩岛变得日益繁荣。与此同时,基督教的几个分支教派在太平洋各自拓展势力,用各自特定的《圣经》读本来改变

---

① Lummis, Trevor, Pitcairn Island, p. 157.

异教徒的信仰。据伦敦传道会的官方记载:"1835年至1844年间,有34名英格兰男人和30名英格兰女人进入太平洋从事传教工作。"

然而,对诺福克岛影响最大的教派是英国国教会,其首领是作为信仰护卫者的维多利亚女王。起初,英国国教会的影响仅限于澳大利亚主教教区,当然那时的澳大利亚主教教区还包括新西兰。不过当坎特伯雷大主教威廉·豪利任命32岁的温莎教区副牧师、剑桥出身的乔治·奥古斯都·塞尔温为澳大利亚教区主教时,任命文书上的一个错误产生了深远的影响。主教教区的北边界线没有写成34°30′以南,而被教会的官僚写成了"以北",因此塞尔温的管辖范围不仅远超新西兰,甚至包括美拉尼西亚群岛。

宗教狂热者塞尔温无意纠正这个错误。相反,他听从了豪利的劝告,豪利怂恿他把新西兰当作"拯救之溪的发源地,让其流及太平洋的各个岛屿及其沿岸地区"。事实上,豪利引用的是约翰·威廉姆斯这个倒霉鬼的话,威廉姆斯有一句名言描述自己在塔希提的使命,即"作为拯救之溪的发源地,它将流向散布在茫茫大海上的无数岛屿和礁石"[①]。显然,豪利劝勉塞尔温时,威廉姆斯在坦纳岛上被杀之后又被生吃的消息还没有传回坎特伯雷。

塞尔温于1841年12月带着自己的妻子和孩子离开英格兰。他在海上学习航海技术,幻想着"一所中心传道学院吸引南太平洋岛上的人们纷纷前来学习"[②]。他的主要竞争对手将是伦敦传道会,他们主张不通过宗教学校而通过新教和公理会来拯救灵魂。尽管伦

[①②] Hilliard, David, God's Gentlemen: A History of the Melanesian Mission 1849–1942, UQP, 1978, pp. 1–1.

敦传道会在其他地方遭到了一系列不愉快的挫折，在塔希提岛却比英国国教会先行一步。

比如，在福图纳的新赫布里底群岛，伦敦传道会于1841年派去两个萨摩亚教士参孙和阿贝拉，这两人带着妻儿花了三年在这里布道，改变岛民们的宗教信仰，直到1845年才取得了一点小小的成绩，然而这时却来了一场流行病。当地岛民把这场流行病归咎于这些"神职人员"，将他们全部杀死。同年，阿诺德·默里教士派了两位当地教士前往新喀里多尼亚（New Caledonia）①。两年后他回来发现，其中一名当地传教士上岛才几周就死了，另一个也只是勉强活着。尽管如此，他又留下两位替补人员，其中一个写道："我们很高兴，因为上帝的话已经在岛上生根……几天前，一个异教徒来找我询问如何摆脱自己所信奉的神。我跟他说他所信奉的神什么都不是，耶和华才是真正的上帝，是上帝创造了天、地和万物，只有他怜悯我们的罪行与死亡，派他的儿子耶稣来做我们的救主。"

唉，根据历史学家格雷姆·肯特的研究，他的乐观用错了地方。"不幸的是，传道士在新喀里多尼亚几乎一无所成。"肯特写道，"第二次来的布道船带走了这些哭着喊着要离开的传教士。他们离开后不久，岛上就发生了内讧……那些被感化的岛民大多在这次内讧中被杀死。"②

塞尔温一开始专注于他所建立的新西兰基地，三年时间里或乘

---

① 位于南回归线附近，是法国在大洋洲东南部的海外属地。除官方语言法语以外，美拉尼西亚语和波利尼西亚语亦通用于此。

② Hilliard, David, God's Gentlemen: A History of the Melanesian Mission 1849–1942, UQP, 1978, p. 103.

船或走路，踏遍了周遭大大小小的岛屿。他的布道之行因为新西兰北端的一次毛利人的叛乱而变得举步维艰，这是传教士兼军火走私商托马斯·肯德尔的军火走私行为带来的必然后果。另一个原因就是，对于他们是否具有神职授任的资格，塞尔温与树大根深的伦敦传道会的牧师发生了激烈的争执。尽管如此，塞尔温把辖区向北延伸至美拉尼西亚——包括诺福克岛在内——的热情丝毫也没有减弱。

变革之风在新南威尔士本土的势头也正旺，很大程度上是因为贵格会牧师詹姆斯·巴克豪斯和乔治·华盛顿·沃克的参与。他们于1837年向下议院的议会特选委员会提交了一份详细的意见书，要求全面考虑囚犯流放问题。当时的会议由来自东康沃尔的威廉·莫尔斯沃斯爵士主持，他时年26岁，是一个温文尔雅的人。莫尔斯沃斯因幼年时患有淋巴结核病而毁容，之后在剑桥读书时因与导师发生决斗而被开除，他听取了那些原则上反流放派的意见。他以对"澳大利亚流放地的恐怖细节"感到震惊来结束这次听证会，"眼前不断重现的惩罚与痛苦的场景时刻凌迟着人性中的每一丝善良和仁慈的情感，无处不在的鞭刑、成群结队的戴着脚镣手铐的奴隶……使得移民在内心对他人的痛苦逐渐麻木不仁，最后变得与这个巨大的监狱里其他的狱卒一样残忍。"

第二年8月，议会特选委员会把这个报告提交给下议院，得到了内政大臣约翰·拉塞尔勋爵以及殖民事务部副部长乔治·格雷爵士的坚决支持，流放制度即将结束。最后一艘新南威尔士运囚船抵达悉尼的时间是1840年11月。然而，大英帝国虐待横行的重灾区并未感受到莫尔斯沃斯爵士的关心，尤其是诺福克岛，他们对帝国的新动向没有做出一点反应，范迪门地的亚瑟港也一样，此外还有霍巴特。巧合的是，诺福克岛的肮脏历史中唯一一个出淤泥而不染的人就住在霍巴特，即 51 岁的前海军军官亚历山大·穆肯奥克船长。

亚历山大又名亚历山大·M. 肯奥克(M'Konochie)，出生于爱丁堡一个富有的律师家庭，但 M. 肯奥克更通行的拼法是穆肯奥克(Maconochie)。亚历山大的母亲安·玛格丽特是他父亲的第二任妻子，穆肯奥克在家中的 6 个孩子中排行第四，其中 3 个兄弟姐妹是他父亲婚外与其他女人所生。亚历山大 9 岁时，父亲去世，他与母亲相依为命，叔叔艾伦·穆肯奥克负责他的教育。艾伦也是律师，1796 年被任命为法官，并被授予米多班克勋爵爵位。起初亚历山大也有志于从事法律事业，但他在自己那个布满灰尘的书房里研究新的海洋开拓地图时，产生了对广阔世界的向往，因此 15 岁就加入了皇家海军。第二年，也就是 1804 年，在另一个亲戚、舰队司令亚历山大·科克兰的照顾下，穆肯奥克成为海军候补少尉。

穆肯奥克先在西印度群岛服役，后来尼尔森·霍拉旭去追击一支法国舰队，在特立尼达拉岛的帕里亚港，科克兰司令召集手下的军官到"胜利号"(Victory)的甲板上开了一次会议。科克兰提出让穆克奥克跟他做伴。"我站在后甲板上，"穆肯奥克说，"这时尼尔森勋爵从船舱里走了出来，腋下夹着一块大玻璃，走到我的背风面，对我说，'年轻人，借你肩膀一用。'然后提出说要重用我，但登上船尾梯时他又改变主意了。他看起来很兴奋却又焦躁不安，发现法国舰队在航行……科克兰去了英格兰，后来我再也没有见过他。"[①]

[①] Barry, J. V., Alexander Maconochie of Norfolk Island, Oxford University Press, 1958, pp. 6 – 7.

一年之后，尼尔森在特拉法加海战中成就了不朽功名。

穆肯奥克仍然留在西印度水域，从西班牙人那里学到了大量的知识。1810年，穆肯奥克加入亨利·范箫船长领衔的18炮双桅横帆船皇家海军"蝗虫号"（HMS Grasshopper）。第二年，他们在波罗的海护送一个庞大的船队时，遭遇了一波来自北方的极其反常的风暴。这次风暴摧毁了整个舰队。四艘战舰以及大约200名商人遇难，在荷兰海岸附近沉入海底。"蝗虫号"和他们的命运也差不多。

凌晨3点，穆肯奥克在值班，他们的船队挣扎着保持平衡，以免翻船。突然，他看到另一艘船被巨浪掀起，越过他的上风艏舵。"我大声叫喊，让他松开舵，从船尾通过。"穆肯奥克说，"由于我的错误，我们得救了……因为这时（那艘船）撞上礁石彻底沉没，无一人生还。我们从他们的船尾下通过，撞在同一块礁石上，再往前一点我们进入了一片只有七英寻深的平静海域，然后立即下锚。"①

他们算是死里逃生，但是天刚破晓，风也静了下来，他们却发现自己陷入了一队满怀敌意的荷兰舰队的包围之中。范箫船长别无他策，只能投降。他及手下船员全部成为阶下囚，被移交给法国人。穆肯奥克即将遭遇的经历让他目睹了囚犯的境况，这完全得益于狱卒对他的偏爱。对这个结果感受最深的自然是地球另一面即将纳入他管辖的数千居民。

我们对穆肯奥克被囚期间的事迹知之甚少。尽管穆肯奥克后来

---

① Barry, J. V., Alexander Maconochie of Norfolk Island, Oxford University Press, 1958, pp. 6–7.

成为一名多产且专业的作家，但是在随后的作品里他显然不愿描述自己在监狱里的经历。我们了解到，拿破仑的士兵对英国人恨之入骨，他们强迫"蝗虫号"上的军官及全体成员在严冬里跋涉前往凡尔登，这里环境恶劣的查尔蒙特城堡和瓦朗谢纳城堡自1803年以来就用来关押英国战俘。穆肯奥克在这里被羁押了两年多，直到1814年拿破仑退位。在这段时间里，穆肯奥克结识了同监一位无名的英国律师和他的妻子，他们在法国度蜜月时，战争爆发了。穆肯奥克重拾对法律的兴趣，为了打发时间，这名律师答应指导他。后来被释放的穆肯奥克又加入了科克兰的军队。

穆肯奥克参加过美国独立战争，1815年被提拔为皇家海军"特拉沃号"（HMS Trave）以及后来的皇家海军"卡利俄珀号"（HMS Calliope）的指挥官及船长。

为了备战滑铁卢战役，他们的军队被从加拿大召回英格兰，穆肯奥克的战舰作为先锋号被派去报告舰队的动向。他只用了19天时间就横跨大西洋，这是穆肯奥克参加的最后一次军事行动。战争胜利后，穆肯奥克和其他数千人一样结清军饷退役。回到家乡爱丁堡，穆肯奥克与母亲一起生活。然而，关于他的战争经历，这里还有一个教训需要提及。他后来写道："这个想法在魁北克时第一次出现在我的脑海中，后来大部分在诺福克岛得以实施，这是一条关于纪律的原则，即我的部下必须互相为对方负责。

"在我们的战舰上，常有害怕上战场的人开小差。为了防止这种事情发生，我们常常规定舰队的任何人都不许请假。因此我想到一种请假制度，要求那些被准假的人在同伴当值之前回到舰上，这样他们就能获得与当值人员同等的待遇。这种制度实施以后，不是说从来没有人违反过这一协议……但这种背信弃义的事情很少发生。"①这样,团体责任的观念就深入人心了。

据穆肯奥克自己说,退役后的六年里,他一反常态,变得无所事事。但是在寻找无薪工作的同时,他确实全身心地投入到研究和写作中,研究的主题是他孩提时代的梦想,即英国和欧洲之外的广阔世界。穆肯奥克的第一部著作出版于1816年,力谏政府在三明治群岛(夏威夷群岛的旧称)建立定居点,以免美国人或俄国人捷足先登。两年后,在另一本内容更充实的小册子里,穆肯奥克催促英国政府在好望角建立一个自由港,另外在太平洋沿岸的某个地方再建一个,为英国的国际贸易提供便利。他的这些努力得到了高层的关注,受到他的恩主科克兰勋爵的重视。但直到1821年母亲去世,并于第二年结婚之后,穆肯奥克才认真考虑建功立业的事。

穆肯奥克的新娘玛丽·赫顿·布朗恩出身于诺森伯兰的一个殷实之家,时年27岁,比穆肯奥克差不多小8岁。他们的第一个孩子出生于1823年2月,同年他们搬到苏格兰东海岸的法伊夫(Fife)定居。孩子们在这里一个接一个地降生,共有两个女孩、四个男孩。他们需要接受学校教育,但是法伊夫这个农村提供不了这样的条件,因此他们全家于1828年搬到伦敦。穆肯奥克随即投入到"地理学一个分支的研究工作中去,这个学科也许可以称为伦理地理学或政治地理学"。穆肯奥克走在了同时代人的前列,之前还没有出现过这样的学科。但随着对帝国边界这个学科的兴趣的增加,穆肯

---

① Barry, J. V., Alexander Maconochie of Norfolk Island, Oxford University Press, 1958, pp. 6–7.

奥克在一年之内筹划成立了伦敦地理学会。这个学会很快得到国王威廉三世的关注与资助,并采用了现在仍然为人熟知的"皇家地理学会"这个名称。穆肯奥克是这个学会的创始会长,随后成为伦敦大学学院的首任地理学教授。

从1836年的一幅肖像画来看,穆肯奥克个子高高的、额头凸起、眼神有点多疑、高鼻梁,嘴唇线条清晰有形,只是嘴巴稍微有点小。画中的穆肯奥克穿着华丽的海军船长制服、左胸佩戴着汉诺威威尔夫皇家勋章的骑士标志,看起来总是在思考问题、一副忧国忧民的样子。

乔治五世还是摄政王时就规定不允许骑士使用"爵士"的称呼,尽管这只是一个象征性的荣誉称号。尽管如此,穆肯奥克还是快速升迁到一个引人注目的高位。在草创地理学会时,他的一个前海军同事约翰·富兰克林船长加入了学会,他是一个拥有辉煌战绩的人。皇家海军"调查者号"(HMS Investigator)在绕澳大利亚航行时,富兰克林还在马修·弗林德斯手下当候补少尉。在探索西北航道(Northwest Passage)①时,富兰克林已经成为弗雷德里克·比奇船长手下的二把手。1819年至1822年间,他带领一支远征队从陆路穿过加拿大进入北美的北极圈,行程8000多公里,经历了常人难以想象的艰苦。

穆克奥克与富兰克林成为坚定的盟友,新晋骑士富兰克林刚一得到范迪门地的副总督职位就正式邀请穆肯奥克担任他的私人秘书。富兰克林之所以这样做是基于一个承诺,即一旦富兰克林在殖

---

① 位于北美大陆和北极群岛之间航道。

民地站稳了脚跟，穆肯奥克就会被独立任命，但前提是先做他的私人秘书，这一承诺也得到了殖民大臣格莱内尔格勋爵的认可。与此同时，伦敦监狱纪律改进协会(London Society for the Improvement of Prison Discipline)找到穆肯奥克，向他咨询并请他帮助完成一份有关范迪门地制度效力的调查问卷。1837年1月，他们一抵达霍巴特，穆肯奥克就展开调查工作。他曾经谈到这个任务，他说："我做这件事不是因为能得到好处，但是拿人钱财，替人消灾，而且我本身就有对社会事务进行观察、推理的习惯，我不可能长期受欺骗，事实上也不可能欺骗我，两个月之后我就调查清楚了问题的根源。"①奇怪的是这个工作竟然要花长达两个月的时间。富兰克林取代了乔治·亚瑟上校，事实上亚瑟上校与这片广袤的南方殖民地的其他管理者一样残忍和残暴。

最初，这两个海军军官配合默契。然而，亚瑟手下的一些官僚仍然在位，他们密谋离间富兰克林和那个自由主义倾向明显的秘书。通过吹捧富兰克林让其心生傲慢，他们让富兰克林慢慢疏远了那个海军职衔高于自己的秘书。但真正的裂缝在于穆肯奥克对殖民地流放管理工作越来越感兴趣。在穆肯奥克与伦敦监狱纪律改进协会的通信中，他声称范迪门地的制度"残忍、多变、滥用；改革或树立榜样都无济于事，仍然只能通过极端严厉的惩罚才能维持。"况且，"一些最重要的法令都被政府自己系统地破坏了"②。

穆肯奥克想当然地认为他的意见会被视为机密。但在他不知情

---

① Maconochie, Alexander, Supplement to Thoughts on Convict Management, 1839.
② Maconochie, Alexander, Report to London Society for the Improvement of Prison Discipline, 1837.

的情况下,他的报告被提升为政府官方文件,被莫尔斯沃斯委员会用来作为支持结束流放制度的依据。当他的报告被纳入总结报告时,富兰克林暴跳如雷。他说,除了让穆肯奥克辞职别无选择。两家人同住在政府大厦的同一屋檐下,因此情形变得极为尴尬。玛丽·穆肯奥克给他们的朋友乔治·贝克爵士写信说:"在这个物价昂贵的殖民地,我们所处的位置极为尴尬和艰难,我们的孩子需要教育,这里对孩子们来说没有任何可取之处。"关于富兰克林,她写道:"对于富兰克林夫人,我曾经感觉亲近;至于约翰爵士,我从来就没有太好的印象,自从我们迁居这里以后,这种不多的好感与日俱降。"

幸好政府大厦足够宽敞,可以让他们各自独立生活,直到穆肯奥克找到新的职位。但差不多有两年时间,穆肯奥克的工作没有任何进展,只能埋头于自己的研究,把研究领域延伸到流放犯制度。成果就是一部大部头的著作《关于流放犯管理的思考以及与澳大利亚流放地相关的其他主题》。这部书于1839年在伦敦出版,但书名更改为更简洁可读的《澳洲志》(Australiana)。

这部书引起了辉格党新任决策者关于流放制度的共鸣。是年年底,富兰克林给穆肯奥克通报了一个消息,吉普斯总督接到命令让他前往负责流放殖民地诺福克岛。穆肯奥克立即前往悉尼,亲自拜会乔治爵士并接受任命。这时,他对自己关于刑罚学的观点做出细化,将其发展成为极为详尽的"评价"制度。其背后的指导思想是,既然刑罚无法作为有效的震慑手段,鞭打只能使囚犯与牢头都变得残忍(整个社会都容忍并鼓励这种行为),那么就需要一种全新的管理方法。在他的统治下,囚犯们被当作社会人来看待,而不是需要囚禁与鞭打的野兽。但他们获得这种新的礼遇，取决于他们如何对待同监犯人和对他们负责的当局政府。囚犯们关押的时间和条件很大程度上依赖于他们完成给定任务的情况。

根据各自的劳动和表现，每个囚犯可以获得一定的"奖励分"，总分可能是 5000 分。① 一旦达到这个分数，囚犯就能获得自由回归社会。这个过程从该囚犯进入该体系时开始计算，"通过利用能够唤起忏悔和谦卑的目标，短时间限制和剥夺他们的人身自由"。结束后他们就可以完成正常分配的任务来获得积分，赚取住所、食品、衣物等。那些违反纪律的人将被扣分。囚犯获得记分牌后，还可以加入一些小团体，从中获得一些团体分。在此过程中，穆肯奥克把他与水手们在魁北克的实验结果应用在诺福克岛的管理上。

囚犯们在整个拘留期间，管理者尽量避免那些可能使其感到羞辱或剥夺其感知自己作为"社会人"的行为。只有在极端情况下才会实施残酷的惩罚，如上脚镣、枷锁、"绑在十字架上示众"，堵嘴以及鞭刑。不再设计囚犯制服来羞辱他们，也不需要囚犯们在监管人员面前奴颜婢膝。作为负责人，穆肯奥克是囚犯积分奖励和假释或释放时间的最终仲裁者。

吉普斯本身就是一个心胸开阔的辉格党人，当穆肯奥克对他详细描绘自己的计划时，吉普斯听得津津有味，大概偶尔还会因为震惊而颤抖，发出一点响声。他早就意识到改革者的方案得到多方推动，但这无疑是摆在流放地总督面前的最激进的提议，尽管这个方案的改革进程是渐进式的。穆肯奥克汇报完他的改革纲要，对吉普

---

① Barry, J. V., Alexander Maconochie of Norfolk Island, pp. 67–70.

斯的态度非常满意,他说吉普斯是"一个极其杰出的人物,公正、公平、宽宏大量",对他也"非常和蔼"。① 但关于这个方案,其中有一点总督不能赞同。吉普斯无论如何都不允许把这个制度运用到那些在岛上屡次犯事的人身上。这些人无法被纳入这个范围之内,该制度只针对那些从英格兰过来的新人。

穆肯奥克争辩道:"这么小的岛上关押着1500人,却一岛两制,且一制大大优于另一制,这将会在他们之间滋生猜忌与争吵,最终必将两败俱伤。"

吉普斯坚持自己的观点。

"我提议放弃在诺福克岛上进行试点,"穆肯奥克说,"而到新南威尔士的某个废弃的不为人知的角落进行更小规模的实验……尽管已经看到了拦路石,我和乔治爵士最终还是会开山辟路,但我现在不得不勉强同意。"②

那天晚上,吉普斯在日记中吐露了自己对这项事业的担忧:"穆肯奥克船长坚持自己的意见,认为所有关于流放犯的纪律中首先要改造的就是刑罚制度。"他写道,"这个意见可能符合人道主义,但我认为它不会为立法者所接受,因为他们认为流放犯纪律的首要目标应该是对为恶者具有震慑作用。"

这时,穆肯奥克正在急匆匆地赶回位于霍巴特的家中,卷起铺盖,准备与自己的家人一起搬迁到一个新家,搬到大英帝国最残忍、最臭名昭著的监狱去。他抑制不住内心的激动。

---

①② Barry, J. V., Alexander Maconochie of Norfolk Island, pp. 67 - 70.

第十四章　人间地狱

1840年3月6日，穆肯奥克一家八口走下"鹦鹉螺号"（Nautilus），踏上了诺福克岛富饶而肥沃的土地。玛丽·安是家中的长女，年方十七，是父亲的掌上明珠，人们都叫她明妮。老二凯瑟琳15岁，老三亚历山大13岁，后面还有3个弟弟，詹姆士、乔治和弗朗西斯。他们从悉尼过来，虽然同船还有300个从都柏林转运来的囚犯，不过一路上风平浪静，很是惬意。

穆肯奥克已经协商好，每年工资4800英镑，提供体面的住所和餐补。当时，新南威尔士的首席司法官的年薪也不过如此，并且还要自行负担食宿。他还说服吉普斯允许他挑选自己的管理团队，他挑了约翰·西姆做监工，让詹姆斯·瑞德做助理医生，另外配备一名治安官，两名治安员。不过最重要的是，他还配备了一个助理看守，名叫查尔斯·奥姆斯比，主要负责对付那些累犯，因为当地治安官还要帮忙处理日常司法事务。

显然，这将意味着监管风格的完全变革，监狱里所有人都意识到马上要有大举动了。穆肯奥克被任命后，监狱里风言风语像蒸汽机里的开水,汩汩有声。这一船囚犯即将在这里服刑,随后还有一批差不多数目的初犯以及屡教不改的重刑犯即将来到这里。总计1200到1400名犯人将要按照皇家法律来到这里接受惩罚。

穆肯奥克将要接替的是49岁的爱尔兰少校托马斯·赖安。托马斯·赖安由于身染怪病,已经乘船离开。穆肯奥克和他的指挥官胡尔默上校上岸时,迎接他们的是一名军官,这位军官代表赖安表达了歉意和祝福。

此时,赖安已经前往霍巴特,提前四年向约翰·富兰克林报到,赴任范迪门地的副总督。当时赖安被发现与一个同僚的妻子勾勾搭搭,被痛揍一顿后颜面扫地。在诺福克岛他接替的是临时指挥官查尔斯·贝斯特上尉的职位。查尔斯是一个自命不凡,满嘴脏话的胖子,他跟很多到悉尼湾与恶浪搏斗的人命运一样,最终葬身于这片海域。

2月14日,贝斯特乘坐快艇到菲利普岛去接那些被流放到那里的犯人。那天天气晴朗,小船很好操控,可是据一名目睹事件来龙去脉的囚犯托马斯·库克说,就在舵手腾出手凭栏远望时,忽然巨浪翻滚,恶狠狠地砸向小船,把船头直接甩到了空中,与海面垂直,高高立起,舵手则被抛入海里。

救援人员随即赶到,救下了8名囚犯和舵手,"可令人惋惜的是,受人尊敬的查尔斯·贝斯特、农业主管麦克林先生还有一名士兵不幸溺亡"①。

胡尔默上校带领的第96步兵团的兵士们和先前驻扎的第八十

---

① Hazzard, Margaret, Punishment Short of Death, p. 156.

团的一些士兵把囚犯押解下船，沿着山路向山上2.5公里处的朗里奇(Longridge)农场进发。犯人在这里不会被那些监狱老油子腐化。这些人将被关在木头搭建的兵营里，平时在田间劳动。

在海上航行的两周里，穆肯奥克给自己的任务就是尽可能地了解这些在押犯人。刚一安顿好家舍，他便去朗里奇给大家详细解释自己的评分机制。他说，获得6000分的罪犯可免除七年刑期；7000分可以免除十年刑期；8000分即可免除无期徒刑。他们可以用积分换取"享受"，譬如食物、衣服或是香烟等，或者一心一意积累积分。如果他们选择积累积分则可以在服刑两年和两年半时各获得一次休假许可（实质上就是假释）。

随后，穆肯奥克把注意力转向那些监狱老油子，只见"那些人个个面目狰狞，目露凶光。最可怕的是我开始讲话时那些家伙一个个勾着下巴斜视着我"①。他们的住处污秽不堪，十分拥挤。安德森修建的八角牢房与他离开时相比并没有什么改观，只是四周的石头围墙重新砌好了而已。囚犯们必须鞠躬以表示一种卑躬屈膝的尊重，他们不仅要向军官、士兵和看守行礼，就连走过没人站岗的岗亭时也得鞠个躬。他们在室外的锯木厂吃饭，饮食脏兮兮的，跟烂泥汤没什么两样。安德森十分苛刻，命令把岛上所有的橘子树砍掉以防囚犯们偷吃果子。根据穆肯奥克的记录，这样一来，结果不出所料，罪犯们一个个感觉自己人格扫地，变得暴躁不安。

这种状况让穆肯奥克深受触动，他当天就决定抛开吉普斯总督的否决意见，直接向那些老油子讲明自己的评分机制。

---

① Maconochie, Alexander, Norfolk Island, p. 5.

这是一个重要决定，因为它会改变诺福克岛的状况和大多数囚犯的生活，但穆肯奥克最终也会因此丢掉职位，而这个已经被囚犯的鲜血染红的小岛还是会回到最初的原始与野蛮状态。

要不是这位新任长官太过积极，很快做出了另一个决定，穆肯奥克也许能逃过岛外当权者的视线，至少在评分机制长远益处显现之前不被发现。年轻的维多利亚女王于1837年登基，三年后的5月24日女王要庆祝她的21岁生日。那时，整个大英帝国都沉浸在欢乐之中。穆肯奥克认为这是推行连带追责制度的一个绝佳机会。如果能成功，他就可以告诉那些顽固的批评者自己的制度有多么合理的基础。而一旦失败，他就得做出调整。然而，他不能失败，因为失败就意味着制度的终结。

尽管如此，穆肯奥克依然在5月20日宣布："5月25日，周一，为庆祝仁慈的维多利亚女王陛下寿辰，岛上将放假一天。"当时，他一定十分紧张，心弦紧绷。穆肯奥克说，清晨，士兵将鸣放21响礼炮，然后打开监狱大门。届时允许所有囚犯在岛上随意行走，只要不进森林即可。每名犯人可以得到一份新鲜猪肉，午饭时大家在外面露天聚餐，到时他也会参加。岛上的官员也会被邀请赴宴，宴会之后大家还会一起举杯恭祝女王陛下身体安康，以示"礼节"。下午，囚犯们要登台献艺，展现各种表演。这种表演还会在朗里奇举行。晚上7点钟开始，将会有一小时的焰火表演。结束时以军号为令，所有囚犯上床休息。听到这个消息，大家觉得新奇，将信将疑。

几乎与此同时，一艘轮船从悉尼赶来，送来一封吉普斯总督的公函。总督对穆肯奥克在报告中提到的要把那些老油子也包含到评分机制中去的做法做出回应。他愤怒不已，对此提议表示"严厉谴责"。

这封信总能让穆肯奥克停手了吧？可他还是一意孤行，举行了庆典，自己掏钱办了朗姆酒宴会。他写道："宴会上有柠檬，还有那久违的酒味。酒精的味道如预期的那样沁人心脾，却没有让饮酒的人忘乎所以。结果那天的活动大获成功，第二天穆肯奥克写了一封短信表扬岛上的囚犯。

"没有任何违法乱纪，大家个个严于律己。在约定的时间里，每个人都安静地回到自己的房间。有些囚犯甚至在期待回监的那一刻"①。

消息不胫而走，这个出乎意料的结果很快传到岛外。外面的船只纷纷造访，带来了一封封来自士兵、官员、囚犯和各行各业人士的信件。不到一个月，悉尼的大街小巷全在讨论这件事。报纸上登载了漫画，对穆肯奥克冷嘲热讽。想到那"该死的岛上"②的犯人竟然喝起了朗姆酒，怒不可遏的市民游行示威抗议。事情传得越远，传得乱七八糟。朗塞斯顿（Launceson）有个传教士叫约翰·韦斯特（John West），后来成为《悉尼晨锋报》的编辑。他写道："穆肯奥克的思想似乎通过这次试验得到了验证。与以往体制的反差让大家深为震惊，然而对于事件的描述却让所有人捧腹大笑。"③

吉普斯甚为震惊。伦敦内务大臣约翰·拉塞尔勋爵所在的辉格党政府正面临改选，这件事让他恼羞成怒。吉普斯想方设法逃避责

---

① Correspondence re Convict Discipline, 1846, p. 61.
② Hazzrad, Margaret, Punishment Short of Death, p. 169.
③ History of Tasmania, 1852, vol. 1, p. 67.

任,他汇报说,"我没有允许穆肯奥克船长实施他的想法,虽然他在 5 月 20 日收到我的信件,但他根本没有理会我的命令"。拉塞尔勋爵建议命令穆肯奥克撤出诺福克岛,另找一个服从命令的人顶替他的位置。不过,这一消息要传达到澳新大陆(Antipodes)还须时日。而 1841 年,拉塞尔政府垮台,败给了罗伯特·皮尔爵士领导的托利党。这一政权更迭也许能尘封先前发生的一切,保住穆肯奥克的职位;不过在英国国会威斯敏斯特宫看来,诺福克岛本来连三流的地位都不配,因而人们也慢慢对它失去了兴趣。

吉普斯严肃而认真地给这位负责人讲了一大通:"你坚持的原则无疑是正确的,给我留下很深印象。在首相阁下(拉塞尔)看来你决心已定,似乎对一切阻挠都置若罔闻、视而不见。在你看来,那些根深蒂固的想法和疑虑,尤其是诺福克岛上居民的怀疑都被看作无聊的偏见,就连新南威尔士的安全你也不管不顾。"

穆肯奥克没有理会,继续推行他的新制度,因为他知道这个制度马上就会取得突破性的进展。他用 50 英镑从悉尼购置书籍,花了 150 英镑用于购买乐器和乐谱。他设立了一个图书馆,安排一名受过教育的爱尔兰囚犯负责,不久又增派两名助理。到了傍晚各种乐团认真排练节目,而监狱变得更加安宁。在朗里奇,第一批违法者已经开始考虑积累自己的积分。

穆肯奥克的一些同僚对他的新制度不以为然。尤其是 1841 年岛上遭受旱灾,粮食作物减产,吉普斯也不愿意把新南威尔士本土本来就缺乏的食物供给分配给岛上。奥姆斯比是一个难缠的家伙,先前负责看管那些老油子。穆肯奥克让他转而管理农业,可是那家伙拒不服从。1841 年穆肯奥克指控他图谋偷窃、屠宰羊群并栽赃给受穆肯奥克委托负责看管岛上牛羊的一个犹太犯人约瑟夫。他临时成立了一个咨询委员会,可那些人顽固地偏袒奥姆斯比。可不管怎么样,穆肯奥克还是把那家伙送回了悉尼。

穆肯奥克的军需官 J. W. 史密斯反对他把种猪分给刚刚获得假释许可的囚犯,让他们在岛上建设自己的家园。他的反对越来越强烈。私下里史密斯向他在大陆的上级、物资副总管大卫·米勒汇报:"诺福克岛需要立即做出重大调整。现在这里根本不像个惩治罪犯的机构,简直就像在教堂里开剧院似的。"①

穆肯奥克更担心的两个棘手问题是囚犯中的同性恋倾向和结帮拉派现象。

"违背人性的罪恶"一直都是监狱生活中一个常见现象,穆肯奥克认为唯一有效的解决途径是引进女性囚犯。可是他几次试图说服吉普斯给岛上输入女性囚犯,都被他粗暴拒绝。"诺福克岛上从未有过女囚,"总督写道,"而且大家都觉得把女囚送到岛上将是极度危险的做法(不光考虑岛上那些男性囚犯,想想那些看守也让人害怕)。"②

别无良策,穆肯奥克只好给先前光线昏暗的宿舍装上灯以减少厮混的概率。可不管怎么样,"罪恶"还是有增无减。其实,新犯人比老油子的同性恋现象更严重,因为这里本来就是一个违背自由本性的地方。"听到这样的事情,"穆肯奥克写道,"我自然想到了两种原因:要么是做了罪恶的事情,要么就是被诬陷。当一个人有罪

---

① Barry, J. V., Alexander Maconochie of Norfolk Island, p. 130.
② Gipps, Correspondence, 25 February 1840.

时，往往会被处以鞭刑。"

狱霸团伙是一伙残酷无情、屡教不改的监狱老油子，在伐木场称王称霸，如果新来的犯人不跟他们来往，他们就"霸王硬上弓"鸡奸对方。福沃时代这些家伙就成了监狱黑恶势力。1846 年，范迪门地的一位治安官罗伯特·普林格尔·斯图亚特对岛上的状况做了调查。他说："这些家伙残忍至极，在岛上拥有绝对权力。"他们的价值观跟穆肯奥克的价值观简直格格不入。"没办法保护某个人，"斯图亚特写道，"这个人不是表现得太软弱给自己招来祸端，就是给'狱霸'留下某个把柄。"斯图亚特记叙的是穆肯奥克改革后期的情况，尽管穆肯奥克让狱霸们有所收敛，但还是没能彻底消除这种状况。

1843 年，吉普斯总督没有预先通知就上岛视察。他在岛上住了六天。"我看了每一个角落，认真检查了每一处设施，跟每一个管理人员做了单独谈话，"他写道。① 吉普斯的结论出乎所有人的意料，就连穆肯奥克也大吃一惊。

吉普斯总体上感到非常满意，对那些老油子的改造尤为肯定。"他们无论举手投足还是道德情操都比新来的罪犯要好得多，尤其是非常注重个人卫生。"他写道。吉普斯甚至也同意对他们实施积分制度，承认自己先前的判断有点"过于草率"。

然而，总督走后穆肯奥克却忙于应付不断从岛外送来的报告，那些报告称，尽管他的制度取得了不错的效果，可他还是要被免职。尽管他一直坚持罪犯必须积累到足够的分数才可获假释，但吉普斯还是觉得他太过仁慈，屡次拒绝实施他所提出的建议。

---

① 1843 年吉普斯给斯坦利的信。

在没有征询二人意见的情况下，斯坦利勋爵领导的殖民部门已决定召回穆肯奥克。就在吉普斯写报告替他说情时，命令已经送往新南威尔士。斯坦利收到吉普斯的报告，直接回复道："事情已经没有改变的余地，请务必遵令执行。因为女王陛下的大英政府已经根据他对待岛上犯人的态度做了决定。"简而言之，诺福克又将回到过去，变回那个充满恐怖的人性堕落的小岛。

这对穆肯奥克无疑是沉重的打击，而更令他心痛的是他的家庭会因为自己事业的失败而受到重创。他儿子生活得还算开心，母亲也教子有方；他的二女儿才16岁便嫁给了第96团一个叫希尔的中尉，马上就要奔赴位于德里的驻地。可是他最喜欢的女儿明妮却让他最为头疼。

小时候，她便开始跟一名新来的囚犯学习钢琴。平时人们也不叫他的名字，不过据说他名叫大卫·安克思①，因伪造罪被流放到诺福克岛。由于他曾在伦敦教过钢琴，穆肯奥克便任命他担任乐队指挥并邀请他到府邸做客。可是，教着教着，明妮和安克思两人之间便产生了爱慕之情。穆肯奥克太太发现端倪后，穆肯奥克十分震惊，不知所措。是坚持自己一直宣扬的人生哲学，承认这个安克思也许会踏上赎罪之路，还是向世俗观念低头，把女儿送到外面不再见人，哪怕世人嘲笑？他们别无选择，1842年把女儿送回伦敦姑妈家。后来穆肯奥克也回到伦敦，明妮便成了父亲的贴身秘书。1849年，穆肯奥克调任伯明翰的一所新监狱当狱长，明妮陪同父亲赴任。在那里穆肯奥克还是按照自己的理论管理监狱。也是在那里，

---

① Morris, Norval, Maconochie's Gentlemen, Oxford University Press, 2002, p.99.

明妮离开了这个世界,年仅32岁,终身未婚。

1844年3月,轮船驶离小岛。此时,想想在他掌管诺福克岛的四年时间里有920名再次流放的犯人获得了自由,或许这位改革家可以获得几分安慰。三年后,这些获释的罪犯中只有不到5%的人再次获刑。岛上600多名犯人通过他推行的积分制度获得了假释,他们也离开小岛去了范迪门地。他们也许根本不知道自己是多么幸运,因为穆肯奥克走后,在替代他的约瑟夫·蔡尔兹少校的管理下,整个小岛成了人间地狱,岛上的囚犯一个个生不如死。

按照《爱丁堡评论》(Edinburgh Review)的说法,蔡尔兹在1844年2月把他的"极度愚蠢"带到了诺福克岛,而他的管理也是一团糟。这位56岁的海军军官是由斯坦利勋爵钦点的,经历过拿破仑战争,留下了有令必行的美誉。可那毕竟是军事上的成就。在流放地,他得把权力分配给小狱卒、狡猾的看管和"施虐狂"的行刑人,可流放地上的人与事远不是他那简单的头脑所能想象的。按照斯坦利的指示,在岛上要时刻保持警惕和十二分的严厉。这样一来,蔡尔兹和他手下的施虐狂们简直无所顾忌,毫无人性。短短一年内,在他们管教下的犯人们血肉模糊的脊背上留下了至少2万道鞭子印。

托马斯·罗杰斯是英国派到诺福克岛的一名牧师。据他说,有时候一大早"捆绑囚犯的三角鞭刑架下的地面都被鲜血浸透了,好似有人把一桶鲜血泼到上面。方圆三英尺的地上全是血,鲜血像小溪似的向四面八方流出二三尺远。我亲眼看见啊!"[①]

[①] Rogers, Thomas, Correspondence, p.144, quoted in Hughes, The Fatal Shore, p.99.

蔡尔兹尤为担心，甚至深感头疼的就是囚犯们之间的同性恋问题。他觉得只要采取"恰当的惩罚"就能抑制这种"违背道德"的倾向。显然，蔡尔兹手下的治安官、30 岁的伦敦律师塞缪尔·巴罗也有同样的想法。两年前，巴罗来到范迪门地。很快，他便养成了折磨囚犯的爱好，不管他们是"道德缺失"还是不太守规矩。当蔡尔兹抱怨说锁链和鞭刑不足以威吓那些"双重染色体的重刑犯"时，巴罗声称他有办法搞出最邪恶的刑具来折磨那些家伙，好好释放自己施虐狂本性。

蔡尔兹的抱怨传到了范迪门地新任副总督那里。这位副总督有个拗口的名字厄德利－威尔莫特－约翰·厄德利爵士，是斯坦利在牛津大学的同学。在这位殖民大臣看来，他这个大学同学是个"满脑糨糊的大蠢蛋"，不过执行命令时毫不马虎，值得信赖。由于英国不再把囚犯流放到新南威尔士，厄德利便把诺福克岛的事务交给了沃里克郡的准男爵，这样两个地方便合二为一，共同接受英国流放的囚犯。

厄德利－威尔莫特从未登上诺福克岛，也不清楚巴罗的发明创造中有一种叫作"管塞"的刑具。那是用木头削成的圆柱形塞子。用它塞住嘴巴，然后用带子固定，囚犯便无法呼吸。结果无一例外，犯人口吐鲜血，继而嘴唇和牙床开始溃烂。据一位医学史教授布莱恩·甘德威亚说，"头套（也是巴罗的最爱）也是类似的刑具，是用金属制成的用以固定塞子的架子。诺福克岛有自制的类似刑具，用皮条勒住犯人的嘴，只留一条小缝供犯人呼吸"[1]。

---

[1] Secondary Punishment in the Penal Period in Australia 1788 – 1850, 1977, p. 7.

"绑住囚犯的大拇指吊上几个小时也是诺福克岛的酷刑之一，也许会在一只脚下放个木楔子承担一部分体重。

"刑具大鹏展翅不言自明，即囚犯的两个胳膊'被使劲拽开固定在带环的螺栓上'。还有一种新刑具，叫作'担架'，床一样的铁架子上分布着一些横条，附带一个放脚的地方，罪犯仰卧着被绑在担架上，头悬空，没有任何支撑。

"紧身衣也被用过。有一件事情大家都听说了，一个囚犯被怀疑看到了不应该看的事情（被加入病人名单），便被套上紧身衣放在一张铁床上躺了整整两个礼拜。他投诉说，自己脊背上满是血泡，却被认为傲慢无礼又挨了一通鞭打。一次过错往往会让囚犯多次遭惩，根本不经过什么'司法'程序。第二次惩罚往往便是增加刑期……根本不考虑惩罚是否公正或者合理。他们根本不管是否公正或合理，甚至连装模作样的掩饰都免去了。"

可想而知，在这个极度邪恶的世界里，狱霸帮派像魔鬼的影子一般迅速膨胀。1845 年，一个年轻人加入了这个群体，他被看作当时大英帝国恐怖底色的化身。威廉·韦斯特伍德 16 岁时因在家乡埃塞克斯抢劫被判处流放 14 年。据韦斯特伍德自传合作者托马斯·罗杰斯的描述，韦斯特伍德长相俊俏，牙齿又白又小，长得有点像女孩，红红的薄嘴唇、小嘴巴、尖下巴再加上行为举止很是柔和，不久人们便送他外号"小娘们儿"。

韦斯特伍德说，到新南威尔士后他被送到一个叫金的上尉家的农场做奴隶，这个农场位于古尔本附近。"在那里我受到非人的虐待，当时只求一死。"他写道。几个月后，他逃了出来，结识了一个出没丛林的逃犯佩蒂·柯伦。两个人成为"当地居民的噩梦"。

可是，柯伦要强奸一个放牧人的妻子时，韦斯特伍德阻止并威胁要毙了他，两人从此分道扬镳。后来韦斯特伍德威名远扬，因为他总是抢劫羞辱最残暴的地主，其中有名的便是宾根多尔（Bungendore）地区人称"黑弗朗西斯"的麦克阿瑟。事实上，也正是在宾根多尔镇上他第一次失手，被投进了贝里玛（Berrima）监狱，后来他揭开监狱的木板屋顶趁夜色逃跑了。

接下来的7个月里，从悉尼到古尔本的路上行人提心吊胆，而韦斯特伍德也成了当地头号拦路劫匪，悬赏缉拿他的赏金不断攀升。高额的赏金吸引了一个小酒店老板的女儿。她把韦斯特伍德勾引到自己的闺房，趁他衣冠不整时大喊自己的父亲。酒店老板和一个路过的木匠把他揪住痛打一顿，打得他大喊饶命。

接下来五年里，韦斯特伍德经历了亚瑟港监狱和其他监狱中恐怖的惩罚。他屡次试图越狱，最有名的一次是在范迪门地，他钻进了灌木丛，一直逃到了一个海角。韦斯特伍德写道："逃到那儿时，我看到两英里外便是陆地了（塔斯马尼亚岛）。

"对略通水性的人来说，这可是很长距离了。可是我的兄弟们一个个跳进了大海，我也跟着跳了下去，下定决心要么闯过去，要么淹死在海里。游了才一英里，我的兄弟们不是被鲨鱼吃掉，就是被其他什么深海怪物吞食。我奋力往前游，终于游到了对岸，都没有注意岸上的灌木丛，也没有意识到自己就像出生时那样一丝不挂。可是在那个时刻，想到兄弟们的命运，想想他们本以为这下子可以重获自由，这一切又算什么呢！"

韦斯特伍德在灌木丛中漫无目的地跌跌撞撞前行，整个人累垮了。后来骑兵发现了他的行踪并把他送回到霍巴特城市监狱，他就是从那里被流放到诺福克岛。如今再也看不到那个乐呵呵的"小娘们儿"了。岛上非人的虐待,毫无公正可言的待遇,甚至荒诞不经的做法几乎把他推向了疯狂的边缘,就连最铁石心肠的狱霸见了他都畏惧三分。1846 年前半年,巴罗的"施虐狂"已经达到了极致。

"危机正在逼近。"韦斯特伍德写道。

第十五章 生不如死

蔡尔兹少校愚蠢的行为并非无人知晓,实际上无论是当地政府还是英国政府殖民部都已有所耳闻。到 1845 年,厄德利 - 威尔莫特和流放犯总管威廉·钱普已收到大量关于诺福克岛的消息,得知那里的秩序混乱不堪,几近无政府状态。他们委派霍巴特治安官罗伯特·普林格·斯图亚特前往当地调查情况,1846 年 5 月罗伯特提交了报告,其内容简直骇人听闻。

当时岛上共有 2000 名囚犯,后来改名为金士顿的悉尼湾流放地有 1000 人,朗里奇高原有 600 多人,岛北的瀑布湾还有 328 名囚犯,罗伯特详细描述了金士顿的监狱大楼以及囚犯休息睡觉的监房:整栋大楼为三层建筑,由一幢主楼和两侧的辅楼组成;楼体用砂岩筑就,坚固结实,22 间监房里要收押 700 名囚犯……而最多的一间要挤 100 名囚犯;最小的也要收押 15 名。还有一间由 7 个小隔间组成,每个小隔间都上了锁,里面关押的往往是犯有特殊罪行的犯人。

当地也有伐木场,囚犯们会聚集在一起参加劳动,也有医院和各种牢房,有的已经有些年头,有的是最近才修建的。斯图亚特写道:"灶房附近是个大型的露天厕所。厕所跟流放地的小溪相通,上游不远处就是为士官们提供饮用水源的小水潭。当然,最让人恶心的莫过于这个讨厌的地方散发出的臭气。我都不敢想象,要是哪天小溪涨水了,那小水潭岂不是污物横流啊……

"监狱入口处就是绞刑架;绞刑架非常显眼,只要走进监狱人们肯定不免会看到或者触到这个瘆人的杀人机器。可它一直都安置在那里。监狱拥挤不堪,通风极差,低矮潮湿;囚犯每人一张草席,一条毯子,席子就直接铺在石板地上。这些已经够让人震惊了,可更令人不解的是监狱里到处是同性恋,那天晚上 8 点我没有事先通知就走进了监房,监房里热气腾腾,一打开门我就看到不少人赶忙从别人的床上爬起来,慌里慌张地找寻自己的铺位,很显然他们不想让人看到那一幕。

"最让我痛苦的是,我要如实报告这里发生的最令人震惊、最令人作呕的罪行。而在这里,这些罪行已经到了无法管束的地步;新来的年轻人个个难逃厄运,有的甚至被暴力胁迫。恐怖事件时有发生,有些人稍有不从或是有点怨言就会遭到打击报复;监狱里很多人都随身带着刀具,性情暴虐、残暴无度的家伙时不时就会威胁要杀了某人。

"我听说,当然我也相信,多达一百对甚至一百五十对伴侣是公开交往的,他们已经对这种令人憎恶的做法习以为常,在他们看来,这没有什么道德问题,他们也已经'结婚',成了'丈夫和妻子'……据说这里也有公开的男妓,他们放纵自己,把这种令人作呕的行为当成了自己的行当。"

抛开道德方面的事情不说，报告中要说的另外一件让人愤怒的事情是这里结帮拉派、争权夺利的情况。蔡尔兹已经默许将监狱交给最为邪恶的囚犯管理。斯图亚特亲眼看到，有一次博特·乔治中尉命令列兵皮尔金顿·理查德收缴灶房里一个家伙手中的烟管，结果那个帮派中的家伙根本没当回事。斯图亚特说，当时那个家伙只是不屑地看了中尉一眼，然后双手插在兜里去找他的帮派去了。博特随后命令治安官鲍多克·艾尔弗雷德把那个家伙抓起来。结果，斯图亚特说，"整个监狱乱成了一锅粥"，"而博特也料定监狱里会发生暴动"。后来，那个家伙怒气冲冲地冲向博特，"照着博特面部猛挥了两拳"，然后又回到那些狐朋狗友中间。没有人去找他的麻烦。博特说，"我们干脆辞职算了，斯图亚特先生，我还亲眼见他们跟我们操刀相向啊！"

厄德利-威尔莫特看到报告后立即命令撤回蔡尔兹。可是，蔡尔兹还没有撤出，他的愚蠢行为已经导致了一场暴乱，其程度与12年前莫里塞叛乱相比有过之而无不及。导火索是蔡尔兹发出禁令：不准囚犯自己煮玉米粥，要他们从集体厨房领取烤好的面包。

面包下发后，囚犯们随手将其丢弃。按照治安官鲍多克·艾尔弗雷德的说法："这一创举让那些罪犯很不舒服，于是便大发牢骚。"情况随后变得更糟，其原因是那些帮派与厨子勾结，"从本来已饿得半死的狱友那里强取豪夺"，然后自己大鱼大肉地享受美食。艾尔弗雷德说，不久后"经常接到报告说有人蠢蠢欲动试图暴动，还说有50个人准备落草为寇，占山为王"[①]。

[①] 1846年12月4日采集的约翰·普赖斯证词。

蔡尔兹收回成命。可就在 6 月 30 日夜里，与杰克·杰克同住一间牢房的一个名叫作查尔斯·韦斯特的囚犯听到外面有车轮声，心生怀疑，似乎官方正在清理囚犯的日常用品。"赶牛车的人进来告诉我们说瓶瓶罐罐都已经被拖走。"韦斯特报告说。①

韦斯特伍德当时在接受教育，他是少数能在罗杰斯教士课堂上能保持头脑活跃的学生之一。回到住地，听到这个消息，韦斯特说，他真是气不过。"他说这些混蛋真得好好收拾一顿。"那天晚上他想了一夜。塔斯马尼亚丛林逃犯马丁·卡什当时也在场，据他讲，韦斯特伍德下场很惨。"他遭受了鞭刑，惨遭各种折磨，最后变得疯疯癫癫，神志不清"②。

韦斯特回忆说，第二天上午"礼拜仪式上囚犯们一片混乱。仪式结束后，我看到他们在伐木场里三五成群聚在一起商议着什么。"韦斯特伍德那时已成了头目："杰克走进小屋说，'你们意下如何？我们是不是应该一拥而上，直接冲进仓库抢回我们的罐子和水壶？'大伙儿异口同声说'好'，接着大家一起冲出了伐木场。"

马丁·卡什亲眼看见杰克·杰克领着 20 多个囚犯，手里拿着长棍短棒，一哄而上。"冲进灶房后，"卡什写道，"杰克一棍打下去，打死了一个名叫史密斯的自由民监工。完事后，那帮囚犯又返回伐木场。他们横冲直撞，冲出通往机修车间的封闭拱门，在那里他们看到一名执勤的警卫。韦斯特伍德走上前，揪住他的脑袋使劲

---

① 1846 年 11 月 26 日采集的约翰·普赖斯证词。
② Cash, Martin, Martin Cash: The Bushranger of Van Diemen's Land, in 1843 - 4: A Personal Narrative of His Exploits in the Bush and His Experience at Port Arthur and Norfolk Island, 1870, p. 154.

往他身边的砖墙上撞,吓得警卫跪在地上,浑身不听使唤。接下来,他们朝石灰窑附近的小屋子走去,那里住着几名狱卒。①

"此时,韦斯特伍德手中的棍棒已经换作一把板斧。他冲进小屋,一斧头下去,一个狱卒的脑袋便被劈成两半。见此情形,另一名躺在床上的狱卒大声呼喊,'别动,我看见是谁动的手了!'

"可是,还没等他把话说完,韦斯特伍德就已经把他砍倒在地,接着把他剁成了几块。"随后他们便朝他们恨之入骨的塞缪尔·巴罗的驻地冲去。他们私底下给塞缪尔·巴罗起了一个神圣的绰号"杀人不眨眼的基督"。可看到一身戎装的队伍,暴动人群停下了脚步,原来是博特中尉带着一群士兵来维持秩序。

在石灰窑附近的小屋子里,一名狱卒死亡,另一名狱卒身负重伤,不久也不治身亡。看守人员居住的屋子里乱七八糟,3人身负重伤,其他人也都"浑身是伤"。在伐木场,有着自由之身的看守史蒂芬·史密斯和约翰·莫里斯已经死亡。这3个人——或者说这4个人——都死在韦斯特伍德手里。

塞缪尔·巴罗立即采取措施,命令"所有在押犯人立即集合,凡是身上发现血迹或有其他可疑迹象的人都要拘押管制"。在写给钱普上校的信中,塞缪尔·巴罗说:"大概25到30名囚犯参与了此次暴动,这些人均被处以12个月拘禁并被要求戴着镣铐服重劳役。"他根本没有在意在押人员对于饮食安排的抱怨。"把近日残暴无度的血案归因于在押人员恣意放纵的要求没有获得许可,这样的

---

① Cash, Martin, Martin Cash: The Bushranger of Van Diemen's Land, in 1843-4: A Personal Narrative of His Exploits in the Bush and His Experience at Port Arthur and Norfolk Island, 1870, p. 154.

借口在我看来完全是无稽之谈"。他没有承认一个显而易见的缘由：是他的残忍无度再加上蔡尔兹变化莫测的管理才导致了暴动。

巴罗的解决方法最后还是与先前别无二致，毕竟"充满血腥的惨案并没有平息……在暗处一团闷烧的火焰终有一日还将爆发，那一团愤怒之火将会烧得更旺，破坏力也会更强，而唯一的办法便是尽快采取有效的措施"。结果，26 名在押人员被提交审理：9 名囚犯被指控参与袭击看守，17 名囚犯被指控故意杀害狱卒约翰·莫里斯。其实当时岛上有 7 个人已经被处以罚款，蔡尔兹也在暴动发生几周前要求建立一个刑事法院。7 月 26 日，法官弗朗西斯·伯吉斯乘坐"富兰克林夫人号"轮船来到岛上，全然不知等待他的会是什么，事实上二十几名被告的性命全掌握在他的手里。

这还真是个难题。仅仅几天伯吉斯就病倒了，又乘坐"富兰克林夫人号"轮船回了家。不过，这艘船同时也带来另一个更为苛刻的人物——蔡尔兹的接替者、内政部长约翰·吉尔斯·普赖斯。蔡尔兹为他举行了简短的欢迎仪式后启程回了英格兰，一直在那里的海军陆战队任职，直至 1857 年以少将身份退休。退休后蔡尔兹一直住在康沃尔，1870 年去世，享年 83 岁。

与此同时，普赖斯把此次处决叛乱分子看作一个天赐良机，认为可以利用这个机会削弱帮派的实力，从而实施自己的暴政。9 月 3 日，接替前任法官伯吉斯的菲尔丁·布朗恩到达诺福克岛，普赖斯已做好一切准备，自己提供了很多证词。罗伯特·普林格尔·斯图亚特此次也回来作为公诉人，可是尽管在押人员一再为自己辩护，依然无法为自己洗清罪名。

在等待裁决的日子里，杰克·杰克又一次试图逃跑，有人在杰克的监房里发现一把钢锯，普赖斯狠狠地批评了罗杰斯教士。随后，杰克被转移到另外一间牢房，在那里他的双手被锁在墙上，双脚也用铁制脚镣拴在地板上。9月23日庭审时，杰克还是获准参加，不过是被关在审讯室里。那简直是一场闹剧，共有14人被指控，当普林格尔·斯图亚特质询证人时，每个被指控的人都竭力辩解自己无罪，他们站在被告席上，语气中充满了嘲笑和奚落。

在辩论中，韦斯特伍德承认了自己的过错，但却尽力为其他人洗脱罪责。证据确凿，是他一个人杀了莫里斯，可是其余12人也被判定同一罪名。另外两个人约翰·莫顿和威廉·劳埃德虽然逃过这个罪名，却难逃普赖斯的残酷管理。普赖斯天天亲自盯着为期9天的审讯。

罗杰斯和罗马天主教邦德神父每天都会去牢房里探视被起诉的犯人，直到10月13日，一个阳光明媚的春日上午，第一批6个人，包括杰克·杰克在内，被带出牢房，押送到监狱院子新安装的绞刑架旁。

受指控的囚犯胳膊被捆得结结实实，不过手铐脚镣已经去掉，所以他们可以走上绞刑架前的台阶。亚伦·普赖斯作为监狱的看守，在日记中记录了当时的场景。"行刑人怀特和哈蒙德把绳索固定好……罗杰斯先生忙了整整一个晚上，当时也在场并主持了葬礼……之后他们与这些把自己推上断头台的冲动的人一个个谈话。所有人合唱了一首曲子，接着肯亚在执行绞刑前自己唱了一首歌。除了一两个人抽搐了几分钟，大多数人都是即刻毙命。"

他们的尸体被放下来，随后另外6人被带上前，绑好后执行绞刑。他们的尸体随后也被放下。人们把全部12具尸体扔进粗糙的木质棺材，然后用三辆牛车运到神圣的墓地旁一处废弃的伐木坑匆匆掩埋。他们的坟墓上被标上记号，从此被称作"谋杀犯之墓"。虽然如此，这些坟墓的具体位置依然不很清楚。之前海水涨潮时一些人的尸骨被冲了出来，本书作者2012年来到当地后，按照旅游指示牌在不远处大致圈定了可能的位置。

在其自传中，韦斯特伍德这样写道："仁慈的读者，您一定会为我的残忍无度而不寒而栗。不过，我只是杀人而已。如果狱卒不把一个人推上断头台，那他们就只是让他苟延残喘，等着最后的时日。他们会夜以继日地摧残那些囚犯的肉体和精神，如此这般，经年累月，这些人迟早都会提前进入坟墓。这样讲，我只是把残忍做了修饰，然后付诸实践而已。作为英国人，在已经获得启蒙的英国政府的领导下，我为自己的行为而脸红。不知您是否相信，所有这些都发生在19世纪？"

被执行死刑的前一天晚上，韦斯特伍德曾写信给先前的一位牧师，这位牧师是少数对他不错的人中的一位。"……我出生时，心中爱着我的每一位同胞，"韦斯特伍德写道："可是还没有弄清楚自己的责任，我就已经被剥夺了与生俱来的权利。我成了奴隶，从此被迫远离亲爱的祖国，远离家人，远离兄弟姐妹——我被剥夺了所有珍贵的东西，可这一切只是因为我做了一丁点儿的错事。

"自那时起，我就像牲口一样被人虐待，出于本性，我真的忍不下去了。我跟很多人一样，被那些人的压迫和暴政逼得几近绝望。要知道，他们的职责本来是防止我们变成这个样子。可是这些人相互影响；英国政府又被他们中意的这些人的代表所蒙蔽。于是，先前的制度依然折磨着成千上万大英帝国子民的身体和灵魂……

"先生，地球上最强有力的纽带即将被扭曲，这些鲜活生命燃烧的激情也即将被浇灭，而我的坟墓将会成为一个港湾——一个供我威廉·韦斯特伍德长眠的地方。先生，在过去的16年里——有十个年头度日如年——我品尝了人生的苦涩，也终于尝到了甘甜的美酒，即结束这种生不如死的痛苦。恶魔不会欺骗凡人，一切都将变得宁静，我真心希望，没有暴君再来打扰我的宁静。"

一个月前韦斯特伍德才刚刚过了第26个生日。

接下来，法院审理了暴动之前被起诉的人，最终5个人也被执行了绞刑。普赖斯跟其他几位法庭工作人员于12月12日动身离开；也是那一天，旧的绞刑架在普赖斯的命令下被拆除，只有新设置的绞刑架被保留下来。

毫无疑问，在奉帝国之命前往诺福克岛的所有管理者中，普赖斯是最为恶毒、最爱打击报复的一位。说也难怪，普赖斯出生于大家族，是罗斯·普赖斯爵士的第四个儿子。普赖斯家族的巨额财富来自其位于牙买加的大型糖业加工作坊，当时家中的奴隶就有247人。约翰·吉尔斯·普赖斯在卡尔特修道院完成学业后，又在牛津大学布雷齐诺斯学院继续深造。不过没有记录显示其何时从大学毕业，而他离开英格兰前往澳大利亚新西兰的那段时间，也就是1827年到1836年的履历神秘地成为空白。有人认为，鉴于他对犯罪分子的黑话和对黑社会所作所为和处事风格的了解，他可能花了点时间"打入内部"。这段时间里他父亲也花掉家中大半资财购进康沃尔的神秘地产，并在那里建造了自己的酿酒厂，养了一群猎犬，还盖了自家的庄园，在当地被称为"普赖斯的傻瓜建筑"。也许这位年轻的赌徒参观了一位债主的监牢,但不知在里面看到了什么,反正从此以后他对囚犯的行为产生了浓厚的兴趣,并且产生了变态心理,想要控制并侮辱有罪之人。

普赖斯人高马大,足有六英尺高,阔脸方嘴。左眼上戴了个单片眼镜,讲话时紧盯着别人,总让听众感觉他无所不知。到达塔斯马尼亚后他先是购得里斯登的地产,继而又步入了霍巴特城的上流社会。1838年,29岁的普赖斯娶了24岁的玛丽·富兰克林,副总督约翰·富兰克林的侄女。普赖斯并不认识穆肯奥克,更不知道亚历山大"刚愎自用而危险"的积分制度。1839年,普赖斯在一名监工的护送下离开自己的农场,前往司法系统履职,同时成为囚犯管理处的点名官和地方警署的助理。这种身份的变化让他亲眼看到了屈打成招、跪地求饶的罪犯。每当有罪犯被送到范迪门地,他都认真调查案底,并详尽记录,之后会把相关材料交给有关部门,材料中往往还加入自己的观点和看法。跟罪犯打交道对他有很大的吸引力,在那种环境里他可以纵情享受那种折磨他人的快感;不过,这种变态的思想最终也会把他葬送在囚犯手中。

根据他的传记作家、司法官约翰·巴里爵士的说法,"尽管他很反感囚犯心中的那种邪恶,但他似乎也被那种邪恶深深吸引。他把囚犯看成非人的动物,这种思想显然不符合人类文明,可是他天生爱慕虚荣,总希望囚犯个个对自己畏惧三分"。于是,厄德利-威尔莫特在寻找替代蔡尔兹的人选时,一眼就看上了普赖斯。当时普赖斯已经名声在外,被称作流放地司法管理的"铁腕"人物。尽管普赖斯已经染上怪病,但还是欣然接受了这一新的职位。要知道,当时阻力还是不小的,最明显的就是他的妻子玛丽已经成为5个孩子的母亲,而这些孩子当中最大的也才7岁。除此之外,小城霍巴特的上流社会也不想失去自己的保护伞。

此时此刻普赖斯谁的话都听不进去,他满脑子都是那些恶魔的召唤。他出发了,目的地是诺福克岛。厄德利-威尔莫特"完全信任他的敬业、热情和他对这份工作职责的认识,只要他一上任,那里一定会秩序井然,一切都会重归从前……最重要的是,那些囚犯不会再结帮拉派,密不透风的监控一定会消除先前的动荡和恐怖"①。

处理完那些叛乱分子后,普赖斯转而去面对其他形式的影响与权势之源。他立即撤换了罗杰斯教士,不再让其担任法官和代理治安官。塞缪尔·巴罗也被要求收拾行李走人,尽管他依然在监狱系统供职,还会带着自己那有争议的作风继续去墨尔本彭特里奇监狱担任监狱长。随后,普赖斯也将农业主管吉尔伯特·罗伯森停职,之前罗伯森的工作可是受到大家认可的。他无须甩动鞭子就能取得不错的效果,而正是这一点让他成了普赖斯的眼中钉,必欲拔之而后快,更何况他从未打算屈从于上司。

罗伯森对停职提出抗议,两人之间通过信件进行了一系列的唇枪舌剑,最后的结果是罗伯森告饶说他的妻子和生病的孩子已经极度抑郁,请求获得对方的谅解。可普赖斯的回答尖酸刻薄,打碎了罗伯森仅存的一点希望,他最终不得不带着妻儿离开了小岛。罗伯森的女儿伊丽莎白已病得卧床不起,虽然妻子一刻不离地在身旁照

---

① Eardley – Wilmot to Gladstone, 6 July 1846, quoted in Hazzard, Margaret, Punishment Short of Death, p. 215.

顾,女儿伊丽莎白还是在 1847 年 1 月溘然长逝,当时罗伯森离开诺福克岛仅仅几周。最终伊丽莎白长眠于诺福克岛。

其他有独立想法的人也很快被一个个换掉,由岛上的马屁精和普赖斯在霍巴特城的熟人替代。罗杰斯教士一直忍耐着,坚持着,并一次次向上司投诉,数落普赖斯对待囚犯的"残忍无度"。但所有的努力都无济于事。1847 年 2 月,罗杰斯不得不离开诺福克,后来在朗塞斯顿附近负责一个教区的事务。在那里他又花了好几年时间对普赖斯和他的虐待倾向展开讨伐。

罗杰斯提到,有个曾是马车夫的囚犯,就因为抓到一只小鸟自己养了起来就招来了 36 鞭的刑罚;一个清洁工因为在警局地板上清理垃圾被指控私藏政府文件,清洁工试图为自己辩解,结果普赖斯大吼一声:"把他的嘴给堵起来!"在普赖斯的管理下,任何细微的违规都会被处以 14 天的禁闭,譬如"干活时走得不够快""铃声响起时没能及时进入队列""铃声响起还在蹲厕所""身上肉太多""在监狱院子里行走"等等。

整个监区有 2000 名囚犯,普赖斯要求把监狱大楼建成八边形(现在已经改建成五边形),周围再围以石质高墙。这样一来,就会有足够的小牢房用来关押需要"关禁闭"的犯人。这些人一次会被关上 3 个月,牢房里黑乎乎的,每天只提供面包和饮用水。等犯人再次走到阳光耀眼的户外,往往先是一通鞭打,随后再被锁上锁链跟其他人一起干活。

更让监狱在押人员痛苦的是普赖斯又恢复了自己得意的告密制度。他无情地调戏着自己的亲信,就是最为顺从的囚犯有时也会为细小的失误而吃尽苦头,这时他的恩主也会因为听到他的对手或是曾经被他害得吃过苦头的人的密报而将其抛弃。普赖斯最忠实的走狗是马丁·卡什，可是普赖斯在写自传时，显然早已把他给忘得一干二净。不管是被人告密还是恰巧碰上，在监狱里，普赖斯真是谁都躲不开的。唯一不受普赖斯控制的似乎只有军队。他们的上司是第十一团的威廉·哈罗德少校和后来接任的第九十九团的乔治·德·温顿少校。可即便如此，他还是能插上一手，而且经常如此，叫卫兵为他通风报信。

在霍巴特城，厄德利-威尔莫特看到普赖斯的报告，心中涌现出一股恬不知耻的得意。果然不出所料，岛上又恢复了先前的老样子。受此启发，厄德利-威尔莫特决定把"新人"送回范迪门地，然后再把那些在亚瑟港监狱捣乱的累犯送到大洋对岸普赖斯的地盘。这个主意也获得了他的接任者、总督威廉·丹尼森爵士的支持。于是，从1847年开始，这个做法便成了一项制度延续了下去。

一直到1853年，诺福克岛上伤痕累累的囚犯人数从未减少。最典型的例子就是马克·杰弗里。作为一个乡下来的浑小子，马克一下子就成了普赖斯的眼中钉，从此就在普赖斯手下备受摧残和"侮辱，折磨得我毫无生意，意识不清"①。在采石场，杰弗里戴着16公斤重的铁制脚镣，挥舞着手中的镐把朝着岩石猛摔。刚一跟监工顶嘴，重重的鞭子就抽下来，抽得他遍体鳞伤，血流不止。普赖斯上前透过单片眼镜看了看，说："了不起的马克，现在什么感

---

① Jeffery, Mark, A Burglar's Life, 1893, p. 90, quoted in Hazzard, Margaret, Punishment Short of Death, p. 236.

觉啊?"①

杰弗里硬撑着活了下来,最后也参加了复仇计划,好好报复了这个手段残忍的施虐狂。日复一日,普赖斯对他手下的人更加"铁腕"。终于,霍巴特市的官员开始注意到诺福克岛提交的报告中越来越大的关于鞭刑质疑声。1852年,英国圣公会主教查尔斯·威尔顿到诺福克岛视察,结果发现岛上"一片愁云惨雾",他离开时失望至极:"我听说,就在两周前,不知出于什么原因,监狱长命令所有人双脚都要戴上脚镣,犯错的人还要把脚镣'叠起来'以加重处罚。3月14日,礼拜天,所有参加礼拜的270名囚犯中只有52个人没有戴脚镣。

"对于频繁鞭刑的抱怨声此起彼伏……监狱院子里到处都是人们背上流下的鲜血,和着从三角刑具上冲下的脏水,场面让人不寒而栗。一大群人站在院子里排着队等着接受鞭刑,被打得遍体鳞伤的人更让人心生怜悯。他们的喊声此起彼伏,让人难以忍受……"②

上面要求普赖斯解释遭受鞭刑人数猛增的缘由,他写了一封长信,给自己找了一大堆理由。他声称囚犯就是不情愿严格自律,拒不执行自己制定的规矩,而这些规矩"不过跟军队对士兵的要求或是英国高中的校纪校规相差无几"。他说鞭刑并非他所中意的惩罚手段。"要问我哪种处罚更有效,"他解释道,"我的回答就是禁闭。要是岛上有足够的禁闭室,就是再不羁的罪犯也一定会老老实实,

---

① Jeffery, Mark, A Burglar's Life, 1893, p. 90, quoted in Hazzard, Margaret, Punishment Short of Death, p. 236.
② 1852年5月22日威尔莫特给丹尼森的通信。

那体罚也就可以立法废除了。"

丹尼森没有接受这样的解释,显然这是合乎情理的。政府开始慎重考虑是否有必要废除这些流放地,毕竟专设流放地的花销远高于将罪犯囚禁在亚瑟港监狱。普赖斯开始担心自己的孩子还能否在岛上上学,而他的健康状况也不容乐观,得了"说不清道不明的病"①。人们猜测可能是梅毒,因为这样可以解释他那诡异的举动,不过没有特别的证据能支持这种猜测。

因为身体原因,丹尼森于1853年1月17日撤走了普赖斯和他的家人,不过还是为普赖斯保留了12个月的职务和薪金。普赖斯在澳大利亚之外的地方寻求职位,但最终未果。后来,他的身体康复了,被任命接替塞缪尔·巴罗,担任维多利亚刑事犯罪总监。他携家人搬到彭特里奇军事监狱的住所。普赖斯在那里待了四年,推行严厉苛刻的制度。重压之下,当地居民在墨尔本《时代报》的支持下成立了居民委员会,强烈要求普赖斯辞职。普赖斯奋力抵抗,并得到了墨尔本《时代报》的对手《阿古斯报》的支持。不过维多利亚议会已有顾虑,也对他的去留有所犹豫。1857年3月26日下午,在墨尔本隔河相望的威廉斯敦港,普赖斯遭遇了命中大劫。

普赖斯在臭气熏天的"莱桑德号"和"成功号"轮船上关押了几百名囚犯,平时这些囚犯要在威廉斯敦码头劳动。船上条件恶劣,看守更是常常克扣囚犯的伙食费,中饱私囊。下午4点,普赖斯跟其他官员一起视察码头。这时,一群囚犯聚在一起为自己所受的待遇声讨。看到对他们不以为然的官员们,几名囚犯搬起大块的石头

---

① Barry, The Life and Death of John Price, MUP, 1964, p.16.

径直砸向视察队伍。

据目击者讲,普赖斯抬起胳膊,用手保护着脑袋,拔腿就想溜走。这一下他的威信立刻扫地。人们一拥而上,几名囚犯抓住他,可他挣脱后继续逃命。突然,一块巨石砸到他背上,普赖斯摔倒在地。他站起身,刚要逃命,又被下水沟绊了一下,再次跌倒。他迷迷糊糊地刚要站起身,一名囚犯已经将铲子挥向了他。囚犯们大吼着冲了过去,拖着普赖斯一路向前,你一拳我一脚,还有人直接用石头砸向普赖斯的身体,直到普赖斯失去了知觉。最后,囚犯把他扔到一旁,四散逃走。

荷枪实弹的警卫很快把囚犯们团团围住。一个名叫西蒙·拉塞尔的囚犯上前救助,从湿乎乎的地上抬起普赖斯的脑袋,帮他人工呼吸。后来,又来了两个囚犯,大家一起把普赖斯抬到手推车上,一路把他送到了附近的灯塔。约翰·威尔金斯医生为普赖斯做了处置,可他也回天乏术,普赖斯的头盖骨已经破裂。短时恢复意识后,普赖斯很快又晕了过去,最终第二天下午4点与世长辞。

《时代报》为此专门刊登了社论:"毫无疑问,普赖斯死得很惨。可他的不幸完全是咎由自取,是他自己太过残忍,从而让备受压迫的囚犯心生愤恨……普赖斯是个残忍的家伙,正是他的残酷无情导致了他的悲惨结局。"

第十六章　惊天伪装，弥天大谎

普赖斯离开诺福克岛标志着一个时代结束，新时代即将到来。取代他的人是岛上的一名资深军官迪林·鲁珀特上尉。上任不久，上尉就提交了辞呈，然而他的辞呈尚未得到批复，9名囚犯就结伙拦下一艘政府船只，从悉尼湾逃到了公海之上。迪林带着手下一路紧追，还是没能追上那帮囚犯。后来龙卷风袭来，巨浪翻滚，迪林被迫返回，随船的列兵博德默尔和舵手詹姆斯·福赛思在追捕途中不幸坠入大海，以身殉职。大多数囚犯在风浪中活了下来，可船一抵达新南威尔士海岸，几名囚犯就被重新抓获，送到了亚瑟港监狱。

结果，他们只是比同伴先期到达亚瑟港而已，随后诺福克岛上的68名囚犯被"富兰克林夫人号"成批送到亚瑟港，在那里继续服刑。从迪林离任到第九十九团的哈罗德·戴上尉接任，整个过程漫长而混乱。伦敦方面放弃诺福克岛仍然有些阻力，偶然会有船送来囚犯，希望让其在"罪恶之岛"服刑，可囚犯在日渐宽敞的营房里待上几天后还得重新上路，另寻他处。极具讽刺意味的是，邪恶的五边形监狱已经建好，戴上尉也于1853年9月18日携妻子家人抵达赴任，但他并不想延续前几任的残酷做法，所以监狱里实际上几乎空无一人。

戴上尉看起来一直都是个体面人。监狱看守亚伦·普赖斯在岛上工作了25个年头，即将离开。在日记中，亚伦记录说，那年的圣诞节正好是个礼拜天，指挥官"相当仁慈，准许所有囚犯半天假期，周一继续庆祝圣诞，而且还允许士兵邀请犯人到其住地，气氛相当自由"。戴上尉招待了那些没有获得他同事邀请的囚犯，按照普赖斯的说法，"他的善良让每个人心情愉快，之后他还笑着送每个人回房休息，大家一个个吃得腰滚肚圆"。

1854年7月，"富兰克林夫人号"传来命令说整个小岛要在1855年1月之前完全清空。可是官方低估了搬迁工作的难度，要知道岛上既有囚犯，也有平民，还有整整一代人留下的商店和生活物资，把这些全都撤出谈何容易。所以最终的搬迁工作比先前预计的日期足足晚了一年。即便那时，依然有5名信得过的囚犯留在岛上，在军需库管理员托马斯·斯图尔特的看管下料理日常事务。虽然政府当局最后不再追究那些先前罪大恶极的囚犯，可暗地里他们正在偷偷开辟另一处流放地。

在大英帝国的命令下，皮特凯恩岛民正在收拾行李，准备离开自己居住的腥风血雨的小岛，前往一个充满罪恶的地方，但没人知道这一点。

现在回想起他们以后将要经历的生活，很多人都不寒而栗。可当时所有人都被殖民当局蒙蔽了，还以为将来政府会给他们提供居家之所，供他们世代继承。也许是他们自欺欺人，想当然地有了这样的非分之想，但显然政府官员劝他们离开皮特凯恩岛时根本没有给他们讲过以后会是什么样子。

此举的始作俑者有两位，一个是乔治·胡恩·诺布斯，一个是费尔法克斯·莫尔兹比爵士。乔治·胡恩·诺布斯一直借着宗教的外衣掩盖他那龌龊的行为；另一个讨厌的家伙费尔法克斯·莫尔兹比爵士是大英帝国驻太平洋总司令。莫尔兹比1786年出生于印度的一个军官家庭，19世纪20年代进驻毛里求斯后因强有力的反对黑奴贸易而名声大震。1849年晋升海军少将，在瓦尔帕莱索负责太平洋驻地的一切事务。莫尔兹比与当时很多英国人一样，被茫茫大洋中这个奇特的皮特凯恩社区传出的浪漫消息激发了无限遐想和兴趣，他喜欢看到岛上的访客，喜欢听到他们在宗教仪式上所展示的虔诚和真诚。

皮特凯恩岛在人们心中是一块浪漫之地，光着脚丫的小伙子划着小船外出跟外界交流，他们给船只装满淡水和新鲜蔬菜时，妇女们已经用亲手制作的各种工具把家里打理得干干净净。乔治·诺布斯身穿黑色长袍（和鞋子），看着很有教士风范。他主持着英式宗教仪式，看着人们把硬币投入功德箱。他也担任校长，只向学生收取些微少学费，而且对认他作教父的学生不收学费。（很快，不出所料，后者的数量远超出交学费的学生人数。）到了19世纪40年代，诺布斯给英格兰的官员写信时身份变成了"子民"的父亲。不过诺布斯很可能没有让坎塔尔或者皮特凯恩岛上的其他人看过这些信件。

游客们通常只是待上一段时日，然后把自己对当地的印象整理后讲给别人听。这些故事往往会有润色，或是添枝加叶，而听众又多是在英国阴郁天空下长大的普罗大众，他们渴望新奇的故事。偶尔会有游客滞留当地，不得不待更长时间。其中就有巴伦·德·蒂埃里一行，还有在伊顿和剑桥受过教育的休·卡尔顿等一帮人，他们后来成为新西兰政界的名流。巴伦是否有贵族血统尚不可知，他在路过悉尼时自称为新西兰的大酋长，其实不过是他在伦敦结交的身为传教士兼军火走私商的托马斯·肯德尔用12把生锈的斧头跟他换了一块地。巴伦也利用过宗教身份，不过官方并未授予其任何正式的神职。他跟休·卡尔顿都专门学过音乐，在皮特凯恩岛上的18天里，他们给岛民介绍了合唱的和谐之美。

到了1846年，诺布斯已经监督建好了一座教堂、一所可容纳200人的学校，进一步向船长们和传教士证明一个活跃的基督教前哨已经建好，而这个太平洋小岛也不再充满敌意。其实，伦敦传道会的卡姆登已经送来更多的《圣经》和祈祷小册子，而海军上校伍德和韦尔兹利先后于1849年和1852年来到岛上，随后他们竭尽全力在报告中将皮特凯恩岛描述成一块上帝恩赐的福地。

可是，诺布斯很希望别人能够认可自己的宗教权威，他给教会写了一大堆信件，再三要求授予其正式身份。他甚至还劝说当地的百姓积极支持他的请求，虽然据雷蒙德·诺布斯透露，"信件很明显是出自牧师之手，几年后有些人还说很多请愿者其实根本没有签名"①。

教会无动于衷。1851年，一封同样附有"岛上几位德高望重的老妇人签名"②的信寄到住在瓦尔帕莱索的费尔法克斯·莫尔兹比

---

① Nobbs, Raymond, George Hunn Nobbs, 1799 – 1884, p. 37.

② Young, Rosalind, Mutiny of the Bounty and the Story of Pitcairn Island, 1790 – 1894, p. 107.

爵士处,这封请愿书终于有了回音。1852年8月,费尔法克斯爵士乘坐英国军舰"波特兰号"亲自登临小岛。

杨说:"他受到了热情欢迎。游行队伍聚集在橘子林,听着海军将领带到岸上的乐队演奏着闻所未闻的美妙乐曲,大家的热情达到了顶峰。"[1]此时此刻,诺布斯仿佛身登极乐。诺布斯和费尔法克斯爵士一见如故,按照费尔法克斯的儿子和秘书弗特斯克·莫尔兹比的说法:"从未见过如此之多的笑容,一个个探头探脑,想要一睹第一位来到自己快乐家园的海军司令……只要随口跟某个人搭上一句,他的脸上就会露出灿烂的笑容。

"到了祈祷时间,我们都向教堂走去。诺布斯先生主持仪式。他宣读祈祷词时一脸庄重,语气虔诚;所有人都那么虔诚、那么认真。岛民合唱了两支颂歌,真是有模有样。除了在主教教堂,我还真没有见过哪所教堂里的歌声能跟他们相媲美。而所有这一切在很大程度上要归功于卡尔顿先生,他在1850年由于捕鲸船事故偶然留在了岛上。"[2]

虽然只在岛上停留了4天,但司令大人对岛上的一切感触颇深,立即决定接受诺布斯的请求,打算回去后帮助他取得正式的牧师资格。费尔法克斯爵士不仅为诺布斯提供了去瓦尔帕莱索的船资,还把诺布斯的女儿带去一同上学。他给这位全心忏悔的牧师提供了全套的装备,并送他去伦敦接受培训。在诺布斯离开皮特凯恩

---

[1] Young, Rosalind, Mutiny of the Bounty and the Story of Pitcairn Island, 1790 - 1894, p. 107.

[2] McFarland, Alfred, Mutiny in the Bounty and Story of the Pitcairn Islanders, 1884, p. 190.

的日子里，费尔法克斯爵士还给他的家人提供了100英镑作为日常开支，另外还安排了自己船上的威廉·霍尔曼牧师留下来替他担任临时牧师。费尔法克斯爵士还给伦敦主教写了一封私信，力荐诺布斯担任神职。总之，诺布斯所有的祈祷都应验了。

诺布斯曾经当过海豹猎人，当过雇佣兵，现年53岁的他于10月16日登上了大英帝国本土，这距他离开朴次茅斯港漂泊海上已经41年了。一上岸，他不敢有片刻的耽搁，直接去了主教公署。随后，他在位于伊斯灵顿的圣玛丽教堂获得一份执事的差事，之后仅仅用了5周时间他就被伦敦主教查尔斯·布洛姆菲尔德授予英国国教牧师的神职。他与身份显赫的政治人物和慈善家托马斯·戴克·阿克兰爵士结为好友，无论走到哪里都受到款待。

在坎特伯雷大主教主持的皮特凯恩基金委员会上，诺布斯面对各界名流做了演讲，其中至少有3位舰队司令参加了会议。教廷还专门开设账户为岛民提供捕鲸船、工具、药品、钟表、衣物、教堂大钟和其他物资，当然还有诺布斯自己作为牧师所需的衣物，以及每年50英镑的津贴。此行最大的亮点还要数在怀特岛的奥斯本楼觐见维多利亚女王陛下和阿尔伯特亲王。对于此事，诺布斯在有生之年屡屡提到，同时，在其最为珍惜的自传中诺布斯也专门记录了此次与皇室成员见面的经历。

可在那富丽堂皇的宫殿里，诺布斯把皮特凯恩岛描绘成虔诚的世外桃源，虽然他表面上神情自若，但心底里却明白自己其实撒了一个弥天大谎。岛上的人们贪婪嫉妒，邻里之间相互猜疑，表面上风平浪静，但暗地里家族之间钩心斗角。诺布斯后来写道，岛上"领圣餐的人们暗怀仇恨，各自心怀鬼胎"，他真不知如何给这样的人举行圣餐仪式。① 可不管怎样,诺布斯还是坦然处之,塞满了自己的腰包,两个月后的 1853 年 2 月 12 日,跟他的军方赞助人一起于抵达瓦尔帕莱索。在那里,诺布斯接回了女儿简和在皮特凯恩染上结核病如今已经治愈准备回家的儿子鲁宾。

他们乘坐海军司令的旗舰回到岛上,受到了岛民的热烈欢迎,根据罗莎琳德·杨的说法,当时"人们遭受了严重的旱灾,只能靠仅有的食物勉强维持生计,生南瓜成了岛上的主要食物"。物资很快便运抵小岛,她发现诺布斯自从获得神职以后"似乎有了更非同寻常的能力"。②

莫尔兹比司令登临小岛后便召集地方行政官亚瑟·坎塔尔和他的两位参事托马斯·巴菲特和爱德华·坎塔尔共同商议将岛民全部移民至诺福克岛的事情。诺布斯已经做好准备迎接这一更大的行动,因而表示大力支持,称就现在的情况看来,皮特凯恩岛已经不够用了。可这一提议遭到岛民的暗中阻挠,其中最大的阻力来自亚当斯家族。

然而还没等"波特兰号"离开小岛,几乎所有的岛民都染上了严重的流感。身染重病,加上持续的旱灾,人们也丧失了抵抗的气力,于是岛民们于 1855 年举行公投,结果是 187 位居民中有 153 位支持迁出小岛。剩下的人——比较强硬的就数乔治·亚当斯、查尔斯·克里斯蒂安、乔布斯·克里斯蒂安、西蒙·杨和约翰·坎塔尔——却不愿随波逐流。不过,直到 1856 年 2 月初,经过诺布斯

---

① Nobbs, Raymond, George Hunn Nobbs, 1799 – 1884, p. 190.
② Young, Rosalind, Mutiny of the Bounty and the Story of Pitcairn Island, 1790 – 1894, p. 51.

和莫尔兹比长期的劝说，新南威尔士总督威廉·丹尼森爵士才派去一艘830吨的"海鳗号"移民船帮助岛民全体搬迁离岛。

"海鳗号"移民船于4月22日抵达皮特凯恩岛后立即开始让岛民带着行李家眷一起登上那宽敞的船舱。尽管此前发生了几起悲剧事件，此时人数依然多达194人。3个男人——威廉·埃文斯、德赖弗·克里斯蒂安和马修·麦考伊——决定试试"邦蒂号"上拆下来的老旧火炮，结果大炮提前爆炸，导致两人严重受伤，麦考伊则伤势严重不治身亡；鲁宾·诺布斯死于结核病，葬在了岛上；还有一个小伙子不小心用长矛刺伤了自己，最后死于破伤风；丹尼尔·麦考伊跟新婚妻子散步时不幸坠落悬崖，折断了腰椎，几小时后不治身亡。

按照罗莎琳德·杨的说法："1856年5月的第二天，一切都准备就绪，岛民们就要跟自己待了半辈子的家园说再见了。有些人怀着对未来的憧憬和期待大步登上移民船，而其他人——大多数都是如此——则心情低落，饱含热泪，对自己在岛上的家园依依不舍。被遗弃的小岛犹如一块巨石般孤零零地矗立在汪洋大海之中，慢慢淡出了人们的视线。"桀骜不驯的祖先发现这块藏匿之地已有67个年头，尽管杨女士多年后写了那些盲目乐观的文字，可大伙儿都心知肚明，前途也许并不那样美好。

移民船在海上漂泊了36个日日夜夜，人们个个头晕恶心，航程更是险象环生，不过到6月8日，大家终于顺利通过屠杀湾到达名为金士顿的小岛。上午11点，天公不作美，下起了大暴雨，人们一个个从驳船下来爬上岸，向囚犯们用石头水泥垒成的粗糙的金士顿码头拥去。按照丹尼森的安排，亨利·德纳姆上尉负责的"哈罗德号"公务船几天前已经到港。此时此刻，德纳姆上尉和斯图亚特先生正站在港口，在瓢泼大雨中迎接着每一艘到岸的驳船。岛民中只有诺布斯·巴菲特和埃文斯见过比皮特凯恩岛大的地方。当这些新人来到岛上，四处观看，他们一定会为这块荒芜、新奇的土地而感到震撼，也会为眼前这些令人生畏的大型建筑惊恐不安。

  人们的左侧是乔治山，第一批来客登岛时那里就光秃秃的，连棵树都见不着，至今依然如此。山后是亚瑟谷，那是岛上第一块被修整成农田的平整土地，如今依然长着粮食作物。正对面的山坡上是医务室，是在第一座政府大楼原址上改建而成。通往医务室的道路两侧有一排排石质建筑，一侧是警察局和卫兵宿舍，另一侧是商店和废弃的手工磨坊。一条崎岖的小路从码头通往 200 米开外的一排楼房，最为惹眼的是士兵居住的三层兵营。兵营右侧是练兵场、军官府邸还有政府官员和家属居住的殖民时期的漂亮别墅。人们秩序井然、兴致勃勃地来到名为"质量路"的街道。沿街而下就是建成后一直沿用至今的永久政府大楼，大楼是在莫里塞任期内修建而成的，在大楼上可以瞭望浩瀚的大海。

  这些新来者的右侧是最为惹眼的特色建筑：规模巨大、高墙环绕的五角形封闭监狱，监狱远处是臭名昭著的囚犯活动场和目睹一代人恐怖生活的兵营。监区距离海岸也就 50 米的样子，那里海水轻柔地拍打着海岸，冲上岸后，海水又被巨石和珊瑚撕成一股股细流。想当初，多少人曾在这些巨石和珊瑚旁一命归西。右侧远处是艾米丽湾，在嶙峋巨石的环抱中，海湾静谧而美丽，宛若太平洋的蓝色淡水湖，聆听着海员的喜悦和辛酸。海湾上方的山坡上到处是星星点点的坟堆，向世人哭诉着诺福克岛昔日罪恶而凶险的景象。

大多数人对于政府把他们迁到这个地方的邪恶用心全然不知。正如萨拉·诺布斯在几个月后所写的那样:"一切都是那样的奇怪:偌大的建筑,吃草的牛群,远处高大的诺福克松树,所有一切都让我们目瞪口呆。"①

在港口,人们见到了前来迎接的军需官斯图亚特,只见他身着官员制服,跟他的妻子住在政府大楼里;里面还住着两对奇怪的夫妻,罗杰斯和沃特森夫妇;还有六七个留在岛上的囚犯,他们想方设法把小岛恢复成最初的模样,却心有余而力不足。岛上的大楼已经年久失修,道路崎岖不平、坑坑洼洼,农田更是一片狼藉,不成样子。沃特森太太自称有通灵的本事,在皮特凯恩来客当中苦苦搜寻自己在梦中见过的某个面孔……可什么也没找到。不过,新南威尔士政府已经提供了足够的食物和牲畜供他们开始自己的新生活:1300只羊、250头牛、8匹马,还有数目不详的野猪、未经驯化的山羊、成群的兔子在灌木丛中随意奔跑。除此之外,面粉,包括45500磅饼干和其他干粮饲料很充足,这些物资足够维持他们一年的生活。所有物资安全卸下后,大家穿过泥泞的道路到政府大楼去喝茶。

一开始,诺布斯很失望,不过,与他同样感到失望的大有人在。他写道:"每张脸上都带着失望的表情。"当看到"一连串的小山丘和浅浅的溪谷里到处长满低矮的棕色野草,目之所及连一棵树

---

① Sarah Nobbs, diary, quoted in Nobbs, Raymond, George Hunn Nobbs, 1799 – 1884, p.51.

的影子都看不到"时，诺布斯真是失望至极。①

  为了寻求安慰，诺布斯在岛上举行了第一次宗教仪式。他选择了位于"质量路"的兵营上面一层作为仪式场所，这里曾是安德森少校举行凯旋仪式的地方。后来不久，经过住宅主人一起抽签，诺布斯得到了"质量路"9号作为私人住所。慢慢地，诺布斯在朗里奇的地位越来越高，逐渐成为领袖人物。后来朗里奇高原成为诺福克岛上最肥沃的土地。二战时，被美国军队接管后改建成小型飞机场，机场一直沿用至今。

  "哈罗德号"给岛上送来了一个测绘队，经过勘测，他们把土地划分为50英亩大的一个个地块，每个皮特凯恩家庭负责耕种一块。测绘队驾轻就熟，两个星期就把岛上北边的土地分配完毕。土地从东边的亚瑟谷开始一路延伸，中部是朗里奇高原，最西北一直到大瀑布。大伙儿又一次通过抽签决定自己拥有哪块土地，到月底"海鳗号"返回小岛，把斯图亚特和其他几名看守接回新南威尔士。如今，皮特凯恩岛民已成为小岛的新主人。

  土地分配一帆风顺，部分原因是皮特凯恩岛民看到如此大块的土地已经不知所措，另一个原因是他们不清楚要这么多土地有什么用。他们在屋子周围种上各种蔬菜，还有果树供自己采摘。其实，他们没有大块土地耕种或是放牧的经验，而且也没有兴趣学习相关的知识。与其说他们懒，倒不如说他们本身就不是农夫，不懂得务农需要手脚勤快。结果可想而知，羊群感染了各种疾病，很多不治身亡；除了奶牛，大多数牛无人看管，最后成了野牛。至于庄稼，

---

① Nobbs, Raymond, George Hunn Nobbs, 1799–1884, p. 50.

大多是印第安玉米,也基本没有收成。一些年轻的岛民还将就着过活,可一年后,其他很多人都痛不欲生,想回到皮特凯恩岛。

1857年9月丹尼森总督来到诺福克岛,发现岛民已经吃完了所有的饼干,急需面粉和其他食物。他直接前往新西兰购买了食物,并跟商人商量好以后收购岛上的羊毛、牛脂和兽皮。一个月后,他回到诺福克岛,把岛民们聚集到一起,告诫大家,要想靠着岛上的物资过得殷实,大家就得"辛勤耕作,不能偷懒"。

皮特凯恩岛民点头表示同意,可是总督一走,大家又操起了自己中意的谋生行当,整天出海打鱼。其他一些人则继续抗议,闹着要回皮特凯恩。诺布斯诅咒这些人简直是只会嚷嚷的"傻瓜",闹着要回去的60个人里,有44人在他的高压下答应再给诺福克岛一次机会。剩下的16人来自两个家庭,无论怎样的劝阻与怒骂都无法改变他们的去意,1858年11月,他们离开了诺福克岛。

这个社区不断迷失方向,为诺福克岛敲响了警钟,丹尼森雇佣赫特福德郡工业学校(Hertfordshire Industrial School)的一个校长托马斯·罗西特,让他率领一队英国实习匠人来为这个新兴经济体提供新鲜血液。利用皮特凯恩基金,丹尼森请罗西特、詹姆斯·道(碾磨工、车匠兼铁匠)带着他们的妻子和家人与亨利·布林曼(石匠兼泥水匠)历尽千辛万苦来到悉尼,最后于1859年7月登上诺福克岛。罗西特年仅34岁,但他得到了丹尼森的授权,从时年60岁的诺布斯和他的副手西蒙·杨手里接过掌管学校的职责,同时接手的还有岛上的商店以及首席农业指导师的职位。这就要求他具有相当的机智和交际手腕来处理与皮特凯恩岛民之间的关系,尽管在丹尼森的建议下,罗西特在政府大厦驻扎下来,但是与岛民之间的关系可不是那么容易处理的。道和布林曼很快就对这些皮特凯恩岛民失去耐心,不到两年时间接连离开,再未回到诺福克岛。

那时,丹尼森的继任者约翰·杨爵士也同样关注这个问题,他认为必须鼓励罗西特留在"这些有趣的殖民者"中,以防止他们"再度坠入无所事事的境地,放着优良的气候条件和丰富的自然资源不用而另辟蹊径;没有(他),这里的人可能彻底忘记文明生活的习惯和对文明生活的追求"①。罗西特留了下来,开发他家在朗里奇的农场,作为岛上的示范田。然而,前皮特凯恩岛民社区依然暗流涌动,1863 年,十几个顽固分子揭竿而起,要求返回远方的家园。

对于此事,罗莎琳德·杨记忆犹新。她说:"4 个家庭打算离开。第一批有星期四·十月·克里斯蒂安夫妇和 9 个孩子。克里斯蒂安夫人年迈的母亲也跟他们一起,想要看看同一批离开的儿子梅休·杨……"②其他人还有罗伯特·巴菲特和他的妻子;刚刚被罗希特接替的校长助理西蒙·杨和他的母亲汉娜·亚当斯、他的妻子,还有 8 个孩子;塞缪尔·沃伦和他的妻子、星期四·十月·克里斯蒂安的女儿艾格尼丝。沃伦是从罗德岛来的美国捕鲸人,19 世纪 60 年代初来到诺福克岛,他在离岛前夜娶了艾格尼丝。当时的沃伦 33 岁,根据《皮特凯恩新闻》:"大多数皮特凯恩岛民(如今)都有沃伦的血统,很多人还自豪地继承了沃伦的姓氏。"到达皮特凯恩岛后不久他们的孩子就出生了。③

---

① Nobbs, Raymond, George Hunn Nobbs, 1799 – 1884, p. 76.
② Young, Rosalind, Mutiny of the Bounty and the Story of Pitcairn Island, 1790 – 1894, p. 156.
③ Pitcairn News, vol. 2, no. 7, July 2008.

虽然走了27位移民，但影响微乎其微，毕竟岛上的人口还在不断增加。可是，1863年一个新出现的对其自治地位的威胁打破了原有的平衡。这个威胁给乔治·胡恩·诺布斯提出了一个无法处理的难题。授予诺布斯神职的英国国教会，打着教会当局的幌子，命令他们给教廷在岛上划出一部分土地。

第十七章　觊觎诺福克

乔治·奥古斯都·塞尔温主教已经觊觎诺福克岛十余年了，他一直都想把小岛当成自己在美拉尼西亚传教的基地。塞尔温第一次登临小岛是1853年，当时他与新西兰总督乔治·格雷一起——乔治是他在伊顿公学的同学，两人还同是剑桥的毕业生。那时他已经意识到奥克兰并不是非常理想的地方，在那里，他的"学院"无法更好地让那些被商业贸易吸引而来的学生远离自己在小岛的家园，静心学习英国国教的真谛并留下来为当地服务。

自1849年以来的11年间，塞尔温从美拉尼西亚诸岛带回圣约翰教会学校的学生当中，至少有4位死于气候不适，而那些回到自己家乡的，则个个都背弃了当时的使命，"在自己的家乡被异教的洪流淹没"①。另外，尽管教学安排也很严格，但学生们对基督教教义的理解总是达不到赛尔温在剑桥牛津的标准。其实课程结束时，只要有一个学生能够解释明白自己新学会的教义，像来自新赫

---

① Hilliard, David, God's Gentlemen, UQP, 1978, p.20.

布里底群岛(如今称作瓦努阿图)埃罗芒阿岛的塞潘杜鲁那样:"我说大家的上帝,上帝好,都好;上帝造你,造我,造一切。你好,上帝爱你"①,老师就已经相当满意了。

根据教会史学家大卫·希利亚德的说法,"想让年轻的美拉尼西亚人仅通过几个月的学习就去挑战人们长久以来形成的思想和做法,注定要以失望告终"。然而,塞尔温和他的牧师还有继任者约翰·柯勒律治·帕泰森无法冷静地思考整个事件。在他们看来,前往诺福克岛是关键的一步,之后就可以顺利地传播对上帝的敬奉,大英帝国就可以在上帝的恩宠下消除当地人的残酷和愚昧。可是,他们选择的地方实在可笑至极,注定只能事与愿违。

当然,还有其他世俗力量让他们举步维艰。塞尔温前往伦敦拜访教会的高层人士,主要是下一任首相候选人威廉·格莱斯顿,还有黑奴贸易改革家威廉·威尔伯福斯,希望他们能说服大英政府把先前的囚犯送到他的辖区,但他的想法受到了两股力量的反对。身在悉尼的威廉·丹尼森公爵力主把虔诚的皮特凯恩岛民迁到诺福克岛,他认为引入那些"蛮夷"很可能会让虔诚的岛民受到玷污;教会,也就是伦敦传道会,尤其是低教会的托马斯·博伊尔斯·默里教士,也是一本对皮特凯恩岛民的虔诚大加赞美的畅销书②作者,则谴责赛尔温的野心。

塞尔温主教记录了当时"满怀好意的"英国人那举步维艰的状况,据他讲,英国人为了皮特凯恩岛民的事业真是鼓足了干劲。那

---

① Hilliard, David, God's Gentlemen, UQP, 1978, p. 20.
② Pitcairn: The Island the People and the Pastor, 1854.

种精神"真可谓豁出性命的英雄主义,也是拿着刀枪不要命的做法。可那些俗不可耐、老实巴交的老百姓还真是得过且过,根本没什么积极性"①。尽管如此,他还是一意孤行。1854年,塞尔温回到英格兰,借助他在当局的朋友和亲戚的财力,轻易就筹得1万英镑以建设一个美拉尼西亚教区。

打定主意后,1856年5月,为了让同胞们转变自己的神学信仰,塞尔温乘坐自己的"南十字星号"启程出发,首先去诺福克岛确认那个小岛就是自己需要的地方,然后再去悉尼跟丹尼森再次会面。既然皮特凯恩岛移民已成既定事实,如今塞尔温提出要在岛上建立三人执政政府,那么现在岛上便需要一个由英国内政部任命的官员,一个由皮特凯恩岛民选出的人选,还有一个就是塞尔温本人。

丹尼森断然拒绝,认为这个建议"欠缺考虑,不够成熟",也感受到"基督教暴政"已经威胁到皮特凯恩岛民的生活。②塞尔温以高压态势做出回应,称自己会"推行"自己的计划,"会跟皮特凯恩岛民好好沟通并获得他们的同意,为此他会采取任何必要措施以提升皮特凯恩岛民的精神生活,也要发扬神圣的上帝恩赐的大英帝国的国威"③。他启程去了诺福克岛,于1856年7月携妻子登岛,与他同行的还有其他一干人马。

诺布斯牧师和他的手下深为震惊。由于根本不知道这位传教士到底要来干什么,诺布斯也没有安排迎接仪式,只是坚持让塞尔温

---

①② Prebble, A. E., MA Thesis, Uniof NZ, pp. 58-61, quoted in Hazzard, David, God's Gentlemen.

③ Nobbs, Raymond, George Hunn Nobbs, 1799-1884, P. 82.

和他的夫人先住进政府大楼。由于同为传教士,塞尔温主教对诺布斯还是比较尊重的,尽管诺布斯的地位稍显低微,不过塞尔温知道这位牧师对手下人的控制并不严密。实际上,诺布斯的老对手坎塔尔偷偷塞给塞尔温一张便条:"我尊敬的教父大人,我祈求您不要再让我们接受这个平凡的海员的教诲了,我们需要您这样的主教,我们在诺福克岛上一定得小心,不要让我们的灵魂受到玷污啊!"①

塞尔温耐心地等待时机。虽然他并非该岛正式神职人员,因为诺福克属于新南威尔士教区管辖,可是塞尔温还是主持了坚信礼仪式,诺布斯也没有表示反对。于是,当塞尔温离开诺福克岛打算去新赫布里底群岛和所罗门群岛的食人部落中招收英国本土学生时,他把夫人留在岛上继续对皮特凯恩人实施软化政策。塞尔温夫人做得还真漂亮。根据罗莎琳德·杨的说法,"她很快就赢得了人心,还在走读学校和主日学校帮着授课。"

"她努力让年轻的女士和小姑娘们知道保持个人卫生和辛勤劳作的重要性,还教她们生火做饭。这位精力充沛的女士不光把课上完,还不时到学生家中看看她们是否按照自己的要求行事。如此这般,她获得了不错的成绩,也从自己耐心和认真的工作中获得了切实的利益。"

皮特凯恩人急需对于个人健康和辛勤劳作的指导,她的教诲真是及时雨。那时所拍摄的照片也有力地证明了她对岛民的关爱,竭尽全力迎合岛民的需求,这让她为丈夫的事业提供了很多的内部消息。

---

① Nobbs, Raymond, George Hunn Nobbs, 1799 – 1884, P. 82.

塞尔温夫人知道有些家族私底下对诺布斯获取权力并在外界表现出的神气以及所受到的青睐深感不满和憎恶。她也许已经知道诺布斯一直都在想方设法改掉酗酒的毛病。当然，塞尔温和帕泰森也知道自从获得神职以来，诺布斯确实还有"酗酒的缺点"。其实，帕泰森也说过，下次再去诺福克岛时要"跟诺布斯先生好好谈谈，不管主教会不会放过他，我只想让他知道万一我把对他和他的教民的了解公之于世，结果会是怎样"。

帕泰森的警告是否奏效我们不得而知，但想当初英国贵族对他的同胞，也就是皮特凯恩岛民的圣洁大加赞许时，诺布斯表示默认，而如今他已经不知如何收拾这个残局了。"英格兰的贵族在祝贺我获得神职时，有谁能了解我面临的困难啊！"在日记中，诺布斯这样写道："每次听到溢美之词我都只能把事实埋在肚子里，好在每次岛上的访客都只会短暂停留，这样似乎人们所见和岛上的实际状况并无出入，可我心知肚明，我有责任纠正谬论，说出事实的真相。"①

当塞尔温提出要一起帮助福音在非基督教民众中传播，提出可以将岛上的孩子带回自己家中抚养时，诺布斯欣然同意。实际上，诺布斯同意自己带一个孩子，"并且会竭尽全力，借助上帝之手帮助那些家庭"。可当主教后来又提出要成立一个教会学校时，反对随之而来。所有家长经过投票，最终以 12 比 16 票的结果否决了这个提议。这一次，诺布斯和行政长官弗雷德里克都投了反对票。

主教大人并没有因此退却。帕泰森于 1859 年登临诺福克岛并

---

① Nobbs, Raymond, George Hunn Nobbs, 1799 – 1884, p. 84.

很快与诺布斯进行了单独谈话。他们之间谈了什么我们并不清楚,但诺布斯突然表态说:"我已经彻底清醒,改变了自己对美拉尼西亚学派的看法。我已经知道自己错了,人们也在思考如何纠正自己的过错。"①接着,他凭借自己的影响力支持这个提议,帕泰森获得神职,并于1861年成为美拉尼西亚教民的主教,5个家庭把孩子送到了教会学校,包括诺布斯的第六个孩子埃德温,还有杨的儿子费希尔。

第二年,新南威尔士州新任总督约翰·杨爵士造访诺福克岛,同为伊顿公学校友的塞尔温和帕泰森向他汇报了建立教会学校的计划,总督立即做出强烈的回应。"我真不敢想象还有什么能比这个更让岛民意志消沉的。现在岛民已经文明开化,如果此时再把南部海上的野蛮人引入小岛,无疑是直接把岛民打回原形。"在给负责流放地的国务大臣纽卡斯尔公爵的信中,他这样写道:"我敢肯定在他们对新生活还没有十足的热情时,贸然引入一群半开化的年轻人,绝对有害无益,甚至对岛民的前途会有致命的威胁。"②

杨可以想象到一帮未开化的、色胆包天的黑人跟皮特凯恩少妇在一起收拾干柴会是什么样的场景,毕竟这些家伙的父辈或是祖辈还都是男女混交的塔希提人。这绝对不行。纽卡斯尔也是伊顿公学的校友,他对杨表达了同情:"我同意您的说法……我觉得只要您跟帕泰森主教好好商量……他很可能会立即放弃先前的想法。"唉,纽卡斯尔根本没有看出他那位校友的狼子野心。帕泰森和塞尔温对

---

① Nobbs, Raymond, George Hunn Nobbs, 1799–1884, p. 84.

② Young to Secretary of State Lord Newcastle, May 1862, quoted in Nobbs, Raymond, George Hunn Nobbs, 1799–1884, p. 86.

杨的反对意见充耳不闻，1863 年他们正式提出要把传教团从奥克兰转移到诺福克，并且要用塞尔温在英格兰筹集的 1 万英镑购买一块土地。

突然，一个新的问题出现了。帕泰森的一位支持者，西蒙·杨说自己已经对诺福克岛失望透顶，打算跟家人一起回皮特凯恩岛。帕泰森差点疯了。"难道您真不知道我等待此刻等了多久么，不知道它对我们有多重要么？最重要的是——我们说话做事要向上帝负责啊！（他自己用斜体字加重了语气）就算你不顾塞尔温主教、我，还有诺布斯先生的苦口婆心，你也想想耶稣吧！要知道耶稣是用自己钦点的牧师让自己的子民获得子民应该享有的福祉啊！

"即便您不管不顾，自己和家人都不要上帝的福祉，难道您就断然舍弃应该享有的福祉么？耶稣用自己约定的方法向子民施福，您又有什么权力随意丢弃这种福祉呢？干吗不想着去接受一下这种福祉呢？

"如果能理解自己放弃福祉是对自己的不负责任，您也许就能理解您也正在损害别人的利益。如果您一意孤行，那您又会带着别人一起犯错。此时此刻，您应该利用自己的影响力来防止别人也放弃在诺福克岛上应该享有的福祉，可是如果去了皮特凯恩岛那可就一切都化为乌有了啊……"①

他苦口婆心地劝说，说了很多诸如此类的话，可西蒙·杨和家人还是一走了之。第二年便上演了悲剧。1864 年 8 月，西蒙的长

---

① Young, Rosalind, Mutiny of the Bounty and the Story of Pitcairn Island, 1790 - 1894, pp. 160 - 1.

子、18 岁的费希尔和他的朋友、21 岁的埃德温·诺布斯与帕泰森乘坐"南十字星号"去完成最新的使命,也就是到所罗门群岛中的圣克鲁斯岛寻找愿意接受基督教的学生。

帕泰森留下了生动但有点偏袒自己的记录:"当地人个头很高,身材高大,肌肉健硕。毫无疑问这个地方很落后——指南书籍上把这个地方写成太平洋上最为蛮荒的地方。"可他还是希望找"两三个小伙子跟自己回去"。于是,8 月 4 日,他乘坐纵桅捕鲸船开始了探险之旅。

帕泰森说:"我们一行六人沿着海岸线撑着帆,划着桨,沿途看到两个大型村落。我们上岸与村子里的人们交流了一段时间,这里的人都全身赤裸,男人们手里还拿着武器。大概中午时分我看到一个岛的西北角有一座非常大的村子。"①

在一块礁石旁帕泰森泊好小船,涉水向 200 米开外的村子走去。"大家在船上就看到村子里有 400 多号人(全都是野蛮的食人部落成员),个个拿着武器,向我们围拢过来。"他说,"不过要知道我已经习以为常了,这种情况司空见惯。我径直走进一间大屋子坐下来。我只能听懂他们说的几个单词。"

帕泰森要找几个学生的想法似乎落了空,于是他又原路返回,刚刚绕过礁石,只见"一大群人围了过来"。船上的人,包括埃德温和费希尔,赶紧把船摇过来接应他。可是,帕泰森刚刚上船,"便看见水中游来好几个人,抓住小船,很明显不愿意让小船轻易离

---

① Sketches of the Life of Bishop Patteson in Melanesia, Society for Promoting Christian Knowledge, pp. 86–95.

开。最终我们是如何摆脱他们的，想想还真的说不清楚。

"他们开始向我们射击，距离很近。三艘独木舟紧随我们，于是我们赶快逃走，那些家伙(在独木舟中)站起身(用弓箭)朝我们一通乱射。皮尔斯身中一箭，倒了下来；费希尔左腕中了一箭，埃德温右侧的脸颊也中箭。我敢说，没有人觉得我们还能活着逃走。

"大家齐心协力，用尽全身的力气。埃德温和费希尔两个人一刻都没敢怠慢。谢天谢地！另一个诺福克岛民亨特·克里斯蒂安，以及时年20岁、身体不错的奥克兰小伙子约瑟夫·阿特金没有受伤。突然，可爱的埃德温不顾自己脸上的箭头和伤口流淌的鲜血大喊一声(此时此刻，他更在乎我啊！)：'小心，先生，看你旁边。'实际上，当时我们已经被包围了。"

"最终，他们还是追上我们，爬上了我们的小帆船。我费了九牛二虎之力才把皮尔斯胸膛和费希尔手腕上的箭镞拔了下来。"他说，"埃德温的伤口不是很深。"不过，帕泰森说他很清楚皮特凯恩人更容易感染破伤风，当时这种病被称为"牙关紧闭症"。"第四天，可爱的小伙子费希尔对我说：'不知道为什么我的下巴很僵硬。'这时，我就知道这个小伙子在劫难逃。"

不过，主教还是只看到了好的一面。"上帝对我还真是不错。"他写道，"他们每个人都表现出诚信、纯洁、善良、谦虚，还有简简单单的忠诚，我真的很喜欢这几个小伙子。而此时此刻，也正是他们给了我慰藉。面临巨大的苦痛，他们展现了超乎寻常的忍耐力，要知道求生不能、求死不得是多么痛苦！他们就是相信基督，相信基督代表的上帝，他们知恩图报、愉快而虔诚的本性让他们与众不同。他们没有丝毫抱怨，只是默默承受。"

他们能如此，谁能说他们不是非同寻常的人？破伤风一开始会让下巴的肌肉急剧抽搐。随着病情加重，病人的胸部、脖子、后背和腹部都会出现不适。后背肌肉抽搐会导致疼痛、呼吸困难和突然、猛烈而痛苦的肌肉萎缩，最终病人会骨折和肌肉坏死。其他症状还包括流口水、盗汗、发热、手脚抽痛，还有大小便失禁。

帕泰森照顾了费希尔几天。"最后一晚离开他时已经是凌晨1点，当时我穿着衣服躺在他身旁，听见他用微弱的声音说道：'亲吻我一下吧，主教。'到了凌晨4点，他难受地挣扎了一会儿便睡了过去。"

四天后，埃德温也有了同样的症状。八天后，埃德温离开了人世。不过，帕泰森又一次为自己找到了安慰。"我真希望这对我是好事。既然已经离开，我也无法向他表示感谢。不过他们之所以离去，是仁慈的上帝觉得他们已经做好了离去的准备。"

帕泰森也听说了从另一个地方传来的喜讯。从他对约翰·杨大加指责算起，现在已经过去两年时间，此时杨已经改变了自己对帕泰森设立教区的看法。与他同姓的皮特凯恩人以及其他皮特凯恩岛民相继离开诺福克岛返回遥远的家园，对约翰爵士也是一个警示。如果这样的情况像人们私下里传开的那样一发不可收拾，那么大批岛民的离开最终将会导致管理的混乱，而这跟白厅上司的意图明显不符。另外，诺福克岛上的皮特凯恩岛民从频繁光顾的捕鲸船上吸纳了不少游手好闲之辈，已经破坏了岛民在英国统治者心中那不受外族和其他社会思想干扰的纯洁形象。再说，岛上也需要钱。此时此刻，成千上万的淘金者抢着要去兰坪地区（lambing flat）淘金，岛上的管理者也为此面临多方面的责难。此时塞尔温主教提供的1万英镑对于总督便有了极大的吸引力,后来这个小城镇也以总督的名字命名以纪念他。约翰爵士终于向传教士表达了自己重新燃起的热情。

现在知道自己占据优势,帕泰森又犹豫了。在离开所罗门群岛航行了十天之后,帕泰森先来到昆士兰附近的柯蒂斯岛。当地政府愿意提供土地,不过条件是教会学校要接收当地的土著居民。这个交易很诱人。不过,到最后,根据希利亚德的说法,"诺福克岛还是比昆士兰更受主教的青睐,原因就是在诺福克岛他可以'提升'皮特凯恩岛民的道德和智慧"。

约翰爵士写给诺福克岛行政长官坎塔尔的信送到诺福克岛时,皮特凯恩岛民为之一惊,他们根本没有觉得那是什么福祉,因为信中说"他们"岛上有很大一块土地将被变卖,而这是 1000 多英亩最为肥沃的、人人垂涎的土地。接着,只见街头巷尾,大家全在激烈地讨论,人们怨声载道,沸沸扬扬。就连约翰爵士再三保证说随后会有一大笔钱拨到岛上,每年会给诺布斯教士 50 英镑的工资也未能平息人们的反对声。

作为教父大人同时也是岛民们精神向导的诺布斯此时已经茫然无措。要知道约翰爵士当时可是极力反对跟传教士通力合作的人啊。而且,每年主教要亲临小岛并且长期驻扎,也会大大增强他作为教父的威望。约翰爵士的决定似乎一下子打碎了皮特凯恩人当初那坚定的信念,在他们心中诺福克岛可是皇家恩赐给自己的土地啊。可如今罗西特舒服地躺在政府大楼里,根本不管岛民们有何疾苦。

约翰爵士向他在英格兰的老恩主费尔法克斯·莫尔兹比爵士寻

求建议。费尔法克斯如今被授予巴斯大十字骑士勋章,虽然退休在德文郡休养,可在政府部门还有很大的影响力。费尔法克斯又向哈罗比伯爵请示,哈罗比伯爵在皮特凯恩岛民向诺福克岛举家搬迁时任英国掌玺大臣。最终的消息不容乐观,至少对于那些一直都坚信诺福克岛是皇家恩赐土地的人来说是如此。哈罗比说:"那个小岛从来没有赐给那些岛民,也不可能拒绝别人到那里定居。任何措施都只是试验而已,而如何实施都要根据试验结果在不同时期做出适当调整。毫无疑问,整个过程都要服从于岛民的利益,但具体如何还要靠经验决定。"①

这个所谓的"经验"就是服从帝国的意思。

在接下来的一个世纪里,这个问题悬而未决,反复出现,直到今天,一些皮特凯恩后人仍然对此耿耿于怀。不过,这种解决方法至少给诺布斯提供了一个借口,帮他从两难的境地暂时脱身。毫不夸张地说,一个脱胎于原罪的社区诞生了,他们不再象征性地提出抗议,而是真真正正地为自己争取权利。这一群体的怨气越来越大,也就十来年时间,两个全然不同的群体渐渐地达成了友好的合作关系。

与此同时,皮特凯恩岛民成功地摆脱了罗西特的刻意安排,没有学习农民的工作理念,也没有学会牲畜的饲养技术。他们喜欢的是随心所欲的生活,喜欢的是在浩瀚的大海上像萨姆·沃伦那样的捕鲸人一般把自己精彩的冒险故事讲给别人听。于是,他们把大多

---

① Belcher, pp. 354 - 5., quoted in Nobbs, Raymond, George Hunn Nobbs, 1799 - 1884, p 89.

数时间和精力花在了捕杀海上那些巨型哺乳动物上。也许是想起了自己当年漂泊海上的往事,就连诺布斯教士也支持他们冒险。1868年12月,诺布斯还把以弗雷德里克·杨为首的一行6人撑着小船在离岸边5公里的地方捕到一头雌鲸的故事讲给莫尔兹比司令听。

他写道(部分地):"那个大块头悄悄地把小船掀了个底朝天,然后一溜烟跑了。小船没有损坏,船员们奋力把小船翻过来,可是却弄不干净里面的积水。不过他们把船桨平着使劲划入水中,虽然船舷几乎与海面齐平,他们还是硬撑着把船划到了岸边。

"让他们意外的是,那条受伤的鲸鱼竟然向小船游了过来,也许是把小船当成了它在两英里外死去的孩子,也许是前来寻仇。船员们赶紧跳上岸,而那怒气冲天的巨兽一头撞上了小船,然后在那里一动不动待了一会儿。接着,鲸鱼往后倒退了一小段;这时,领头的捕鲸人赶紧回去准备鱼叉,打算鲸鱼再次扑来时直接捕杀。

"它还真回来了,英勇无畏的杨游到鲸鱼前方,用鱼叉一次次刺向鲸鱼的喷水口!鲸鱼感觉到了刺痛,下潜几米后猛地蹿出水面,把小船和船桨撞了个粉碎。

"此时此刻,唯一的选择就是奋力向岸边游去。可是,团队的一个队员,也是一位英国海员却不会游泳;于是,两个人就让他把胳膊分别搭在他们的脖子上……最后一眼看到鲸鱼时,它已经由于失血过多显得很虚弱,不过依然守在船骸旁边。

"在漫长而煎熬的3个小时里,泡在水中的捕鲸人已经精疲力竭,可是就这样拼命游泳,他们也就逃出来一英里的距离。可怜的海员已经耗尽力气,另外一个16岁的小伙子,也快要体力不支了。可此时,让小伙子心胆俱裂的是旁边出现了几条巨大的鲨鱼,而且鲨鱼的鳍已经碰到了他的双腿。

"因为好几个小时没有看到杨的捕鲸船,最终我的儿子弗莱彻放弃追赶鲸鱼,转而去寻找小船……奋力划出大概一英里后,舵手看到远处水域3个模糊的黑点,喊道:'孩子,快点!他们在那边!'很快,他们把在水中游泳的3个人拉上了船,可是其他3个人还生死未卜,真担心他们已经溺水身亡或是被鲨鱼吞入腹中;不过,一个被救的船员说:'继续往前!他们应该就在不远处!'划了不到半英里,大家终见了面,真是皆大欢喜!此时此刻,几个人已经没有一丝气力了。要是再耽误半个小时,估计他们也都小命不保。最终,没有一个人受伤,只是英国海员依然很是虚弱,面色苍白。"

第十八章 "食人部落，野性不改"

诺福克岛上的美拉尼西亚布道团于1866年正式开门营业，以陪伴圣保罗的传奇传教士圣巴拿巴的名字作为自己的教名。帕泰森主教与新南威尔士总督商谈后做成了一单相当不错的交易：整整400公顷的土地，也就是岛上差不多五分之一可耕种土地仅仅作价1830英镑即被他们收入囊中，还要分十期偿付。

帕泰森和他的手下立即着手把学生从奥克兰送到诺福克岛帮忙建设宿舍、教室和教堂，和一条从金士顿通往教区的道路。帕泰森又登上"南十字星号"轮船前往新赫布里底群岛和所罗门群岛寻找愿意投身基督事业的学生。如今需要更多人手耕种土地，照顾牛羊，而这些牛羊又可以为教区的人们提供肉类和乳制品。先前帕泰森每年只能从新西兰去一次这些小岛，带回六十来名学生，如今每年可以往返多次。

教区的农场很快便成了富庶之地。热带和温带的各种水果遍地都是，随手可以采摘，有香蕉、番石榴、杏子、桃子、橘子、柠檬等。肥沃的红色土地上，各色蔬菜茁壮成长。不过，这并不是说农耕和庄稼种植一直一帆风顺。查尔斯·埃利奥特·福克斯是一位在新西兰受过教育的舍监,他记录了随后发生的一切:"岛上的人依然野蛮成性,人吃人或者随便就取回敌人的头颅司空见惯。"岛上不同族群的年轻男子之间更是摩擦不断。

"一个圣诞节前夕,一名新赫布里底人在争执中刺杀了一名玛拉族的小伙子,瞬间鲜血直流。"福克斯写道,"不到五分钟,一百五十来个所罗门岛民脱掉衣物,一丝不挂,操起斧头、砍刀、长矛,以及一切随手可用的武器,高喊着去追逐60多名新赫布里底岛民,而赫布里底人则拼命地向海岸逃走。[1]"

"学校下方是一些小房子,每间小房子归属于某个小岛,小伙子们常常在里面把自己捉到的鱼煮熟,或是抽烟、嬉闹。手持武器、全身赤裸的所罗门岛民冲进那些新赫布里底岛民的房子里,见人就杀。很快小房子里的人都逃走了,唯有一间房子里有一位新赫布里底'主厨'正坐着抽烟。所罗门岛民冲向小屋,大声喊道:'里面有人吗?'那位新赫布里底岛民聪明地高声答道:'没有!'就这样,那群所罗门人从小屋旁直接走开了。

"暴乱并非常常发生,不过确实偶然存在。一旦发生暴乱,就得校长亲自出面,用手中的牧鞭平息。"

宗教教育全部用莫塔语(mota),也就是一个小岛上的土著语言进行。这也是不得已而为之,因为第一任校长朗斯代尔·普里特只懂得这种美拉尼西亚语言。不过按照福克斯的说法:"这是最好的选择。懂了这种语言,其他美拉尼西亚语言也就容易学会了。"福克

---

[1] Fox, Charles E., Kakamora, Hodder & Stoughton, 1962, pp. 13–18.

斯是一位天生聪慧的语言学家，很快就掌握了这门语言。可是，弄懂这些岛民的秉性和脾气，可让他大伤脑筋。

小男孩和年轻小伙子睡在光光的木板上，身上只盖条毯子，帕泰森主教每天早上都会走进宿舍，然后"大笑着"把毯子抽走。福克斯说："一开始，我也试着这样做，可是这些熟睡的家伙突然火冒三丈，直接向我扑来，在宿舍里追着我打。这些家伙都是食人族的后代，别看表面上没什么，可他们内心里还有埋藏着火爆和残虐的秉性。"①

每天除了日常琐事便是以钟声为标志的严格的时间安排。学校每天上午6点开始上课，7点钟是晨祷时间，7：30在大厅里共进早餐，然后从8：30开始连续上一个半小时的课。"早上上完课，"福克斯说，"孩子们排好队，外出干活，每个人负责一项工作。距离学校半英里的地方有大型菜园，里面为我们提供日常所需的食物。欧洲人和美拉尼西亚人一起在里面劳作，清理垃圾、除草、种植。我们还要维护好岛上共计5英里长的道路。

"1点钟吃饭，2点钟开始我们又要上课，接着是3点钟的唱歌时间。"福克斯说，"有时我们会有我们自己所谓的'工作假期'，也就是说，这种时候我们不用上课，只是从上午8点开始便到园子里或是路上干活，一直到下午5点。有些孩子还要学习给奶牛挤奶，照看牛羊和马匹；有些孩子则学习印刷或是木工；还有的会学习做饭。"

"每周会有十几个男孩做饭，其中一个白人做主管。主管往往

---

① Fox, Charles E., Kakamora, Hodder & Stoughton, 1962, pp. 13–18.

是刚从牛津或是剑桥毕业的学生,先前从未做过饭,而他又碰巧是新来的人。"①

根据大卫·希利亚德的说法,"诺福克岛上教会学校的精神特质不是平等博爱而是教会的家长制作风。在这个大家庭中,主教就是高于一切、毋庸置疑的头领,凡事都由主教做主,教士就是兄长,美拉尼西亚人就像家里各个年龄段的孩子,需要帮助、鼓励、教导、淘汰,还要用'不成文的爱的律法'严加约束。"②

圣诞节似乎一直都是一年中的高潮部分。显然,尽管教会有自己的金科玉律,帕泰森和他的手下也准备接受当地的一些风俗习惯。他们鼓励男孩子表演、跳舞。新赫布里底人的舞蹈通常是故事性的讲述,而所罗门岛民则融入了很多捕鱼、狩猎和打斗的动作和场景。福克斯说,"以前,舞蹈团常常走村串巷,观看的群众个个血脉偾张,这是因为跳舞的人常常身上藏有武器,一不留神就会跳到人群之中,然后朝着观众一通乱砍。"

有一次在圣巴拿巴,"以前的日子"又突然再现了。当时,教区的一位看护"修女凯特"一个人待在小小的医院里,突然,"一个生病的孩子拿着雕刻刀追着要杀她。凯特冲进自己的屋子,反锁门后从窗户逃出,凌晨两点敲响了大钟。那天晚上一片漆黑,我们都出去寻找那个手持雕刻刀的所罗门岛民。最后,我们在距离医院半英里的一条深沟里找到了他,此时,一夜的乱跑已经治好了他的肺炎。"③

---

[1] Fox, Charles E., Kakamora, Hodder & Stoughton, 1962, pp. 13–18.
[2] Hilliard, David, God's Gentlemen, p. 43.
[3] Fox, Charles E., Kakamora, p. 17.

朗斯代尔·普里特是牛津大学瓦德汉学院的文书,接任罗伯特·亨利·科德林顿成为教会学校的校长。普里特与帕泰森密切合作,每次帕泰森离开诺福克岛外出招募新人时,普里特就独揽大权,成为决策人物。普里特在诺福克岛一直待了20年,学习了美拉尼西亚的风俗习惯和语言。他总是一副高人一等的姿态,"得意于自己在学业上的成绩,常常对同事的小毛病吹毛求疵"①。

帕泰森最关心的是他自己的任劳任怨能否带来精神福祉。按照高教会的行事方式,大家会一起庆祝所有主要的节日。而日常的教堂活动,他会安排一场场颂歌、《圣经》诵读和故事讲述。所有的活动都用莫塔语进行,歌词和《圣经》都由帕泰森亲自翻译整理,内容均为基督教主要教义和大事记。

每逢周日,主题就是耶稣的复活,接下来是"精神的馈赠"、"耶稣的诞生"、"耶稣的显灵"、"遭到背叛"(因为犹大叛变的歌词听起来太过恐怖,因此后来删掉了)、"升天"、"殉难"和"葬礼"。

很多人中途退出了。事实上,到1868年,也就是塞尔温主教第一次登临小岛20年后,除了几个奄奄一息的婴儿,只有26位美拉尼西亚岛民接受洗礼。这些人中有一位已经去世,还有两位回到先前"习惯性的冷漠,只差全盘否定他们的教导了"②。其余的人,只有12位接受了坚信礼。那一年,塞尔温从新西兰主教的位置上退了下来,回到英格兰,成为斯塔福德郡利奇菲尔德的主教。帕泰森为诺福克岛筹集的1万英镑是如何开支的没人清楚,不过也许确实花在了传教过程的某些方面。不过让人不可思议的是,圣巴拿巴

---

①② Hilliard, David, God's Gentlemen, p. 37.

所需的经费主要来自帕泰森自己不菲的个人收入,还有他的亲戚夏洛特·扬写的宗教小说《雏菊花环》的版税,以及澳大利亚和新西兰的教徒捐赠。

不过,如果仅凭经费而没有学生主动贡献劳力,整个传教活动也无法顺利进行。这可以很好地解释为什么帕泰森不愿指责在南太平洋夏威夷群岛进行得如火如荼的卡内加奴隶贸易,个中缘由其实是当地的甘蔗种植园主和昆士兰与斐济的主教都在这些岛上招兵买马。帕泰森倾向于对奴隶贸易实行更为严格的管制,以防止针对岛民的暴力、欺诈或者谋杀事件。不过,"只要异教徒能得到恰当的对待,能够看到一个运作正常的基督教群体"①,那么帕泰森无疑就可以从中获利。

岛民们也许会觉得自己受到各个方面的盘剥,这也情有可原。帕泰森手下的欧洲传教士新西兰人约瑟夫·阿特金和爱尔兰人查尔·布鲁克回来时带来了几个小伙子。他们在这些小伙子的家乡住了一段时间,回来后汇报说岛民们"不好对付"。当几位传教士尝试给几个年轻人灌输基督教义时,他们要么爱理不理,要么大加反驳。到了1871年4月,帕泰森再次乘坐"南十字星号"轮船启程去招募教徒时情况变得更糟。

一路上,每经过一个港口,帕泰森都发现"黑奴船"已经先于他们到达。

帕泰森在莫塔岛(Mota)待了3个月,这是他13年前在此建立的根据地。8月19日,"南十字星号"路过此处又把他带上,驶往

---

① Hilliard, David, God's Gentlemen, p. 64.

所罗门群岛接阿特金和布鲁克,他俩一个住在圣克里斯托波尔岛,一个住在恩格拉岛。布鲁克在岛上遇到两个充满敌意的首领,因此他在这里遭遇可谓惊险连连,不过他还是打算用帕泰森不喜欢的那种浮夸的"爱尔兰风格"把这段经历生动地记载下来。然后他们继续向东航行,去往人口众多的圣克鲁兹(Santa Cruz),9月20日抵达暗礁环绕的怒卡普岛。帕泰森计划以这个小岛作为跳板,对面积更大、人口更多的临岛开展福音宣讲工作。

据官方对即将来临的悲剧事件的记载,9月21日早晨,帕泰森给船上招募的新人开讲《圣经》早课,给他们讲述斯蒂芬殉难的故事。他以下面这段话作为早课的结语:"我们这艘船上所有的成员都是基督徒。任何人都可能要为了上帝而献出自己的生命,就如《圣经》中的斯蒂芬一样。这种事情可能发生我们任何人身上,在你身上或在我身上,也可能发生在今天。"①

没有人记录那些年轻的新入教者的反应(如果说有反应的话)。上午11:30,一艘小艇从船上放下来,上面载着帕泰森、阿特金以及3名来自圣巴巴拉岛的本地毕业生,在桨手的努力下驶往等在暗礁里的6艘独木舟。小艇刚抵达就涨潮了,这种情况下他们不可能靠岸。因此帕泰森转移到其中的一艘独木舟上,被带到海滩,而其他人则在小艇上等着。有3艘独木舟努力靠近小艇,问他们是从哪里来的。阿特金回答说他是从新西兰来的,而另外两个当地同伴分别来自圣克里斯托波尔岛(鲍罗岛 Bauro)②和莫塔岛。"听到这些,"

---

① Kent, Graeme, Company of Heaven, pp. 152 – 5.
② 太平洋东部的岛屿,位于厄瓜多尔的加拉帕戈斯省,是科隆群岛最东端的岛屿,面积558平方公里。

教会历史学者格雷姆·肯特说,"独木舟开始慢慢往后退去。突然,这些怒卡普岛民拔出箭来对着船上猝不及防的人一通猛射,大喊'这是给新西兰人的!这是给鲍罗人的!这是给莫塔人的!'小艇上的4个人中有3个中箭!"

其中一个当地人中了6箭,另一个中了1箭,阿特金则左肩受伤。另一个当地人之所以能躲过去,是因为他见机钻到了船腹里。他们立即往后撤。"尽管受了伤,"肯特说,"这4个人还是拼死划回到'南十字星号上',船上心惊胆战的船员和学童帮助他们上了船。然后他们把注意力转移到岸上,不知道会有什么事情发生在主教身上。那时,约翰·柯勒律治·帕泰森已经死亡。"①

帕泰森临死时的确切情况到现在依然争讼不断。在官方的教会档案里,帕泰森的被杀源于当地人的复仇,因为不久前曾有贩奴船上岛绑架岛民作为奴隶进行贩卖。然而,希利亚德说更大的可能是帕泰森给一个低等种姓的首领赠送礼物,无意中破坏了当地的习俗,帕泰森"给那个自认为是重要人物的圣克鲁兹人送了一个更轻的礼物,或者什么也没送"②。现在唯一能确定的就是帕泰森上岸以后,他和这个村子的头领,一个叫莫托(Moto)的人进了一间棕榈叶子盖成的小屋,当帕泰森在一个特意为宾客留下的垫子上躺下时,头领去为他拿食物。当他返回时,帕泰森已经死了,头盖骨被一个重木槌砸碎。

与此同时,阿特金决定与几个自愿跟随的学童一起返回岛上。

---

① Kent, Graeme, Company of Heaven, pp. 152-5.
② Hilliard, David, God'S Gentlemen, p. 67.

船上的大副邦加尔德先生随身带着一把手枪，负责照看小艇。这时，上涨的潮水让他们可以撑着杆越过暗礁，他们上岸后发现主教的遗体已被清洗干净，几个村妇正打算将他掩埋。阿特金几人把主教的遗体带回"南十字星号"。第二天，约瑟夫·阿特金为帕泰森在海上主持了葬礼，然后将其遗体沉入大海。不久之后，阿特金破伤风发作，症状严重，"南十字星号"尚未抵达诺福克岛，他和另一个受伤的土著就去世了。船上那些新入教的美拉尼西亚年轻人相信，他们的新宗教已随着主教的离世而终结，经过很大努力才勉强劝服他们相信"学校"会继续坚持下去。

帕泰森为了基督教事业而"殉难"的事迹在新西兰和澳大利亚产生了巨大的反响，悉尼发起成立了一个纪念基金。大英帝国则采取了更直接的行动。政府派出拥有 11 门山炮的皇家海军"罗萨里奥号"（HMS Rosario）单桅船，由 A. H. 马卡姆中尉率领前往怒卡普，于 11 月 29 日抵达。马卡姆向岛上发射了两枚 40 磅重的炮弹，然后派出一支装备精良的队伍登岸焚烧村庄，捣毁独木舟。

马卡姆报告说岛民们"死伤惨重"，尽管没有统计确切的死伤人数。

帕泰森的纪念基金被用于建造圣巴拿巴教堂，这座石质教堂采用的是从德文郡进口的大理石，教堂高大庄严，彩色的玻璃窗户由英国艺术家和设计师爱德华·科利伯恩－琼斯爵士设计制作。小说家夏洛特·扬捐赠一架华丽的管风琴，传教士兼军火贩子托马斯·肯德尔从新西兰过来亲自监督教堂外部构造的松木接缝及装潢。教堂于 1880 年竣工。这时，约翰·塞尔温尽管有点不太情愿，但还是接替了帕泰森的职位。约翰是主教乔治·塞尔温的次子，1784 年当他被选拔填补这个空位时才 29 岁。"我有时在祈祷他们不要让我做这个主教,"他向母亲透露道,"我内心完全没有父亲和帕泰森主教那么强烈的信念。"①

这就意味着约翰·塞尔温开始接任科德林顿(Codrington)的校长工作,要给布道团提供鼓舞人心的动力,但是从气质上来说,傲慢的宣传并不适合这项任务。因此不久之后,这项事业就衰落了。此事也预示他在诺福克岛的同僚会有同样衰败的命运。皮特凯恩岛民们即将独自面临一场社会动乱。1881 年,乔治·胡恩·诺布斯即将走到生命的尽头,他给自己的老友兼恩主费尔法克斯·莫尔兹比爵士写信说:"我很快就会漂流到死亡的海湾……这个事实既不可能瞒过别人,也同样瞒不过我自己,那就是我已垂垂老矣。我家老婆子也已疾病缠身。"

诺布斯所在的这个社区,1869 年时已有 326 人,现在仍在持续增长。不过他们也经常招待来访的捕鲸人,大多数是从美国过来的,他们给岛上居民带来了大量烈性酒的同时,也给诺布斯带来了麻烦,即宗教复兴的文献席卷整个岛屿。后者因为其对布道团中的英国国教徒的诅咒而变得更有吸引力,因为许多人仍然对这些英国国教徒占领"他们的"岛屿感到愤愤不平,再加上科德林顿学校的专横态度,他们尤感愤恨。诺布斯是唯一一个真正连通两个团体的人,他请求神职人员协助他传道。他们非常乐于接受这个任务,但他们所能做的也只是维持道德水准不再进一步下降。据雷蒙德·诺布斯说:"布道人员说整个 70 年代'岛上的丑闻'呈增长趋势,这一

---

① Hilliard, David, God'S Gentlemen, p. 80.

说法不无根据。事实上,仅 1876 年一年就有 11 起通奸案件被提交至首席治安官法庭,这足以证明他们的道德水准。"①

诺布斯决定请他的幼子锡德尼回岛接替自己的职务,成为岛民的专职牧师。锡德尼于 1872 年在英格兰被正式授予圣职,现在已在奇切斯特(Chichester)担任副牧师。一开始,皮特凯恩岛民强烈反对这一提议,但很快就改变了主意,并送去一封请愿书恳请他回来担任牧师兼学校教师。锡德尼拒绝了。他和父亲一样有贵族的虚荣,因为他把自己的姓氏改为罗顿,且终生在英格兰为上帝服务。

随着诺布斯的健康状况进一步恶化,他向科德林顿学校寻求帮助,希望从英格兰找到一位继任者,但最终并没有找到接班人。这就是新南威尔士总督奥古斯都·洛夫特斯勋爵——一个小贵族,终身依赖这个爵位的庇荫——1884 年访问诺福克岛时的情况。他由自己的儿子 A. B. B. 洛夫特斯副官、中尉陪同,随行的摄影师记录他作为总督的行程。洛夫特斯勋爵在访问诺福克岛的四天里都住在弗朗西斯·诺布斯家。根据官方报道,他在诺福克岛的一次议会会议上当着这些前皮特凯恩岛民的面,"指责他们让岛屿变成一片废墟的生活方式"。在整个岛屿的 8600 英亩(合计 3480 公顷)土地上,只有不到 180 英亩(合计 72 公顷)土地得到垦殖。洛夫特斯还强烈反对他们的排外态度,尤其反对允许表亲之间结婚的习俗。相反,他认为英国国教徒的存在"从各方面来说都是有利的"。据《悉尼晨锋报》报道,岛上居民很"平静地"接受了总督的责骂,但依然我行我素。

---

① Nobbs, Raymond, George Hunn Nobbs, 1799 – 1884, p. 95.

族长诺布斯于 1884 年 11 月 7 日去世,葬在金士顿区,周围是这两个流放地的过世军官和流放犯墓地,这时,社区人口已达 470 人,但依然没有精神导师。这个精神空白很快就被卫理公会传教士所填补,他们是为挑战这两个社区的英国国教徒的统治而来。在新赫布里底群岛和所罗门群岛,他们提倡的宗教复兴引起了共鸣,尤其是帕泰森死后,当地人原来加诸其身的神奇权威很快就烟消云散了。而陪伴帕泰森经历了那段致命航程的查尔斯·布鲁克因为与当地男童的同性恋丑闻于 1874 年被剥夺传教任务,英国国教徒在这里的地位变得岌岌可危。

1880 年 10 月,诺福克岛的毕业生查尔斯·萨皮鲍纳与当地一个酋长之间发生了一场争论,这场争论直接导致了当地土著对英国军舰"白蛉号"(HMS Sandfly)纵帆船的船员发动袭击,当时他们正在调查恩格拉岛的海岸线,这一事件让英国国教徒的地位有所提升。当时鲍尔中尉率领的一个团队正登陆,其中三人被杀。鲍尔藏身于一株菩提树的空洞中,但很快就被发现了。他被殴打致死,尸体被吃掉。一个月后,英国派出"绿宝石号"(HMS Emerald)炮击此地作为回应,1881 年初,装备 16 门火炮的"鸬鹚号"(Cormorant)在"南十字星号"接走塞尔温主教的同时到达此地。他们逮捕一些谋杀嫌疑人,装模作样审讯了一番之后就地处决。

塞尔温对这个程序内在的不公正表示"不安"。不过据希利亚德说:"美拉尼西亚布道团显然是一个政治组织,借友谊之名与英国最强大的军舰紧密联系在一起。因此毫不奇怪,他们的地位由此得到巩固……"①

皮特凯恩社区却没有发生如此幸运的巧合。相反,诺布斯牧师过世才两个月,卫理公会传教士阿尔伯特·H. 菲尔普斯爵士与同样受到委派的妻子来到了诺福克岛。到8月15日,他们已在帕金斯·克里斯蒂安家里为大约40名虔诚的皮特凯恩岛民布道。两周以后,他们在质量路边的平地上组织了一次福音节制会议。然而,他们的福音传送割裂了这个社区。10月5日,他们的对手举行了一次大型聚会,试图阻止他们在诺福克岛上建立正式的卫理公会教堂。皮特凯恩岛民家族内部也发生了剪不断理还乱的派系之争,甚至动手互殴,首席治安官亚瑟·坎塔尔被迫招募临时警察,发誓恢复秩序。他的举动只取得了部分成效,卫理公会牧师继续吸纳皈依者。不到两年时间,以前的军营就被改成了教堂,1886年8月成为卫理公会的专职布道场所。

前皮特凯恩社区的分裂还不止于此。圣巴拿巴的阿尔弗雷德·潘尼教士当时写道:"今天的诺福克岛人,不管他们当时在皮特凯恩岛是什么样子,现在已分裂成两个阵营:即工作的人与不工作的人。"②

"懒惰的人依靠勤劳的人供养。很多人过着舒适的生活、住着精致的房子、土地上产出的各种食物让他们丰衣足食,还饲养着成群的牛羊和马匹。为了维持这样的物质生活水平,把家里打理得有模有样,把孩子抚养成敬畏上帝的人,有些人要在土地上进行耕

---

① Hilliard, David, God's Gentlemen, p. 91.
② Penny, Alfred, Ten Years in Melanesia, 1888, pp. 17–18.

作，有些人则到邻近的殖民地从事专业工作或进行贸易。

"另一方面，有些人如果不是这里蹭一顿午饭、那里蹭一顿晚餐就会饿死，因为他们不工作。如果他们饿死了，也没人会记挂他们；但是有些人却有妻儿要抚养，对他们来说，生活就很艰难了。"

他还说，那些捕鲸人只能赚取"微不足道的"利润，却不愿投身农耕，而这恰恰是能维持稳定生活的一种方式。这个分歧在20世纪还在反复上演。然后，1880年代后期，让兄弟反目、母女离心的恰恰是宗教。1888年8月1日，一份有55个成年男性签名的请愿书要求将49岁的阿尔伯特·菲尔普斯及其妻子驱逐出境。牧师夫妇非常气愤，他们拒绝照此执行。但是这份逐客令却让菲尔普斯产生了严重的心理负担，两年之后郁郁而终，菲尔普斯夫人则返回了美国。尽管如此，他们还是种下了一颗生机勃勃的种子，到1900年，诺福克岛上超过100人遵循卫理公会的教义。

不久之后，宗教分裂事件再次发生。1893年，两个来自美国的基督复临安息日会牧师E. H. 盖茨和A. 里德乘坐一艘名叫"皮特凯恩"的基督复临派纵帆船来到这里，还带着两名来自皮特凯恩岛的访客。这两名皮特凯恩岛民已经在"自家"岛屿上拥有了很多信徒，又在不到两个月里劝服了乔治·胡恩·诺布斯的四子阿尔弗雷德。阿尔弗雷德当时在社区学校当老师，他宣布拒绝在学校教授英国国教的教义，因此立刻就被解雇。据基督复临安息日会的记载，他"受到了各种迫害，比如放干他家水箱的水"。这种行为进一步坚定了他的信念，1895年返回诺福克岛之前，他在悉尼接受了教会的任命，成为基督复临安息日会的长老和领袖，直到1906年去世，阿尔弗雷德一直担任这一职务。

伦敦和悉尼的世俗政权越来越关注诺福克岛的社会状况。1896年，英国政府废除诺福克独立殖民地的地位，将其归置于新南威尔士政府的管辖之下。那年2月，新南威尔士总督怀康特·汉普登访问了该岛，岛上的状况让他深感震惊。粮食作物在田地里发霉腐烂，家畜四处游荡，很多住宅和公用建筑年久失修、破破烂烂，大人穿得邋里邋遢，孩子四处疯跑。然而，他的主要关注点还是岛上令人吃惊的司法行政状况。

汉普登立即委派两位官员"全面彻查政府事务的各个方面和岛上居民的生存状况与生活条件，一处也不能放过，尤其要调查司法行政的行事方式，颁布的法律或命令的执行及遵守情况，以及我的前任们、该岛的总督所颁布的告示"。岛上的腐败之风暴露无遗，但能否带来一个持续而有价值的解决方案则另当别论了。

第十九章 "为上帝服务的工人"

从乔治·诺布斯去世至怀康特·汉普登到来,这十二年里,岛上的管理日趋混乱,几近瘫痪。因此,1896 年 3 月底,J. H. 卡拉瑟斯和查尔斯·J. 奥利弗特派员向新南威尔士总督汇报调查结果时得出了这一不可避免的结论。

摆在他们面前的证据说明了一切。譬如,诺福克岛上的一个零售店店主曾请求制定一部禁止虐待动物的法律。他说,岛上盗贼横行,偷盗牛羊司空见惯。受圣巴拿巴布道团支持的代理校长托马斯·布坎南同样是个直率的人。他发现学校处于一种"不光彩"的状态。他说:"所有的设施都是为了过一种不道德的生活,比如男孩与女孩混用厕所。学校毫无纪律可言,学生想来就来,想走就走。老师与大多学生或多或少有点血缘关系,以至于他们认为自己犯点小错是不会受到惩罚的。"[①]

"至于女孩子的品行,她们在学校时都没有问题,"托马斯说道,

[①] Tiakihana, Tamati, Norfolk Island, 1948, p. 34.

他的话显然暗指她们在家里是另一种情形,"年轻的小伙子则非常令人失望,他们无论是对上帝还是对男人,都很少表现出应有的敬意,对女性的尊重则更少。行为检点这一世俗社会的法则很少在他们的考虑之中。'失足'少女毫无障碍便能找到结婚对象,被迫嫁人的女性也会毫不羞耻地被领到教堂圣坛举行婚礼。"

11月14日,汉普登随"卡通巴号"(HMS Katoomba)回到岛上,随即召集岛民开会。他直言不讳地要求岛民们必须更加勤奋;岛上野生烟草和有毒灌木肆虐可"不是什么光彩的事";"犯罪泛滥,尽管有些严重,有些轻微;道德水准十分低下,司法管理简直就是笑话。"汉普登说。[①] 汉普登随后撤销了诺福克岛对本岛的管辖治理权,将其全部并入新南威尔士政府的管辖之下,并宣布了新的法律和规定。1877年成立的调解社区事务的"耆老会"(Council of Elders)被重组为咨询委员会,每年从在岛上居住半年以上且年满25岁的男性中选举12人担任委员。

汉普登从"卡通巴号"上带来一名英国军官,即威廉·沃纳·斯波尔丁中校,他常常炫耀自己因为效力于英国国王而获得的一枚"最低等级圣迈克尔和圣乔治勋爵"(CMG,即Companion of the Order of St Michael & St George)勋章。斯波尔丁可能参加过祖鲁战争[②],然而这些都没有明确的记录。斯波尔丁有足够的资本傲慢地炫耀,因为汉普登任命他为首席治安官,选择他将诺福克岛上的居民拉回正道。斯波尔丁任命自己的儿子威利·斯波尔丁中尉为法庭

---

① Tiakihana, Tamati, Norfolk Island, 1948, p. 34.
② 1879年大英帝国与南非祖鲁王国之间的战争,终结了祖鲁作为独立国家的历史。

职员，两人联手欺骗国王、私占罚款、篡改书籍。父子俩毫无廉耻地将诺福克岛当成自己的私家金库，贪婪攫取。岛上居民在亚瑟·巴菲特的带领下通过给总督递送请愿书和写信来回击，并与两人公开对抗。他们的斗争得到了邮件管理员弗朗西斯·诺布斯的协助，因此他们有机会窥探斯波尔丁父子进出诺福克岛的信件内容。

有一次，因为小斯波尔丁的"无耻"行径，巴菲特在郎里奇草地网球俱乐部与其发生冲突，小斯波尔丁要求巴菲特"撤回全部投诉信件并致以书面道歉"，否则他会"立即在首席治安官法庭启动控告巴菲特肆意诽谤、毁损名誉和虐待他人的诉讼程序，并要求赔偿 20 英镑"。①

既然这个案子将由老斯波尔丁来处理，巴菲特就知道自己已处于下风，因此他不仅写了道歉信，还向原告支付了一基尼作为"诽谤罚金"。然而，这一事件导致了斯波尔丁集团的倒台，因为巴菲特的请愿书和抗议信引起了上面的重视，1898 年 5 月，G. E. 布罗迪作为新南威尔士的首席公共事务调查员被派到诺福克岛。布罗迪对小斯波尔丁的卑鄙行为非常愤怒。他说，"小斯波尔丁似乎只会利用自己的职权坑蒙拐骗"。②

巴菲特案件足以让小斯波尔丁就地解职，然而布罗迪很快又发现他利用自己的军事职位"敲诈勒索"当地居民，涉案不下 60 起，被敲诈勒索的多达 40 余人。显然，老斯波尔丁肯定是同谋，这个案件让小斯波尔丁身败名裂，当即被开除，而老斯波尔丁保留原职至年底。即使到了此刻，老斯波尔丁还厚颜无耻地要求诉讼外保护，不肯离开诺福克岛。他在这里弄到一个农场，即帕姆峡谷农场（Palm Glen Plantation），还娶了一个年轻妻子，她于 1900 年给老斯

---

①② Correspondence, Lt W. E. Spalding to Arthur Buffett, Norfolk Museum, p. 3.

波尔丁生下一女。

老斯波尔丁在政府大楼里的位置被一个更无能的人占据,即76岁的查尔斯·麦克阿瑟·金,他是菲利普·吉德利·金——110年前在此建立第一个流放地的那个金——的孙子。查尔斯出生于英格兰,但一生中大部分时间都在新南威尔士务农并担任公职。在日薄西山的年龄接受这一闲职让查尔斯很开心,他几乎没有做任何事情来改变现状。对于汉普登希望他改变岛民的道德状况的要求,他通常置之不理,尤其是涉及个人家庭生活的道德规范,比如总督曾要求的"严格隔离男女两性"。

一直以来,在皮特凯恩岛民的认知中,近亲通婚与侵犯年轻女性都不是什么了不得的大事。2004年皮特凯恩岛民那次轰动一时的审判——6个男人(都是叛乱者的后代)严重性侵未成年少女——让岛上发生的事情浮出水面。

1898年,"耆老会"讨论双方自愿发生性关系的年龄,分别设定为10岁和14岁。结果被送到新南威尔士民事检察专员乔治·柯恩宽面前,他认为没有提高年龄的必要,"我认为从人的出身与这里的天气状况来看,诺福克岛上的女孩要比这片殖民地上其他女孩早熟得多"。

对诺福克岛另一面的传教士和学徒来说,诺福克岛与索多玛岛①一样负有盛名。19世纪90年代,3名白人恋童癖传教士因为与美拉尼西亚男孩发生性关系而被开除。事实上,据希利亚德说,那

---

① 基督教《圣经》及伊斯兰教《可兰经》都曾提到"索多玛"。《旧约·创世记》记载,索多玛和蛾摩拉是古代两座淫城,城里的居民不遵守上帝的戒律,城中充斥着罪恶,因而被上帝毁灭,后来成为"罪恶之城"的代名词。"索多玛"一词后来成为罪恶及同性恋(Sodomy)的代名词。

时的圣巴拿巴少年同性恋行为非常"猥亵"。① 而且，传教士将美拉尼西亚学徒送回各自所来的岛上布道，但他们往往沉溺于"通奸与乱伦"，以至于仅1899年一年，新任主教塞西尔·威尔逊禁罚了不少于13名牧师。

33岁的威尔逊接替身体极为虚弱的塞尔温主教的职位，当时他手下有8名白人传教士、2名美拉尼西亚牧师以及7名助祭。威尔逊的管辖教区覆盖了3000公里之外的许多小岛，包括一些很小且人数逐年减少的信徒群体。与他的前任、毕业于伊顿公学和牛津大学的塞尔温不同，威尔逊毕业于名气与牛津相距甚远的汤布里奇学校(Tonbridge School)，他招募的传教士大多都来自他的母校，不过偶尔也能吸引到来自上层社会的志愿者，如之前在里丁(Reading)任助理牧师的牛津毕业生盖伊·伯里，他于1911年满怀热情地来到这里。"我早就对美拉尼西亚人民充满热爱。"伯里一抵达便给家人写信说，"他们似乎非常乐意见到我"。然而，他对南美拉尼西亚人和北美拉尼西亚人进行了区分，认为南美拉尼西亚人没有什么利用价值。伯里写道，"他们没有什么教养"，不像北美拉尼西亚人是"真正正直的人"。"不久前，我们北方的一位老师射杀了一个人，因为他经常不来上学。如果这不是表达情感的正确方式，我不知道怎样才是正确的表达方式"②。不久之后，伯里因恶性褥疮过量使用碘酒中毒而死。

威尔逊的另一个创新之举是招收女生进入学校并"授予其奖学

---

① Hilliard, David, God's Gentlemen, p. 155.
② Hilliard, David, God's Gentlemen, pp. 144 – 5.

金",尽管她们不像男生那样接受过严格的宗教训练。岛上大约有40名女生陆续进入学校学习阅读与写作、烹饪、沏茶与上茶,以及帮学校相关人员洗涮衣服。她们每天最少要在伊丽莎白·科伦索(Elizabeth Colenso)———一位与丈夫分居两地的新西兰牧师的妻子——的监视下工作3小时,为学校的男生及自己缝补每年穿坏的衣服和袍子。不幸的是,回到家里以后,她们新学的技能引起了大家的怀疑。在这个社会里,女人的地位与在传教士社会里完全不同,她们高傲的样子引来了一顿顿毒打。

威尔逊的任期从1894年开始直到1911年结束,他的工作因为需要与拥入的罗马天主教牧师、福音派循道宗信徒以及七天耶稣复临派传教士争夺当地人的灵魂而可圈可点。天主教传教士尤其好斗,他们同时进入所罗门群岛和新赫布里底群岛,在这里散布谣言说新英国国教是由花心国王(亨利八世)创立,他们的信徒不要指望死后进入"唯一真基督教"(One True Church)许诺的西方极乐世界。

英国国教徒慌了。之前他们从不限制辖区内的人皈依异教,如今却越来越发现把资源集中于诺福克岛让他们陷于不利。威尔逊现在必须派出基督战士进入这些地区反击那些"聪明的法国牧师"。"我们必须派人进驻……这些50年前即已播下种子的岛屿,否则别人将在这里收获果实了。"他写道。①

这就需要更多的传教士,于是威尔逊加倍努力地从英格兰、澳大利亚与新西兰招募"为上帝服务的工人"。截至1911年,威尔逊前往西澳大利亚接任班伯里主教一职——尽管还在澳大利亚,却已

---

① Hilliard, David, God's Gentlemen, p. 143.

远离美拉尼西亚群岛——他一共留下 29 位传教士，包括 12 名大学毕业生，其中有 10 位毕业于牛津或剑桥。这些人大多被派往孤悬海外的岛屿担任牧师，不幸的是，他们中的大多数在岛上待不了两三年便弃危险的孤岛牧师职位而去，转而投身环境更好、生活更愉悦的教区。慢慢地，原来处于中心位置的圣巴拿巴衰落了，最后一蹶不振。

随着维多利亚时代的逝去与 20 世纪的到来，诺福克岛上的非教徒居民只是偶尔想起曾经辉煌的帝国。1897 年汉普登总督颁布命令，称诺福克岛将依附于某一个联邦机构，这个机构将来很可能归属于新南威尔士。然而，1901 年 1 月 1 日澳大利亚联邦成立时，却没有特别的意愿将诺福克岛收归旗下。事实上，英国、澳大利亚和新西兰三方多次讨论如何在帝国框架下为诺福克岛找到最好的归属。

1903 年 5 月，新南威尔士总督哈里·劳森乘坐"福伯号"（HMS Phoebe）视察诺福克岛并做短暂停留。他此行除了任命州土地上诉法院①院长亚历山大·奥利弗"全面调查"诺福克岛诸事宜外，几乎没有留下任何印记。第二年，奥利弗报告说，诺福克岛应该由澳大利亚联邦来接管。他也注意到金士顿地区那些被岛民霸占的房屋已岌岌可危，因此提议承租人支付部分租金并有责任保持房屋原有结构。

这又进一步引出了曾参与调查诺福克岛事务的副行政官威廉·

---

① 各主要岛屿均设有地方法庭，其中设有专司世袭部落土地争议审定事宜的土地上诉法院。

休斯顿和议会立法员约翰·沃特金斯的几份报告。他们发现诺福克岛上 5000 英亩（2023 公顷）的适耕农田中仅仅有 350 英亩（1416 公顷）种植了作物，而这其中绝大部分又是属于布道团的。之前的皮特凯恩岛民更感兴趣的是从岛上的观测台上寻找鲸鱼的踪迹，然后对其进行捕杀，尽管出售鲸油并不能让他们过上稳定的生活。他们的报告也支持奥利弗关于修缮金士顿地区危房的建议，而这将引发诺福克岛上的一次重大危机。

经过激烈的争吵与协商，政府最终于 1907 年授予前皮特凯恩岛民房屋租赁许可证，并要求他们对房屋进行适当修缮。岛民们提出抗议。据当地历史学家梅尔文·豪尔记载："少数人接受了这个条件，因此也就没有动他们的房产。但对于那些拒绝接受这些条件的人，当局勒令他们腾空房屋，财产收归王室。因此就发生了 1908 年初金士顿地区驱逐房屋租赁人事件。"

这次行动引起了很深的愤恨，直到今天岛民们依然愤愤不平。1948 年，岛上的一位老居民吉利·贝利对此事件依然记忆犹新，"我看到军队全副武装登岛上岸，就像要去打仗一样。他们把老人赶出自己的房间，如果拒绝，他们就把老人扛出来。这是非常残忍的，我一辈子都无法忘记"。

事实上，此事不仅有益于岛民们的健康与安全，还让大陆有更多资金对诺福克岛进行管理。在海外事务部长帕特里克·麦克马洪·格林的努力下，尽管拖延了五年，《诺福克岛法案》最终在联邦议会通过。在这五年的过渡期里，岛民们仍然念念不忘每年 7 月至 10 月间迁徙期里路过诺福克岛的鲸鱼。捕鲸人会带上粗麻布袋，装上食物与烟草，乘坐两轮单骑马车或骑马来到巴尔湾（Ball Bay）驻地。据捕鲸史学者罗伯特·格拉汉·托夫茨说:"他们的食物不是前天晚上剩余的爱尔兰土豆、红薯、罐炖肉(用肉与土豆及其他蔬菜一起炖成),就是大家一起共享羊肉。他们也会带些橘子、香蕉以及自家制作的馅饼。"①

这些馅饼还是用几十年前美国捕鲸船长们的妻子所教的技术制作的,那些妻子常常追随着自己的丈夫漂洋过海,在诺福克岛登陆时受到当地妇女的欢迎。岛上的男人有时也会加入捕鲸船队,回来时也学到了一些新技能。事实上,C. C. R. 诺布斯于1886年在岛上开的第一家商店里就储存有大量的捕鲸武器和工具,尽管它们的质量并不一定是最好的。"捕鲸人每次进店购买补给时都会在记账簿上签名,店里绳子、铜钉、做船帆的帆布以及油漆等少数几样东西是从新西兰和澳大利亚进口的。"

"有些鱼叉上的绳索用不了一个季度就会腐烂,拴在上面的鲸鱼也就逃走了。绳索经常被猛然拽断,有些捕鲸船会被潮水冲坏或被翻滚冲击到岩石上的巨浪打碎。"②他们顺应风向与潮流,把鲸鱼、海豚等动物拖到瀑布湾、巴尔湾或金士顿。但是在风和日丽的季节里,相比于获取经济效益,他们更乐于嬉戏玩耍,因此年复一年的捕鲸事业也就仅供养家糊口。

1914年,新任海外事务部长休·马洪计划代表联邦政府管理这一区域,他派出部门主管阿特利·亚瑟·亨特前往该岛评估发展状况和自给自足的潜力。尽管亨特在岛上仅停留了三周,但他有在西

---

① Hilliard, David, God's Gentlemen, p. 28.
② Tofts, R. G., Norfolk Island Whaling Days, 1977, p. 23.

南太平洋20年制定政策的经验，还有他的终生好友、诺福克岛的行政长官迈克尔·"文斯"·墨菲的建议与帮助，后者全程参与了1896年查尔斯·奥利弗领导的英国皇家专门调查委员会的工作。亨特的报告得到了新南威尔士州与联邦政府两方的尊重与支持。

亨特的最终报告为联邦政府制定关于诺福克岛的政策奠定了基础，影响达一代之久。这个报告极具远见，就如当年为了打击前皮特凯恩岛民中的顽抗者时所做的一样，仍然保留了居民自我管理的权利。

亨特注意到，到1914年，诺福克岛上的居民已不足1000，其中大约600人是前皮特凯恩岛民和捕鲸人，他们已经融入社会网络。剩下的则是美拉尼西亚学生和传教士、部分澳大利亚和新西兰管理人员以及为数不多的太平洋电缆站（Pacific Cable Station）的员工，这些员工负责利用1902年架设的海底电缆从澳大利亚和新西兰向加拿大传送信息，然后传输到世界各地。

亨特发现，"当有需求或得到适当刺激时"，前皮特凯恩岛民还是相当坚强能干的。然而，他说："不幸的是，由于数代人的近亲通婚与繁衍，岛民们明显出现机能衰退的迹象，这一点在心智上表现得特别明显，尽管生理机能上的衰退还没有找到足够的证据。"[1]

"他们在很多方面与孩童的表现类似，缺乏毅力，容易气馁；缺乏自主性，需要他人引领；因为不愿向外人表露真实想法，他们在行为上表现得谦恭友善；他们非常诚实，但像整个南太平洋地区

---

[1] Report to Minister, Atlee Hunt, National Achieves of Australia, CP697/14, 262089.

的人一样，总是试图提供他们认为能让提问者高兴的答案。

"一直以来他们多少有点娇生惯养，惯于对外寻求援助，不是视他人的援助为善行，而认为那是自己享有的权利。他们对岛外世界缺乏了解，也就无从进行比较，因此对自己的社区发展并无宏大抱负。

"他们的善良与慈爱产生了负面影响。因为同属于一个社区，因此相互之间都有亲属关系，那些懒惰的人知道自己总能获得食物，因此不愿多付出丝毫的努力。没有人为了积蓄财富而持续不断地工作……他们当然也能努力工作且做得很好，但需要某种形式的激励。"

亨特不认可那些指控岛民们"道德水平低下"的论调。相反，他发现"就今日而言，这个社区人民的道德水准可以与澳大利亚联邦或整个大英帝国的普遍道德水准媲美"。他认为，这很可能应归因于"近年来新南威尔士州教育局补充的优秀教师对他们的监督与细心守护"，尽管"纯皮特凯恩血统的孩子没有外来移民的孩子那么聪明，也没有他们那么高的入学申请率"。

作为一个规模小、联系紧密的社区，他们"遇到困难会相互帮助"，"路人会停下来友好地寒暄几句，不管是在走路、骑车还是开车。陌生人之间会亲切地互致敬意"。而且，这里"完全没有严重犯罪……很大程度上得益于岛上禁止生产烈酒，一般也不销售烈酒"。

亨特没有发现岛民们日常用语里常说的所谓"杂种"。"这既不是现实写照，也没有产生预期效果。"他说，"'杂种'这个说法只不过'是一种扼杀英语的暴力语言'。"

亨特建议给予行政长官（同时也是首席治安官）更大的权力，允许其将更多年度预算用于公共事业，联邦政府应该每年资助2500英镑，"最少连续资助几年"。他瞧不上岛民们把捕鲸作为自己的主要事业，尤其是"岛上每个行业的作业方法十分古老，浪费了很多人力，这是确定无疑的"。显然，亨特吸收了他在悉尼语法学校的密友"文斯"·墨菲的经验，试图描绘出捕鲸事业的生动图景。"当呼啸而过的'快艇'路过诺福克岛时，"他写道，"人们围观鲸鱼被拖到瀑布湾的卵石海滩，这是令人兴奋的景象，但没有什么技巧可言。"在一群群勇敢地跃入浅海的鲨鱼的协助下，男人们开始从半淹于海水中的鲸鱼身上剥离鲸脂。

"鲸脂随后被投入大锅煎熬，鲸油导入油罐，最后装桶出口。他们从未想过要对鲸油进行提炼或进行分级处理，以至于承销人经常抱怨他们的鲸油品质不均，颜色欠佳。他们没有处理鲸肉与鲸骨的设备，由此失去了大量利润。这些鲸肉和鲸骨最终或者成了鲨鱼的美食，或者任其腐烂，发出恶臭，污染了清新自然的空气。"

亨特的报告没有公开发布，但安德鲁·费希尔总理的政府接受了他的建议，这并不奇怪。墨菲作为行政长官被赋予额外的自主制定预算的权力，他在任上经历了数届政府，直到1920年才卸任。马洪部长也于1914年12月派出代表国会的各党派代表团视察诺福克岛，次年1月回来后，代表们对诺福克岛与岛上人民的印象各不相同。著名的工党成员弗兰克·安斯蒂的报告给人印象最深，他为岛上破旧不堪的建筑，尤其是那些流放犯建筑震惊不已。"到处都是墙体破裂、房顶坍塌、半扇门板颤巍巍挂在合页上的房子。"他写道，"白天已让人心惊胆战，一到晚上，鸟类在海风与废墟中鬼叫，仿佛孤魂野鬼在痛苦中呻吟、脚镣手铐在叮当作响,你只想早日离开。

"这是一座死城,曾一度拥有2000人口,绝大部分人戴着镣铐,行动笨拙,还有少数是看守与士兵。如今那些行动受限者和自由人都已走进坟墓。质量路两旁是军营与仓库,墙上开着防卫用的瞭望口,就像中世纪的城堡。再往前就是流放时代来到此地的医生、牧师、神父以及军官的住所。这座城市原本是流放制度的产物,后来又因产业而发展,其街道和小路、建筑物、花园、供水系统与污水处理系统都在迅速老化。如今只有极少的几户人家还住在这里。"①

随着时间的推移,行政长官墨菲与岛民的关系逐渐恶化,尤其是在1916年后,阿特利·亨特的报告让他得到了零售店店主兼社区领袖C. C. R. 诺布斯的财产。诺布斯与他的追随者们提出抗议,他们说诺福克岛是维多利亚女王赐予他们的礼物,澳大利亚政府没有权力对他们的领土实施管理。布尔战争期间,诺福克岛民也派出了自己的小分队。1914年第一次世界大战期间,征兵的号召响遍大英帝国,岛民也响应帝国的召唤,至少77人自愿加入部队。由于人数不足以独立建制,他们被编入新西兰与澳大利亚军团,即澳新军团。其中2人在加里波利战争中阵亡,还有4人受伤。到战争彻底结束时,共有13人为了帝国的事业而牺牲了自己的生命,另外还有最少20人在西线的行动中受伤。

---

① 'Report of Visit of MPs – Their Views about the Island', Government Printer, 1915.

阿特利·亨特曾建议进行强制军事训练，所以岛上的一支步枪队曾在电缆站击退了来犯之敌。但是由于墨菲与岛民之间的矛盾日益激化，训练之事无疾而终。战争结束以后，岛民无意再起波澜，从战场归来的士兵开阔了视野，大部分人对于能在诺福克岛这个大家庭过上平静的生活而感到满足。

这场战争对传教事业产生了负面影响。大屠杀剿灭了英国一代年轻人，事实上意味着传教士征募源头的丧失。截至1918年，在职传教士中又少了5个欧洲人，7个地区教会空无一人。工作量如此巨大，而外来援助又是如此匮乏，因此1918年10月，传教士发生哗变。18个神职人员与传道俗人通过匿名投票表达了"对当前传教工作的不满"。[1]

威尔逊主教的继承人塞西尔·约翰·伍德深感羞辱。作为牛津大学圣彼得学院的毕业生，他在1906年被任命为温布尔顿(Wimbledon)的教区牧师之前，一直在社会地位甚高的上哈尔登(High Halden)、马里波恩(Marylebone)和贝思纳尔格林(Bethnal Green)的助理牧师职位上任职。对他来说，美拉尼西亚主教之职并不是进入等级森严的英国国教会的好跳板。他手下的传教士要求在主教教区中享有更大的话语权，他没有答应。伍德在痛恨中辞去职务，返回英格兰，接受了一个低得多的职位，即萨福克农村地区的温特内斯汉教区教牧，之后终身未能升任主教。

伍德的离去标志着诺福克岛传教事业的终结。他的继任者约翰·梅因沃林·斯图尔德做了17年的传教士，于1920年负责关闭圣

---

[1] Hilliard, David, God's Gentlemen, p. 209.

巴拿巴布道团。与即将接任的弗雷德里·克梅里韦尔·莫利纽一起,将布道团总部搬到所罗门群岛的塞尔塔(Siota)。帕泰森纪念教堂(Patteson memorial chapel)因为无法搬离,至今仍矗立在原地,既是旅游景点,同时也提醒人们不要忘记大英帝国50年徒劳无功的传播福音的悲伤往事。毕业于牛津大学基布尔学院的莫利纽主教在塞尔塔教区的职位上一直待到1931年11月才辞去职位,之后因"卷入男色事件"而精神崩溃。①

---

① Blain Clergy Directory.

第二十章 新世纪

行政长官的权力越来越大,而《诺福克岛法案》同时也赋予岛上居民成立执行委员会的权利,这就播下了双方无休无止恶意争吵的种子。这个执行委员会主要由查尔斯·蔡斯·雷·诺布斯领导,他是族长之孙、弗莱彻·克里斯蒂安·诺布斯与苏珊·坎塔尔之子。查尔斯·诺布斯出生在诺福克岛,那时皮特凯恩岛民到达诺福克岛才三年。他是诺福克岛上极少数在大陆接受过教育的人,当时就读于帕拉马特的国王学校(King's School),最后一年表现完美,还是学校足球队的首发队员之一。毕业后进入新南威尔士银行,23岁即升任麦夸里港的代理会计师,他于1882年辞去职位回到家乡诺福克岛。

1883年,诺布斯被任命为诺福克岛合作社(Norfolk Island Cooperative Society)经理,四年之后清算破产,又自己开了一家商店。诺布斯与新西兰出生的艾格尼丝·艾伦结婚后,在郎里奇建了一栋结实的房子。和其他家庭成员一样,诺布斯非常珍视自己的贵族血统,将房子以想象中的曾祖父的爵位命名为"莫伊拉"(Moira),意为莫伊拉伯爵弗朗西斯·罗顿－黑斯廷。

执行委员会由 12 名成员组成，其中 6 名由行政长官提名，其余 6 名则每年由岛上全体成年居民选举产生。从本质上来说，这是一个顾问机构，但被赋予某些责任，比如道路维护、公共储备以及控制有毒野草等。诺布斯从 1917 年开始连续担任委员并 3 次担任主席。他很快就成为岛上的主要商务人才，据说曾一度拥有岛上三分之一的耕地，这些都是债务抵押品。1920 年墨菲的行政长官职位由约翰·帕内尔中将接替，委员会与新任行政长官之间的关系相对较为平和。帕内尔已从军队工程师升任为邓特伦皇家军事学院院长（Royal Military College Duntroon）。他是无线电爱好者，在岛上开设了莫尔斯电码班和旗语班。让他尤为高兴的是，他架设了诺福克岛上第一条电话线，从金士顿至瀑布湾。①

然而，1924 年帕内尔的继任者埃德温·利恩上校刚刚到达数周，政府部门就与委员会的民选成员之间爆发了激烈冲突。现年 65 岁、脾气暴躁、性格直率的诺布斯把自己看作是前皮特凯恩岛民权利的守护者，而利恩上校——第一次世界大战中澳大利亚最杰出的战士之一——则决定"按照法律"严格管理诺福克岛。56 岁的利恩在布尔战争的战场上临危受命，在第一次世界大战中以上尉军衔应征加入皇家空军。他参加了加里波利登陆战，战争末期在法国负责整个皇家空军的军械勤务。利恩在战报中 5 次受到提名表扬，被授予"大英帝国二等勋位爵士"②和"比利时英勇十字勋章"（Belgian

---

① Hoare, Merval, Norfolk Island: An Outline of its History 1774 – 1968, p. 122.
② CBE: Commander of (the order of) the British Empire

Croix de Guerre)。利恩的兄弟雷蒙德·利恩准将获得"战功十字勋章"(MilitaryCross)、"杰出军人勋章"(Distinguished Service Order and Bar)以及"法兰西英勇十字勋章"。据官方历史学家查尔斯·比恩(Charles Bean)说,他们是"澳大利亚历史上最著名的战士家庭"①中的领军人物。

冲突不可避免,结果是两败俱伤。他俩属于不同的世界,最细微的怠慢都会被无限放大。譬如,在利恩到达诺福克岛之后不久的一次年度农产品展上,他拿出了政府大楼后花园里种植的品相极好的蔬菜来展览,但这些蔬菜并没有参加农产品比赛,而是挂上了"实物教学"的标牌供岛上居民参观学习。诺布斯和他的密友认为这是对他们的故意羞辱。当利恩作为公诉人和首席治安官起诉麦克费尔家族从丰收节偷拿产品,并且拒绝对方上诉后,他们又一次被激怒了。

现在诺布斯每一次都与行政长官利恩针锋相对。而英国国教教士 A. R. 马丁用侮辱性的手势对利恩表示羞辱之后,形势进一步恶化。利恩给他写了一份言辞尖锐的信提醒说:"在过去的几周里,你一直对行政长官粗鲁无礼,今天(12月4日)在另外两位政府官员面前故伎重演,我已忍无可忍。我没有从你那里看到一个绅士对权威人士应有的尊重,你应该对此感到羞耻。行政长官坐在政府办公室中履行自己的职责只不过是官员不可推卸的责任。你的行为是故意为之,你在有意冒犯我。我对你已经十分忍耐,以后我不会再多加容忍。我已决定解除你与诺福克政府有关的一切职务,停发所

---

① Australian Dictionary of Biography, vol. 10. 1986.

有的薪水。"①利恩的态度盛气凌人而又盲目自信。他的妻子卡蒂·玛丽虽然善良但有可笑的优越感,她对这种紧张关系没有起到任何正面作用。相反,来诺福克岛之前她发给《悉尼晨锋报》的消息称,她将给予岛上居民"全新的兴趣以及关于音乐与文学的广博知识",这种说法是在给原本紧张的关系火上浇油。

利恩认真履行自己的职责,修缮公共建筑,并且第一次正式承认流放时期的监狱及其他建筑物的历史遗产价值。之前岛上居民常常在自己需要时将那些石头建筑挪用于自家建房。利恩努力寻求解决之道,试图用高压手段来解决,然而再次遭遇坚决抵抗。诺布斯与支持者一起将他们的抗议信、请愿书以及投诉意见雪片般地投向大陆媒体和联邦政府。最后总理办公室于1926年1月对此做出回应,总督斯通黑文男爵派新南威尔士前邮政大臣弗朗西斯·怀沙尔调查该事件,"调查岛上居民对这种情况的所有投诉。若你本人遇到这种情况,会采取何种补救措施"。

怀沙尔特派员于次月抵达诺福克岛,立刻就被诺布斯精心组织的投诉淹没。他在岛上停留到4月,向一百来位目击证人搜集证据。他于7月发布了调查报告,报告中尽管对利恩复原公共建筑、采取的商业举措及履行其他职责所取得的成绩表示强有力的支持,但也批评了这位军人出身的行政长官作为首席治安官在应有的司法职能方面的无能。尽管刚抵达时,利恩对岛上居民抱有"同情"的态度,但怀沙尔发现他的态度很快发生了转变,认为岛上居民"品质

---

① Nobbs, Raymond, Norfolk Island and its Third Settlement, 1856 – 1956, pp. 174 – 5.

卑劣，不值得尊敬"。

怀沙尔在具有定罪性质的结论中写道："岛上居民对权威表示服从，但他们对行政长官的尊重被利恩上校的非常态度打碎了。显然，利恩在行使自己的司法职能时所采取的行动十分激烈（原文如此），与司法原则相当不一致。"也许更重要的是，出于对诺福克岛社区的同情，他向上级部门呼吁："为了联邦和诺福克岛的利益，立即召回现任行政长官，刻不容缓。"诺布斯取得了彻底的胜利。尽管利恩上校曾在北领地行政长官 F. C. 厄克特请病假的 6 个月里为他暂代职务且在任期内的行为毫无争议，但还是被如期撤职。

曾在诺福克岛任行政长官的文斯·墨菲被重新召回担任行政长官，直到新的任命下来。新任行政长官 V. C. M. 泽尔海姆少将是一位早期殖民者的后裔，即大名鼎鼎的詹姆斯·莫里塞司令之孙。可惜的是，年老体衰的将军不堪重负，不到一年即病逝任上。泽尔海姆的继任者查尔斯·爱德华·赫伯特法官与他命运相同，因此在一段时间里，诺福克岛的行政事务只能由邮政总署前巡视员 H. S. 埃德加勉强应付。埃德加先生一直在诺福克岛上生活，直到 1937 年去世，享年 90 岁。

1929 年下半年，行政长官的职位由艾尔弗雷德·贝内特上校接替。贝内特上校曾在军队的职业生涯里取得辉煌的战绩，之后被任命为悉尼威弗利公立学校校长。贝内特上校满怀热情地来到诺福克岛上履新，但遇到了执行委员会里的刺儿头 C. C. R. 诺布斯，他干脆把自己关在住处，"极少见人，谁也无法取得他的信任"。[①] 贝内

---

① Nobbs, Raymond, Norfolk Island and its Third Settlement, 1856 – 1956, p. 177.

特在任上熬到 1932 年光荣退休，从此再未回诺福克岛。

1932 年下半年，新任行政长官在狂风暴雨中离开金士顿，驾车来到诺福克岛接替那个凄惨的隐士的职务，此人有良好而广泛的社会关系，他就是查尔斯·罗伯特·平尼上尉。平尼上尉曾在艾森顿文法学校上学，第一次世界大战中获得"战功十字勋章"，在加里波利战役中的孤松（Lone Pine）战场受过伤，1918 年与赫伯特·默里爵士——1908 年至 1940 年澳大利亚托管地巴布亚的首领——的独生女儿玛丽·德斯蒙德结婚。平尼曾是岳父手下的立法与执行委员会的成员之一，几年前在前总理斯坦利·布鲁斯的支持下曾申请担任诺福克岛的行政长官。到 1932 年，平尼已有一儿一女，女儿莫拉（Maura）13 岁，儿子彼得 10 岁。彼得后来成为享有盛誉的作家，出版了一系列流行的旅游书籍。

汹涌的波涛让他们难以靠岸，但忠实的 H. S. 埃德加依然冒着风险乘坐捕鲸船前去迎接。风浪稍为平静之后，平尼带着一家人移步埃德加的小船一起前往诺福克岛，一队由男童子军和巡逻员组成的仪仗队已在岸边列队等候。① 他们立即对政府大楼进行修缮，其时，政府大楼因为盐蚀，墙面破损严重，上面贴着丑陋的墙纸，用平尼太太的话说："家具与地毯就像是特兰西瓦尼亚地牢②里的装饰品。"③ 不过房间里倒是一尘不染。

平尼开始巡视自己的领地。诺福克岛的人口依然保持在 1000 人左右，神职人员离去的缺口已被前皮特凯恩岛民的自然增长、外

---

① ③ Hoare, Merval, Norfolk Island in the 1930s, p. 1.
② 罗马尼亚中西部地区，在吸血鬼故事中具有符号意义。

来定居者(包括从皮特凯恩岛来的)以及增加的政府管理人员填补。学校有一名校长和四位教师,大约有 160 名学生,四位教师中有三位是年轻女教师。

这个季节里,捕鲸仍然占用了岛上居民许多时间,但是鲸产品的生产及香蕉等热带水果的出口取得了一些进步。1932 年,果农们把 1.8 万多箱香蕉和许多蔬菜以及百香果运到悉尼。然而,低技术的处理方式让产品尤其是香蕉难以以最优的价格出售。因为同样的原因,诺福克岛上另一种特产菜豆运抵悉尼时不是发霉就是感染了象鼻虫。

旅游业一度成为发展经济的灵丹妙药。阿特利·亨特在 1914 年的报告中就预见了旅游业的发展。"对于澳大利亚人来说,五天的海上航行毫无压力,诺福克岛是一个非常理想的度假胜地。"亨特写道,"游客可以入住岛中央的公寓,尽管空间有限,无法提供窗明几净的房间、鲜美的食物,也缺乏细致周到的服务,难以让人产生宾至如归的感觉。岛上也无法提供激动人心的娱乐项目,但对于那些喜爱以无竿钓丝钓鱼的人来说,如果他们愿意接受当地船夫的建议与帮助,钓鱼无疑是极好的娱乐方式。"①

到 1932 年,除了"SS 慕利达号"的行程缩短了两三天外,还发生了一点小小的变化。但缺乏优良的港口仍然是诺福克岛发展旅游业与商业的障碍。事实上,在一次关于当地船员的薪水及其来源的争吵后,通过船夫用驳船从"慕利达号"上卸货之事将成为平尼所遭遇的第一次危机。平尼决定以铁腕通过一项决议。但真正对他造成

---

① Hunt, Atlee, Report to the Minister, 1914.

麻烦的是诺布斯,现在此人已成为海外事务部及其改组后的机构中臭名昭著的上访人,他的投诉信件都被部里官员们照例标上"置之不理,归档"的字样。① 处于困境的行政长官无计可施。随着大萧条的魔爪扼住诺福克岛的经济命脉,岛上居民的情绪更加躁动不安。

诺布斯因为接二连三的商业风险投资失败而变本加厉。20世纪20年代初,诺布斯的表弟乔治·帕金斯·克里斯蒂安——他在美国捕鲸船"查尔斯·W. 摩根号"(Charles W. Morgan)上工作多年,也有人说他在肯纳卡(Kanaka)从事奴隶贸易——说服诺布斯在艾米丽湾后的陆地上(后来移到当地的高尔夫球场内)投资建造一艘大船。诺布斯利用诺福克岛上的松树不折不扣地执行克里斯蒂安的计划。1925年大船如期建成并完整装备等待下水。第二年,大船载着新招募的船员与货物一起驶往新西兰,"满怀希望地开始出售自己的产品,更希望将来能够出口其他商品"②。

克里斯蒂安任船长。然而,"由于船体缺少通风设备,第一次航行就出了许多问题。产品开始腐烂,不得不大量抛弃。"克里斯蒂安只得重新改造货船,为它加装了一个发动机,希望能够缩短到达市场的时间,"但是这项改装计划投入太大,以致投资失败"。③这艘船后来由伯恩斯·菲尔普经营,用于与周边岛屿间的贸易,1949年在驻泊地神秘沉没。

这次投资灾难之后,诺布斯又遭遇了几次挫败。他投资的一个

---

① Hoare, Merval, Norfolk Island in the 1930s, p. 24.
②③ Tofts, R. G., Norfolk Island Whaling Days, p. 26.

小型柠檬汁企业由于缺乏可靠的供应链和稳定的市场而倒闭。他开了一家电影院，尽管在当地很火，但很快就需要电费补贴才能勉强度日。

到了 1934 年，诺福克岛面临一次危机，居民纷纷离岛迁往大陆。新西兰由于贸易保护主义而停止了柑橘与新鲜蔬菜的进口，悉尼的香蕉价格低迷使得蕉农们只能勉强度日。平尼从联邦政府为农作物种植者争取了一项优惠政策，但对于解除他们的窘境帮助有限。作为执行委员会主席，诺布斯变得愈发不可理喻，平尼只好启动了罢免他的程序。5 月 19 日，投票后平尼获得三分之二的选举委员和任命委员的支持，决定罢免这个让他讨厌的人。诺布斯空出来的位置由选举出来的尤斯塔斯·克里斯蒂安接替。现在诺布斯更加放肆了，起诉平尼以"以错误的、不公平的方式"解除他的职务，并要求获得 3000 英镑的赔偿。一位悉尼来的法官在诺福克岛上对案件进行了审判，最终判定给予他 2 英镑的补偿。

然而，诺布斯是社区的实际组织者，作为学校和医院董事会主席以及岛上体育活动的赞助人，他一直坚持不懈。他早先已成为澳大利亚大陆本土的共济会会员，常去新南威尔士参加会议，并试图说服悉尼的领导机构在诺福克岛上建一座教堂，但从未成功。而前皮特凯恩岛民已经建立了自己的排外团体，尽管经常发生争吵，内部也有分化。

诺布斯不是唯一一个让行政长官平尼夜不能寐的讨厌鬼。另一个是詹姆斯·麦克阿瑟-翁斯洛，一个从诺福克黑暗历史中走出来的幽灵，他是领导新南威尔士军团背叛布莱船长的那个人的后裔。麦克阿瑟-翁斯洛因为个性桀骜不驯而被父亲剥夺了继承权以至破产，他于1933年来到诺福克岛。麦克阿瑟－翁斯洛与前演员妻子康士坦茨·赫伯特迅速融入诺福克岛的圈子，他们的祖先都曾背叛过性情暴躁的布莱船长，而他们都以自己是贵族后裔而自命不凡，尽管是奔异兽①的变种。

麦克阿瑟－翁斯洛不顾禁酒令，迫使政府的卫生官员准许他每周饮酒一次并高调炫耀。经此一闹，他就毁掉了行政长官的权威，成为那些心有二意的反对者心中的领头羊。1934年5月，他竟然以自己手中的罢免权威胁平尼，要求平尼承租自己在诺福克岛的房产。平尼怒火中烧却无可奈何。接下来麦克阿瑟－翁斯洛公然违抗他的命令，开始组建自己的轻骑部队。其时，极右翼改革派对此事给予了相当的关注，该派的德格鲁特上校已终止了悉尼海港大桥项目。麦克阿瑟－翁斯洛的行为是他们无法容忍的。政府授权平尼实施颇有争议的《1901移民限制法案》，如果某人无法通过政府指定的某一语言的听写测试，这人就可以被驱逐出境。

平尼下令听写麦克阿瑟－翁斯洛50个德语单词，他只写出一个单词，即"Kamerad"（同伴、战友），因此没有通过测试而被判定为非法移民。麦克阿瑟－翁斯洛被囚禁于一间古老的流放犯牢房。他在诺福克岛上的支持者通过电报和信件向总理乔·莱昂斯以及反对党领袖杰克·斯卡林反映，威胁说如果不罢免平尼和他的秘书埃里克·斯托普上尉，他们将"制造事端"。诺布斯在劳森大厅组织了一次公众会议，有400人支持康士坦茨的诉求。他们要求缓期执行，并且记录了他们对用德语进行测试的"愤恨"。麦克阿瑟－翁斯

---

① 澳大利亚传说中的物种。

洛一家，包括其两岁的儿子，于7月12日被"慕利达号"递送出岛，返回悉尼，从此再无消息，直到麦克阿瑟-翁斯洛1959年去世。

平尼的岳父赫伯特爵士为他"辉煌的胜利"鼓掌喝彩。尽管平尼申请担任其他的皇家职务，然而他于1935年接到任命再留任一年。国土部部长（Minister for Territories）乔治·皮尔斯爵士3月访问诺福克岛，此时的诺布斯是诺福克岛协会（Norfolk Island Association）的主席，他重启从利恩上校时代就已开始的投诉。然而，皮尔斯没把他的投诉放在心上，依然支持平尼和斯托普上尉（"一个忙碌而有冲劲的人"）。然而他决定以顾问委员会（Advisory Council）取代之前的执行委员会，8个成员全部由民众选举产生。诺布斯又一次在选举中获胜，成员通过投票决定由他来担任主席职务。

平尼继续留任一年，尽管过度劳累正在损害他的健康。1936年6月，平尼的心脏病开始发作，但他很快恢复了。他在年度报告中乐观地写道："虽然过去四五年的经济压力让本地居民期望政府提供帮助，但人们自力更生的精神未被摧毁。随着各部门的协调运转，增长趋势已现，未来的繁荣值得期待……人们的斗志肯定比一年之前高昂。"

12月，圣诞庆祝之后，平尼带着家人离开诺福克岛回到悉尼欢度新年。他在回岛的路上遭遇了一次又一次的风暴，许久之后才回到岛上。现在经济大萧条时期已过，大约一个月之后，一吨鱼产品从他的辖区的冷藏加工厂出口到悉尼。平尼的任期即将于6月30日结束。5月，岛上260位居民，包括202位前皮特凯恩岛民后裔及其家人在顾问委员会新任主席克比·罗宾逊的带领下向政府请求让平尼再干两年。然而，刺儿头诺布斯却不接受这一请求，他在之后的一次委员会会议上强行通过了一项提案，即"任何行政长官或政府秘书的任期在任何情况下不能超过三年，除非有三分之二以上的选民请求其连任"。诺布斯领导的诺福克岛协会支持平尼离任。

平尼同意离任，最终在1937年12月4日与家人一起怀着遗憾伤心地离开了诺福克岛。他打算继续谋求一个管理职位，然而他的疾病又开始发作。平尼移居到波拉尔地区生活，健康状况日趋恶化。他于1945年12月去世，享年62岁。给他些许安慰的是，一直与他作对的诺布斯在他离岛8个月之后去世，享年89岁。

新任行政长官查尔斯·"罗西"·罗森塔尔爵士是一个非同凡响的人物，他是杰出的建筑师、卓越的军事指挥官、活跃的男中音歌唱家与颇有成就的音乐家。他即将开始对诺福克岛长达九年的管理，这将创造一个历史性的纪录。第二次世界大战爆发时，他组建了志愿步兵团，统率着一支由几千名来自澳大利亚、新西兰和美国的士兵组成的多国部队。诺福克岛民再次应征入伍，为澳大利亚服务，共有80人加入志愿队伍，其中九人牺牲。

1942年8月，美国和澳大利亚工程师来到诺福克岛勘察适合建设飞机跑道的地点。他们选定郎里奇的高原地区，这里有一条自流放时期即已建成的植有500棵松树的大街。他们开始大兴土木，仅3个月时间就完成了机场的建设。1942年圣诞日，为支持驻扎在诺福克岛周边战略据点的新西兰军队，新西兰空军的战机飞临该岛。之后不久，哈德逊轰炸机中队开始在诺福克基地进行从早到晚的空中巡逻。一年后又建立了一个雷达站。然而，他们与敌人没有直接接触，诺福克岛作为一个中转站，供飞机往来澳大利亚与美国。

尽管如此，战争依然让诺福克岛发生了一些重要改变。毗邻机场的焦松(Burnt Pine)村得到发展与扩张,修建了一所拥有20张床位的医院。禁酒令不再执行,一些新鲜血液进入了公共生活的血脉——不管是出于偶然因素还是人为设计,这些变化人所共见。但是机场才是改变诺福克岛经济状况的主因。从1948年开始,机场的管辖权归联邦民用航空部所有,澳洲航空与新西兰航空相继开通了定期航班,大陆的游客纷纷前来探索诺福克岛的自然美景与历史名胜。查尔斯·罗森塔尔爵士1946年卸任后仍然留在岛上,继续以前所开展的保留与保护流放时期建筑的工作,以免其遭到岛民的进一步破坏和拆除。他还大力发展岛上的旅游产业。

可惜的是,在这两件事上,那些前皮特凯恩岛民的后代都不愿配合。他们与那些恐怖的流放岛史没有关系,或者说对之没有兴趣。这些被部分毁坏的建筑物要么充满异国情调,要么就是可以为自家建房提供原材料,他们没有特别的意愿吸引大群"外人"前来干扰他们与世隔绝的平静而慵懒的生活。1955年前,澳洲航空的航班定期一周一班,给岛上的旅游业带来了短暂繁荣,从1956年开始,航班减半,改为两周一班。

对于具有皮特凯恩血统的岛民来说,1956年是一个重要的年份:这一年正好是他们来到这片维多利亚女王赐予的土地满一百周年。他们花了大量时间来组织这次为期一周的节日庆典,即从6月8日开始的邦蒂日。此时的行政长官已换成了另一个军人科林·诺曼准将,他曾作为沙漠之鼠[①]手下的一员,分别在北非和新几内亚

[①] 1942年蒙哥马利将军率领澳大利亚、南非、印度和英国士兵组成的军队在北非重创素有"沙漠之狐"之称的隆美尔,从而为自己赢得"沙漠之鼠"的称号。诺曼当时在蒙哥马利手下当差。

获得"优异服务勋章"(DSO：Distinguished Service Order)和"战功十字勋章"(MC：Military Cross)。他组织了一个居民委员会制订节日庆典计划，届时总督威廉·斯利姆爵士将率领联邦政府一众高官前来参加庆典。

900多名皮特凯恩岛民后裔将身着传统服装在金士顿码头再现当年的登陆场景，然后在古老的监狱墙边野餐，其余时间就是大家一起举杯庆祝。这一时刻吸引了全世界人民的目光。然而直至此时，岛民们也没有张开双臂、手舞足蹈地热情拥抱更广阔的世界，他们更愿意退回到自己最喜欢的生活方式：手握鱼叉静待来自深海的庞然大物，伺机出击。像是为了报复，他们重操旧业，开始大规模的捕鲸作业。

第一年也就是1956年的捕猎中，诺福克岛民全额完成了捕获150头鲸鱼的任务，接下来的5年里，他们甚至年年增加任务。到了1962年，他们掠夺性的捕杀迎来了不可避免的后果，这一年他们仅仅捕到4条鲸鱼。游戏结束了。此时恰逢澳大利亚本土经济衰退，旅游产业也受到沉重打击，诺福克的经济难民纷纷卷起铺盖前往澳大利亚或新西兰。岛上人口从鼎盛时期的1200多人降到800余人。与苦难伴随而来的是无休无止的争吵。

国土部长保罗·哈斯勒克(Paul Husluck)曾随总督一起参加过诺福克岛登陆百周年庆典，作为一个敏锐的历史学家，他对流放地废墟的遗产价值具有相当的兴趣。他撰写了3篇独立的研究报告，并且用联邦经费开启了一个遗产保护项目。此外，他还命令自己手下的官员着手准备将诺福克岛上的顾问委员会改组为一个拥有实权且承担责任的立法机构。1959年5月，哈斯勒克来到诺福克岛，主动向顾问委员会移交全部酒水税、机动车登记费以及其他类似的联邦资源；机场的维护费用由澳大利亚出资；承诺负担行政长官的薪俸及其他相关费用；免费转让属于联邦的全部工厂与设备的所有权；每年继续拨付至少3.2万英镑的经费。

然而，他也提出诺福克岛必须从民众中自筹资金。顾问委员会欣然接受，选举于1960年举行，然而澳大利亚新组建的立法机构食言了。不满与抱怨之声潮水般涌向背信弃义的澳大利亚政府，法律文本"被撕成碎片扔在顾问委员会的会议室"。尽管顾问委员会未被解散，但它的多数权力仍未落实，叛乱的魔鬼又开始在这些前皮特凯恩岛民的心中蠢蠢欲动。

1963年，哈斯勒克应诺福克人民的要求出台了另一项《诺福克岛法案》，里面写道："人们可以首选……依赖（澳大利亚）政府，而不是多缴纳赋税和经营自己的事业。"工党反对派发言人老金姆·比兹利说："在支持这一法案的同时，我想我们也应该借此表达对一群没有意愿自力更生的人的失望，同时也对'邦蒂号'叛乱者后裔不愿自我管理的言论表示惊讶。我希望在不远的将来，这一观念会有所改变……"

这不过是痴心妄想罢了。仇恨在持续发酵，1964年诺福克岛的一个资深居民H. S. 纽伯里终于发动谋反，他深信这座岛屿"是一片独立的领土"，1856年以来澳大利亚所强加的各种法律都是无效且违反宪法的。作为试探，他拒绝在顾问委员会登记选民资格，而按照新的法律规定，选民资格是必须登记的。当被判定违法后，纽伯里向首都领地的最高法院提起上诉，并由自己负责辩护工作。案件的主审是埃格尔斯顿法官，他草率地对纽伯里的上诉做出不予受理的决定。岛民们互相煽动着向联合国请愿,要求英国皇家专门调查委员会参与调查。而在诺福特岛上担任行政长官的澳大利亚军队退役军官走马灯似的来了又走,每个人的任期都很短,却常常要付出身体健康的代价。直到 1964 年,罗杰·比得·诺特来了之后情况才发生改变。他是新南威尔士的一个农场主,后来转行从政,在北领地行政长官任上取得了不俗的成绩。

诺特决定实现岛上食物的自给自足,他从自己农场进口小麦种子分发给诺福克岛的土地拥有者。第二年,几个农场的 66 英亩高质量小麦大获丰收,这是自流放时期以来最大的一次丰收。诺特还进口了高粱和其他谷物种子,以及新的牲畜品种,尤其是兰德瑞斯猪,都在诺福克岛上大获成功。

但是随着 60 年代中期澳大利亚经济状况好转,游客又回流了,此时作为诺福克岛上最重要的反对派的顾问委员会"对旅游业的兴趣大大超过农业"。岛上的农业官员在挫败中黯然离去,几年后新的官员才到任,诺特本人也于 1966 年离开。

委员会的顾问还决定为他们在皮特凯恩岛上的亲戚提供安家之所,位于毗邻法国核试验场穆鲁路(Mururoa)的地方。皮特凯恩岛上的人口在不断减少,但领头人约翰·洛伦佐·克里斯蒂安对此反应平淡,他说:"非常感谢你们邀请我们定居于美丽的诺福克岛法国测试场附近……如果有突发事件,我们将非常乐于接受你们的邀请……"结果,尽管双方互有来往,而且建立了稳定的通信联系,皮特凯恩岛民依然住在他们那块"小小的石头上"。

到 60 年代末,旅游业发展到了前所未有的高峰,平均每年到来的游客都在 1 万人左右。诺福克岛自己发行的纪念邮票成为一棵摇钱树；免税计划也吸引了大量大陆顾客；联邦政府补贴总计超过 6.6 万澳元。岛上一派欣欣向荣的景象。然而旅游业的繁荣并没有平息岛民们多年来对澳大利亚的不满，反而让他们更加放肆，他们于 1972 年向女王请求脱离澳大利亚"无情"的统治。

白金汉宫将他们的请求转给澳大利亚。两年后伊丽莎白女王、菲利普王子、安妮公主以及路易斯·蒙巴顿勋爵乘坐皇家游轮"布列塔尼亚号"（Britannia）访问了诺福克岛。尽管皇家访问团在岛上仅仅停留了 12 小时，但这次访问无疑给他们留下了难以磨灭的印象。他们去了最佳的观景台，之后该观景台改以女王的名字命名。从这里他们可以看到流放时期监狱遗迹的全景，由此得知前任政府的受害者遭受过怎样惨绝人寰的痛苦。但下午的娱乐活动才是整个行程的高潮，四个毛发发达、身材结实的皮特凯恩岛民后裔穿着遮盖甚少的芭蕾舞短裙演了一出滑稽戏。

据当天的报道，"对于女王来说，看到四个彪形大汉身着芭蕾舞女的短裙与汗衫、戴着假发、穿着短袜和芭蕾舞鞋出演经典舞剧，肯定是一次独一无二的体验。菲利普王子扭头看到女王忍俊不禁的样子，不禁开怀大笑。皇家访问团的其他成员面对眼前这一幕，也露出难以置信的表情。也许只有像诺福克岛这样闲散的自然状态与独特的幽默方式才能让这样的滑稽表演在皇室面前不显唐突"。

这次访问对既有的不满火上浇油，岛上居民没完没了地要求改变现状。联邦政府最终于 1975 年委任法官约翰·尼莫爵士调查"诺福克岛未来的状态以及与澳大利亚的法律关系；若法律关系发生变化，何种管理形式最为适合？"结论是必须综合考虑各种因素才能做出正确判断。在尼莫爵士的描述中，这里的状况让人泄气。莫尼爵士说，他发现这里是一个派系纷争的社会，"皮特凯恩岛民后裔、商人、免税计划的执行者、退休人口与新农民，他们各自有不同的利益。表面的友善与觥筹交错掩盖了某些群体之间的愤恨与反感"。

他的建议非常明确，也体现在高院拒绝诺福克岛独立的决议之中：澳大利亚要么彻底放弃诺福克岛，要么负责扶植其成为一个可以自食其力的社区。如果选择后者，那么诺福克岛就是澳大利亚联邦领土的一部分，岛上居民也是澳大利亚公民。由于人口太少，诺福克岛无法成为一个独立的选区，选民应并入堪培拉选区，在联邦议会中寻求他们的利益。皮特凯恩岛民后裔将失去他们的独特地位。顾问委员会将被撤销，由诺福克岛领地立法会取而代之，拥有提高岛民收入和接受联邦补贴的权力。最重要的是，诺福克岛居民从此需要支付个人所得税。消息传到诺福克岛的第二天，大约24位皮特凯恩岛民后裔（与一位前澳大利亚本土人）进行了一项进户民意调查，询问岛上居民是在尼莫的两个选项中做出选择，还是让诺福克岛继续保持"澳大利亚的海外独立领土地位，但拥有自己独立的法律、收益与税收体系"。结果有36人支持尼莫的选项，而有467人支持皮特凯恩岛民后裔提出的选项。打了几个月嘴仗后，另一部《诺福克岛法案》于1979年在议会通过。顾问委员会变成了立法会，由九人组成。每个选民必须投九票，投给同一个人的票不能超过四票。立法会的其中四人组成执行委员会，由首席部长领导。这个立法会拥有设计政策的权力，同时还是行政长官的顾问机构。岛上居民可以在大陆的某一选区登记选民资格，可以选择在与自己家人有联系的选区登记，也可以在堪培拉所在的首都领地选区或北领地的所罗门群岛登记。登记不是强制的，但一旦登记就必须投票。

经过 1979 年的调整之后，历届联邦政府都在努力寻求调和皮特凯恩岛民持续不断的需求与种族歧视法所承诺的款项及可靠预算，以及"邦蒂号"叛乱者后裔内心所期待的数值之间的关系。议会报告一个接一个，2003 年，罗丝·莱特福特参议员领导的海外领土委员会提出了一个惊人的发现。

他们报告说："社区中的绝大多数人平和、守法、勤劳、尽责，具有公民义务感，有帮助本社区生活拮据人群的传统美德。然而摆在委员会面前的证据显示，由于缺乏有效的监督和结算制度，社区的某些人利用现有管理体制的漏洞自肥。情况已越来越明显，隐藏在表相之下的非正式机制能够而且确实为人提供了不受惩罚的可操作空间。委员会对植根于诺福克岛的恐吓与威胁文化深表关切，这种文化损害了绝大多数人的利益。"莱特福特参议员举例说，他们用纵火和人身伤害的方式迫使一些居民离开诺福克岛，比如误用或滥用政治权力、干涉通信自由、监控他人电话以及"其他更狡猾的恐吓方式"。

第二十一章 "举世瞩目而又触目惊心"

以往的调查报告只是揭露了被这些复杂的家庭关系所掩盖的徇私枉法与追逐私利，而莱特福特的报告则呈现了更阴暗的一面。此时，澳大利亚联邦警察署正在调查 1893 年以来第一起被举报的谋杀案。

2002 年 3 月 31 日复活节那天，在柯克碧瀑布自然保护区（Cockpit Waterfall Reserve）紧邻瀑布湾的废弃鲸鱼宰杀场，29 岁的詹妮尔·巴顿的尸体被人发现，尸体用黑色塑料草草地包裹着。

詹妮尔生前遭到钝器击打，手和胳膊上有几处因防卫而受的伤。她的头骨碎裂、盆骨断裂、脚踝脱臼，致命伤在胸部，利器刺穿肺部，窒息而死。

令人难过的巧合是，詹妮尔的父母罗恩和卡萝尔——34 年前两人曾在诺福克共度蜜月——前一天从悉尼飞抵诺福克岛，前来与女儿共度一个短暂而美好的假期。那天晚上，詹妮尔在孤岛酒店（Castaway Hotel）里自己开的餐厅用炸鱼和炸薯条招待父母，之后罗恩和卡萝尔回到附近自己居住的全景花园度假村（Panorama Gardens resort）。他们打算第二天中午与女儿会合去岛上参观。

第二天早上，个子娇小但肌肉发达的詹妮尔把深色头发扎成马尾辫，像往常一样去孤岛酒店上早班，下班后开车回到从"老狐狸"·麦考伊与他的妻子露丝那里租来的小屋。途中在富怡（Footland）超市短暂停留。出乎她的意料，她在这里遇到上了年纪的露丝，并送给她家小辈4个复活节彩蛋作为礼物。

回到家后，詹妮尔换上汗衫与短裤，容光焕发地开始每天进行的早间漫步。她沿着树根山路（Rooty Hill Road）来到伊丽莎白女王观景台，有人看到她"与一个还是两个坐在车里的人交谈了一会儿"。① 这是她最后一次被人看到，当时大约是上午11:30至11:54之间。据报道，便在此时，观景台下金士顿区打高尔夫球的人说听到一声令人毛骨悚然的尖叫，然后就是一片死寂。

那天傍晚，两名新西兰游客闲逛时在诺福克岛北边的瀑布湾发现了詹妮尔的尸体。他们在6:30之前打了报警电话，警察立即赶到出事地点，勘察案发现场。此前巴顿夫妇已报警说女儿失踪了，此时他们正在去警局的路上。布兰登·林赛探长负责宣布这个悲惨的消息。露丝·麦考伊陪同警察一起确认尸体的身份时，巴顿夫妇被安排住在诺福克岛医院，受到很好的照看，一名当地医生确凿地说。

林赛探长向位于堪培拉的澳大利亚联邦警察总署汇报，总署于周二之前派专机送来一支法医团队和一名病理学家，第二天案件由鲍勃·彼得斯探长接手。接下来的五年里，彼得斯探长从未放弃对

---

① Nobbs, Raymond, Norfolk Island and its Third Settlement, 1856 – 1956, p. 222.

该案的关注,直到一个新西兰人格伦·麦克尼尔被诺福克岛法官判定为谋杀詹妮尔的凶手。麦克尼尔被判处 24 年监禁,现在还在澳大利亚的利思阁劳改中心(Lithgow Correctional Centre)服刑。麦克尼尔在审判时提出无罪辩护,但他也承认自己确实涉案,这是定罪的依据。然而,现在不管是跟笔者电话交流还是当面采访,麦克尼尔都声称是其他两个人杀了詹妮尔,复活节惨案中他只参与了抛尸的部分。麦克尼尔揭露的真相暴露了当下诺福克岛的很多问题。

彼得斯的调查显示,詹妮尔在岛上的两年里发现自己身处一种非常奇特的社会环境,她此前 27 年所接受的道德教育,也就是其父母所居住的那个绿树成荫的悉尼北部郊区彭南特山给予她的那些道德教育在此完全行不通。她曾在彭南特山当地的一个中学上学,学业成绩中上,那时她固执己见、刚愎自用的性格特征就已经体现出来,后来这个特征表现得更加明显,因此她常会与自己的朋友和伙伴发生冲突。詹妮尔大学一年级退学后在一家大银行找了一份工作,接下来的几年里,她不仅积累了澳大利亚银行的工作经验,也拥有了在国际大银行工作的经验。她在澳大利亚本土的最后一份工作是 1997 年至 1999 年在 IBM 某部门担任副经理。詹妮尔的社交生活比较活跃,她曾认真交往过两个男友。第二任男友是里克·贝特斯比,两人一起在悉尼生活,他是澳大利亚皇家海军的水兵。正是因为这种不安稳的爱情生活,以及偶尔的身体虐待让她最终决定离开澳大利亚前往诺福克岛,以获得情感上的平静……大概她是这么认为的。

到诺福克岛不久,她就与加拿大人拉里·佩雷特相恋,两人一起住在焦松镇的死鼠巷。这种关系很快就遇到了问题,在富怡超市一个名叫苏珊·菲尔德斯的工友劝说下,詹妮尔租住在诺福克岛长期居民查理·曼盖蒂家。然而当她得知菲尔德斯这个已婚女性与曼盖蒂关系暧昧后,她便去找菲尔德斯对质,以致两人在一个酒吧大打出手。

曼盖蒂也因此与她发生争吵,詹妮尔随后搬进曼盖蒂的兄弟保罗家。保罗绰号"日本佬"(Jap),是一个鳏夫,与自己的孩子住在诺福克岛西部的一个农场里。詹妮尔与保罗住了9个月,又与保罗的大儿子发生了冲突,随后她离开保罗家搬到"老狐狸"和露丝·麦考伊家的小屋。詹妮尔后来发现,当她住在"日本佬"家时,"日本佬"与罗碧·默多克也关系暧昧,后者是诺福克岛管委会的负责人,住在质量路,这两人后来结婚了。

詹妮尔后来又与从事建筑行业的劳伦斯·巴克特·坎塔尔谈上了,但他们的关系很快就走到互相厮打的阶段。詹妮尔的其他情人还有酒吧侍应生谢恩·沃明顿、游客布伦特·威尔逊以及单恋詹妮尔的38岁的木匠雷蒙德·"塔格"·耶格尔,不过他们相处的时间都很短暂。

彼得斯探长调查了上述所有人,但慢慢地把他们都排除在嫌疑人之外。彼得斯后来发现了詹妮尔的日记,她在日记中用图形描绘了自己与岛上居民间的社交关系,这给彼得斯提供了很大的帮助。日记还写明了从她成为悉尼北部郊区一个处于上升期的年轻部门经理以来所走过的路。譬如,她在2002年1月29日的日记中写道:"……在美味餐厅(Foodies)遇到巴克特,他邀请我去喝茶(吃了鸡肉与沙拉)。说实在的,他只是想睡我而已,因此我离开了……"

吊诡的是,詹妮尔在日记中从来没有提及格伦·麦克尼尔,可是根据案件的起诉书,麦克尼尔是因为对詹妮尔恼怒至极,无法自控而杀死了她。而且,詹妮尔在岛上的两年多时间里,麦克尼尔心无旁骛,对餐饮服务业投注了极大的心力。

格伦·麦克尼尔1978年出生于新西兰基督城,家中三兄妹中排行老小。麦克尼尔很小的时候,父亲彼得与母亲琳妮带着全家一起迁到新西兰南岛最北角的尼尔森居住。据他母亲说,麦克尼尔是"一个热爱和平的孩子,他的体内没有一丁点儿暴力因子"[①]。他特别喜欢与祖母一起在莫图伊卡(Mouteka)的滨海旅游度假村享受学校假期。麦克尼尔的姐姐艾丽卡说:"格伦不是好学生,我们都不是,但是他很活跃,经常与爷爷奶奶一起打板球、玩草地滚球游戏。他考上了尼尔森技工学校,厨艺不错,16岁时他移居奥马鲁(Omaru)。"麦克尼尔在奥马鲁与亲戚住在一起,18岁回到尼尔森,在市郊风景如画的阿普尔比区的塞弗里德葡萄庄园饭店谋得一份实习厨师的工作。

艾丽卡说:"他是个不安分的人,也是一个讨女人喜欢的男人,这一点引起他哥哥司各特的不满。"第二年,麦克尼尔跳槽到尼尔森市中心的码头饭店(Quayside Restaurant)和会展中心工作。正是在这里,麦克尼尔遇到了爱丽舍·泰勒,泰勒在卡特·霍尔特·哈维锯木厂开刨木机,同时还在前台轮班兼职。[②]

格伦和爱丽舍于2000年6月一起来到诺福克岛,两人很快就在餐饮业找到了工作。他们在一条名叫小卡特斯·科恩(Little Cut-

---

① Hoare, Merval, Norfolk Island 1950-1982, p. 19.
② Richard, Lisa, 'A lovely day', Your World, 2012, p. 23.

ters Corn)的死胡同里合租了一间平房。格伦在诺福克岛有数的几个旅游胜地之一山顶宾馆（Hillcrest Hotel）内的玛利亚餐厅（Mariah Restaurant）找了一份厨师的工作，爱丽舍在宾馆的前台上班。他们平常不太与人来往，2002年1月回到新西兰，在爱丽舍父母所在的莫图伊卡养鹿场结婚，完婚后很快回到诺福克岛。

两个月后詹妮尔·巴顿被谋杀。

彼得斯探长的调查很快遇到麻烦。这个案件具有神秘谋杀小说的一切因素——嫌疑人在当时岛上仅有的2771人之中，有法医提供的一系列证据，包括受害人衣服上不知名者的DNA。詹妮尔的汗衫与短裤被撕成碎片，却没有任何性侵的痕迹。

岛上居民对彼得斯的问询反应各异，有人满嘴难听的闲言碎语，也有人气愤不平、闷不作声，还有其他各种各样的反应。现年56岁的彼得斯是"悬案"侦破组的队长，具有顽强的意志力。但是每一个被询问的人都有不在场的铁证或者可以直接排除嫌疑。最后，彼得斯只好以大规模指纹取样的方式来辨认，总计有1632人自愿取样，但毫无结果。由于所有人都被视为嫌疑人，案件侦破遇到的挫折越来越多，民众的抱怨声也越来越大，岛上23%的当地居民拒绝配合指纹采样。

就在这时，格伦·麦克尼尔于5月某一天离开诺福克岛前往新西兰参加哥哥司各特的婚礼，同时也因为自己的婚姻"难以为继"，再也没有回诺福克岛，麦克尼尔在采访中说。艾丽卡说："格伦整天默不作声，家里猜测他在诺福克岛发生了什么事情。"[1]爱丽舍在

---

[1] Nimmo Report, p. 46.

诺福克岛一直住到12月,直到她与酒店合同期满,之后去伦敦待了一段时间才回到新西兰。

这时,麦克尼尔还是个20多岁不到30岁的年轻人,身材结实、相貌英俊,他在前老板德里克·哈丁经营的咖啡馆找了一份厨师的工作。麦克尼尔很快又有了新女友,名叫谢丽·胡珀,是一个牙医助理,带着年幼的儿子,他们叫他康纳。然而,格伦吸毒,已无法满足工作的要求。艾丽卡说:"我那时住在基督城,格伦自己去了戒毒所,他想见我,就把我叫到尼尔森。这次我要格伦跟我说说他的事情,他让我进去,显得非常害怕,不停地说我还是不知道的好。"

再说回诺福克岛,这时已是2004年了,案件的调查似乎没有取得什么进展。不久后岛上突发的另一起谋杀案让居民们震惊不已。7月19日,当地土地与环境部的艾文斯·("图恩")·巴菲特在质量路的办公室遭人枪击身亡。

巴菲特是詹妮尔·巴顿的熟人。詹妮尔的父母得知这个消息时翻看了詹妮尔的相册,从中找到他的照片。罗恩·巴顿说,他的直觉告诉他这两个案件之间可能有联系。图恩是一个喜欢热闹的人,一身流氓习气①。但是事情很快就明朗了,杀害他的是他年仅25岁的儿子利思,他一直认为自己的父亲是"灾星"。

在庭审中法官发现利思不具备刑事行为承担能力,决定将其转移至朗湾(Long Bay)监狱医院接受治疗。利思的心理疾病是先天遗传还是药物所致,目前尚无定论,但是《诺福克岛民报》的编辑告诉澳大利亚广播公司(ABC)《今日世界》栏目说:"过去几个月里,利

---

① Maynard, Roger, The Fatal Flaw, Random House, 2007, p. 5.

思的父母一直为利思的心理状况而担忧。他们一直在尽力寻找某种利思能够接受的治疗方案。"

当时,诺福克岛上皮特凯恩岛民后裔关注的另一个丑闻占据了世界新闻媒体。9月29日早晨,在皮特凯恩岛上,英国殖民史上最令人不齿的一个案件正在进行审判。才过9点,一群杰出的开业律师在首席大法官查尔斯·布莱基的率领下,浩浩荡荡地从传教所开往早已荒废的木质法庭,来审判皮特凯恩岛上53岁的市长史蒂文·雷蒙德·克里斯蒂安。克里斯蒂安是7个被告之首,另外6人分别是兰迪·克里斯蒂安、丹尼斯·克里斯蒂安、特里·杨、杰伊·沃伦、伦恩·布朗和戴夫·布朗,他们被控告犯有强奸罪和性侵罪。所有受害人都未满16周岁,大多都是被告的近亲。还有两名被告是肖恩·克里斯蒂安和特伦特·克里斯蒂安,但他们没有在审判现场出现。两个月后,在奥克兰的一个法院,又有32起指控指向4个已经移居新西兰的皮特凯恩岛民,其中一个以前是岛上的教师,这32起案件中包括10起强奸案。

皮特凯恩岛上的审判大会举世瞩目而又触目惊心。这次审判彻底结束了150多年来人们精心建构的浪漫想象,即文雅而虔诚的克里斯蒂安家族在南海建立了一个田园牧歌式的阿卡迪亚①。他们可能的确笃信宗教,但这些克里斯蒂安更是特殊材料做成的。岛上的审判持续了一个月,最后,从78岁的半聋人伦恩·布朗到30岁的精力过剩的兰迪·克里斯蒂安的整整三代人,被判定犯有35起性

---

① 阿卡迪亚位于希腊,也称为乌托邦,是传说中世界的中心,风景优美,地理位置优越。传说压迫、剥削消失时,这里将再次变成人间天堂。

侵罪行。这些人都是"邦蒂号"叛乱者的后人,而这些遭性侵而生活被毁的女人也都是他们的后代。① 英国幻想曲的遮羞布终于从众人睡眼惺忪的眼前被撕了下来。

2010年的另一项指控是针对时任市长的迈克尔·沃伦私藏幼儿色情作品的。尽管被人控告,但作为当地颇有权势的基督复临安息日会(Seventh Day Adventist Church)的资深人物,沃伦先生在被捕之后不久以高票重新当选为市长。

这些案件并不能证明诺福克岛上的皮特凯恩人或其他居民都有类似非法或可耻的行为,尽管的确有些人例外。比如2001年,基督复临安息日会执事、时年69岁的斯蒂芬·诺布斯被诺福克最高法院以殴打和猥亵儿童罪定刑。其中两个受害女孩来自基督教家庭,另一个是诺布斯家族的一员。但是由于没有"侵入",他的行为被定为性侵犯的最低等。威尔科克斯法官发现诺布斯是一个"一贯为所欲为"的人,"从未表现出一丝一毫的悔意",最终判处其48周的有期徒刑。②

最近的法院卷宗里还有一系列刑事案件,包括人身侵犯、违反暴力禁制令、两起强奸案,还有一起纵火案。也有人企图烧毁当地的RSL酒吧,当时里面还有人在喝酒。所有涉案人员都被岛上陪审团无罪释放。

1994年,澳大利亚司法改革委员会成员来诺福克岛调查社区家庭暴力的泛滥状况。克里斯·斯多提特派员后来说,当地妇女白天

---

① Maynard, Roger, The Fatal Flaw, Random House, 2007, p. 154.
② Maynard, Roger, The Fatal Flaw, Random House, 2007, p. 151.

都不敢与调查团成员说话,以免被人发现。

"他们一到晚上就特别忙。"斯多提说,"在夜色的掩盖下……妇女们争先恐后地前来诉苦。妇女们所讲的故事都是那些非常普遍而又不为外人所知的家庭暴力故事……甚至当地有人因为反对家庭暴力而被驱逐出诺福克岛。"①

但是当鲍勃·彼得斯探长最终确定抓捕詹妮尔·巴顿案的嫌犯时,却没有前诺福克岛民牵涉其中。就该案而言,格伦·麦克尼尔这个出身良好的新西兰厨师没有表现出一丝暴力倾向,却在没有任何帮助的情况下独自犯下了令人发指的谋杀罪。而且,他们断言麦克尼尔用大片黑色塑料把尸体包裹起来后,开着自己的车把尸体抛到瀑布湾的柯克碧地区,扔到一个可以被过路者发现的地方。

---

① Marks, Kathy, Pitcairn: Paradise Lost, HarperCollins, 2008, pp. 170 – 1.

第二十二章 "更好地为您服务"

2004年下半年，彼得斯探长的侦查取得重大突破。当时，70岁的飞机加油工达德利·哈德森（Dudley Hudson）住在小卡特斯·科恩，他打电话报警说发现一辆被抛弃的白色本田。事实上，这辆车被丢弃在一条小路上起码有两年之久了。有一段时间，哈德森想把车辆拆了，因为机场有拆卸报废交通工具的设备，但是他发现机场拆卸间关门了，就把车拖到了自家后院，将其中一个座套卸下来换到自己那辆破旧的本田披露（Prelude）上。两年后，他偶然听说警察正在寻找一辆白色汽车，因为有人说在詹妮尔·巴顿最后丧命的路上看见了一辆白色汽车。

30分钟后当地警察到了，那是2004年12月21日星期四下午2:30。哈德森回忆说，2002年3月或4月的某一个星期天他听到一声尖叫，随后听到砰的一声闷响，他探头出去看到了这辆汽车，他的邻居格伦·麦克尼尔坐在这辆车上，由爱丽舍·泰勒开的一辆黑色轿车拖着。哈德森想肯定是本田车与另一辆车追尾了。后来就看到麦克尼尔夫妇开着那辆黑色轿车走了。

警察把汽车移到警局,将其封起来。直到 2005 年 2 月,联邦警察署的法医团队才将精力转移到对这辆车的勘查上来。他们在勘查中发现这辆车的玻璃碎片与在詹妮尔头发中发现的玻璃碎片相同。后来车上的几根头发经美国某机构 DNA 化验发现"不排除"来自詹妮尔或她的母系亲属。于是,他们搜查了格伦·麦克尼尔以前居住的房子,在他的后院里发现了一张建筑用的黑色塑料,与包裹受害者的塑料类似。然而后来证明这张黑色塑料与这起案件无关,倒是在包裹尸体的塑料上找到的手印或指印与麦克尼尔的采样部分相同。麦克尼尔的指纹采样是在调查邦蒂中心即焦松旅游服务商店入室盗窃案时留下的,在那起案件中,他后来被排除了嫌疑。

这些证据的获取倒不算艰难,但现在调查者又通过澳大利亚联邦警署在伦敦的一个官员从爱丽舍·泰勒那里获得证词:2002 年复活节的那个周日,麦克尼尔给在他们居住的小卡特斯·科恩附近山顶的妻子爱丽舍打了三次电话,时间恰好是詹妮尔遇害前后。第一次打电话的时间被确定为中午 12:40,即詹妮尔最后出现在树根山路前往伊丽莎白女王观景台的路上大约一小时后,第二次和第三次分别是下午 1:10 和 2:05。爱丽舍告诉侦查员,麦克尼尔第一次打电话给她说要给她送烤三明治。她在电话中回复说"好的,谢谢",麦克尼尔送到山顶以后又打电话问她是否好吃。

澳大利亚联邦总署认为证据充分,于是决定派鲍勃·彼得斯探长与其搭档老康斯特布尔·托尼·埃德蒙森侦探乘飞机前往新西兰跨境抓捕嫌犯。他们通报尼尔森警方,让他们对麦克尼尔实施监控,直到他们抵达。这时,格伦·麦克尼尔已从戒毒所释放归来,回到了厨师岗位,住在尼尔森郊区的斯托克(Stoke)。2006 年 2 月 1

日,星期三,彼得斯和埃德蒙森在新西兰探长克里斯·罗伯茨的陪同下敲开了麦克尼尔在果园街(Orchard Street)的门。警察的到访并未让他感到太意外。爱丽舍在伦敦与警探谈话之后就打电话告诉了正在上班的麦克尼尔,说他是一起谋杀案的犯罪嫌疑犯。

罗伯茨宣布"因涉嫌谋杀詹妮尔"而逮捕他。谢丽·胡珀和孩子们疑惑地看着麦克尼尔换下衣服,被警察领走。后来她说:"他不是一个喜欢暴力的人,从来不发脾气……他是一个非常忠诚、浪漫的人。"①

在尼尔森警察局,关闭录像设备后,彼得斯警告他什么废话都不用说,只说那些可能对取证有用的就行了,然后出示了塑料袋上的指纹证据、头发的 DNA 检测结果以及塑料碎片。他没有提及詹妮尔衣服上发现的女性 DNA,也没有义务说这些。据罗伯茨探长说,在这个时候,麦克尼尔突然承认他开着本田在路上行驶时大麻毒瘾发作意外撞上了詹妮尔。

警察急忙打开录像机。除了麦克尼尔联系不上自己的律师中断了一下以及中途冲了杯咖啡并抽了一支烟,接下来的两个小时里,麦克尼尔详细阐述了整个故事,他声称:"我(从车底下)把她拖出来放进后备厢,因为我认为她已经死了。我把车开回去,在家里坐着,坐了大约,噢,一个小时还是两个小时,然后抓起一把刀,然后,我……我想我用刀扎了她。"扎的动作很快就结束了,"有三四处刀伤,就那样"②。

---

① Maynard, Roger, The Fatal Flaw, p. 155.
② Maynard, Roger, The Fatal Flaw, p. 145.

警局的法医病理学家提供的专业检验显示詹妮尔的伤与汽车撞击造成的伤不一致。另一方面，首席大法官马克·温伯格裁定头发上检测到的 DNA 不能成为证据。尽管扩大了侦查范围，仍然没有在麦克尼尔的住处找到谋杀凶器，也没有与案件有关的东西。因此法医的证据链颇有问题。

而且，被告打算彻底推翻之前的供词。在 2007 年的审讯中，在一次未经宣誓的陈述①中，麦克尼尔说谋杀案发生那天他生病了："大约在早上 11：30 至中午 12：00 间，我尽量回忆，我不是太肯定，午餐高峰期到来之前，我做了一个烤三明治给爱丽舍当午餐。

"做准备花了几分钟时间，烤三明治大约花了五分钟，我估计。然后我就坐进车里，沿路开到山顶。

"爱丽舍在休息期间开始吃三明治，我就坐在她旁边。我不记得我们聊了什么。我能记起的就是我在那里待了大约 20 分钟，然后开车回家了。我记得下午给爱丽舍打了一次还是两次电话。因为这是五年前的事了，我不记得当时说了什么。那天下午我就待在家里，4 点前我都在看电视或打电子游戏，直到爱丽舍下班回家。

"那天我没见过詹妮尔·巴顿，没开车经过树根山路，也没有绑架或谋杀詹妮尔·巴顿。爱丽舍和我开了很久的车，我们在岛上菲利普王子路以及其他许多路上兜风。

"人们有各种各样的说法，都在谈论这个案子。我记得，据说她是在柯克碧被发现的，裹在黑色塑料里；据说她是被车子碾轧

---

① 被告人未经宣誓陈述制度是英美法的一种特有制度，未经宣誓陈述不是证据但却有证据效力。

的，肇事者逃跑了；她还被人刺伤。只要在岛上，不管你躲到哪里，想不听到对这个案件的谈论是不可能的。

"我早就定好2002年5月回新西兰参加哥哥的婚礼。回到新西兰后，一个朋友推荐了一份工作，我就接受了。我和爱丽舍谈起过这事，我们都觉得我应该接受这份工作，而不是再回诺福克岛……我们定期通话，但这段时间里我们的关系确实遇到了一些问题。

"2002年9月，发生了一些计划之外或者说是预料之外的事情。我遇到了现在的伴侣，也就是谢丽。我和她恋爱了。从这个时候开始，我们的生活开始变得复杂起来。我尽我所能去处理好感情问题和失业问题，压力很大。我欠了钱，债主经常前来讨债。

"谢丽和我有两个孩子，这增加了我的负担。从那时开始，我的生活开始失控。随着压力的增加，我的毒瘾也变得更加严重。2005年11月事情到了非解决不可的地步，这时我选择了割腕自杀。我的生活没有希望了，不再在我的控制之中。2006年2月，我预约了一家戒毒戒酒治疗中心。我变得忧郁而麻木，开始过一天算一天。这段生活是我的一个污点。

"我返回工作岗位的第一天就被逮捕了，然后跟他们（警察）谈话。我现在不记得和他们说了什么。那时因为我的心理问题，我把一切都承担下来。我看了录像带，可以说我跟警察说的完全是胡说八道。那时他们想听什么我就说什么。我对自己所说的话感到很震惊。我没有杀詹妮尔·巴顿，也没有绑架她。我住在小卡特斯·科恩时，她从来没去过那里。

"我被告知我的本田车后备厢里有玻璃碎碴。我是用过这辆车拖垃圾。这辆车很脏，我拿到它时跟报废车无异，里面也没有地毯之类的东西。这是一辆很廉价的车,因此我也不介意有垃圾落在后备厢里。我也听说了黑色塑料上的指纹印。我不知道他们是怎么把指纹弄上去的。也许我在诺福克岛不知什么时候碰过那块黑色塑料。我不敢肯定。

"对于巴顿一家,我很抱歉。他们的损失非常大,但我没有杀詹妮尔·巴顿。感谢您能听我诉说。"

毫无疑问,审讯者听得很仔细。彼得斯探长肯定也听得很仔细,他对报道此案的一位记者说:"他(麦克尼尔)是最好的目击证人。"① 尽管麦克尼尔的辩护律师做出了极大的努力,诺福克岛的主审法官彼得·加林还是在不到24个小时之内就做出判决,"按起诉的罪行定罪"。

麦克尼尔被判处24年监禁,18年之内不得假释。吊诡的是,诺福克岛曾经作为一个监狱而存在,现在却没有一间关犯人的房子。然而,随着麦克尼尔戴着铁链被押走,岛上居民集体长舒一口气。2004年,在堪培拉治安法官罗恩·卡荷尔进行死因调查前,警察已经列出了16名"嫌疑人",绝大多数是诺福克岛的长期居民,针对他们谣言四起。他们名誉被毁、怨念重重。现在随着从悲剧中安全脱身,他们又可以回到以前那种随性而不紧不慢的生活状态。

可是并没有。这些年来,那个复活节到底发生了什么?依然疑云重重。尽管格伦·麦克尼尔的上诉未得到批准,他还是毅然决然地在澳大利亚的监狱里重新梳理与案件有关的所有细节。2011年7月,他向新西兰纪录片电影制片人布赖恩·布鲁斯公布了一个令人

---

① Maynard, Roger, The Fatal Flaw, p. 247.

震惊的消息,他说是诺福克岛上一对售卖大麻的男女刺死了詹妮尔。他承认是他处置了尸体,而他之所以替凶手保守秘密是因为这对夫妇"对爱丽舍和自己进行了暴力威胁"。

"他(毒品贩子)说:'我知道你就是那个偷我大麻植株的人……你去过我们家几次,拿走了我的大麻。'他说:'你帮我把尸体处理了。'然后他就用我当时的妻子爱丽舍来威胁我,说:'如果你不做,我们就除掉她。'"

布鲁斯说,詹妮尔衣服上那个无法识别的女性 DNA 很可能就来自麦克尼尔提到的这个女人。病理学与电话录音都佐证了麦克尼尔的话,他所揭露的事实证明格伦不可能是单独作案。纪录片中受访的病理学家提摩西·克尔迈耶也支持这一发现。"这个女人不止受到一个人的攻击……(她的)行动受到了限制。"克尔迈耶医生说。随后布鲁斯向澳大利亚警察总署递交了一份证词,附上了麦克尼尔所提供的那对夫妻的名字。警察总署同意对麦克尼尔的陈述进行调查。

麦克尼尔的努力也得到了他现任妻子谢丽·胡珀的支持,她告诉记者:"詹妮尔绝不只是受到某一个人的攻击,整个案件有很多疑点。证据表明,涉案的绝不止一个人,我不知道这一点怎么会被忽略。"①

2011 年 12 月,案件又有了惊人的进展,悉尼的《星期日电讯报》报道说,案件判决几个小时后,一个陪审员告诉一个"法律消息人士"说,审判还没开始"他的命运就已经决定"。陪审员对该消息

---

① Sunday Telegraph, Sydney, 12 June 2011.

人士说:"我们知道不是他做的,但(他)知道是谁做的。他不告诉我们,所以我们只好用他来顶罪了。"

2012年12月,我通过监狱当局和麦克尼尔的姐姐艾丽卡的安排,在利思阁劳改中心采访了他。在准备采访前,我阅读了两本与案件有关的书以及所有的媒体报道。为了保证最大限度的安全,我们在一个专门用于探访者与犯人见面的小房间里进行面谈。

这时,麦克尼尔已34岁,留着犯人的小平头,脸型消瘦,皮肤白皙,中等个子,微微驼背。他笑容迷人,因为常年练习举重而形成了一种独特的握手方式。"我在监室就练这个,"他说,"这几乎是我能做的唯一的事了。"这不是新开发的运动项目。谋杀案发生之前,麦克尼尔还在诺福克岛上时,他每周最少要去焦松健身房三四次。

我们聊了一个多小时。

他很愿意谈论这起案件中的很多细节,但对其他事情往往避而不谈。然而,我还是很快就明白了这起悲剧的伏笔就是诺福克岛上的毒品文化。从他到来之日起,麦克尼尔就一直被笼罩在这种文化之中。他在新西兰尝过毒品,但从来没有这么频繁。"岛上的每个人都在种植大麻,每个人都吸食大麻。"他说。对于一个26岁的厨师来说,这里就像一个黑暗天堂。"这是一个岛,"他说,"就像过节一样,那么多毒品,我每天早晨醒来的第一件事就是吸毒。"

而且价格非常便宜,150澳元左右就可以买到半袋大麻原料。"他们把大麻种植在其他作物,比如甘蔗地的间隙,这样警察就不会发现。但是他们也会在田间地头布置陷阱,以免他人偷盗大麻植株。"

他描述了一种带倒钩和搭锁的套索,可以自动搭扣住侵入者的手腕。麦克尼尔还说,"他们"(他拒绝说出他们的名字)还在家里用营养液系统栽培了很多。这就是众所周知的"水上不明物",比常规的大麻要大得多。据有关当局说,"水上不明物"可以和其他毒品如类固醇、迷幻药和麻黄等混在一起吸食。麦克尼尔说,上述毒品都被进口到诺福克岛。他开始经常吸食。事实上,他经常打电话请病假,也经常换工作。

2002年复活节前,麦克尼尔已失业。

他说,他早上6点开始吸食大麻。爱丽舍去山顶宾馆上班,他则继续吸大麻……他现在讲的故事变得和他当年在小卡特斯·科恩的那栋平房的客厅所讲的一样扑朔迷离。但是提到某一个阶段,甚至他自己都承认与詹妮尔·巴顿有联系。而他一开始告诉我说不认识詹妮尔,从来没有在岛上遇到詹妮尔,尽管他们都在从事彼此联系紧密的服务行业,而他也经常换工作。他说,他和爱丽舍很少与他人交往,而爱丽舍拒绝一切毒品。但不久之后,麦克尼尔又说他可能"在超市"见过詹妮尔,尽管他说的不一定是在詹妮尔出事当天。

现在麦克尼尔已彻底推翻之前给警察的供述和在法庭上未宣誓的陈述,他说:"都是法律团队建议那样说的,我知道我说的是假话。"

那到底发生了什么?

"我为什么要告诉你?对我有什么好处?"

这个问题让我很惊讶。如果我处在他的位置,我说,说出真相会帮助他早日获释,我会跟任何一个、每一个愿意听我说的人辩白。

他不为所动。

我让他说出"真正的"凶手的名字,他拒绝了。"你不能把他们的名字写进书里,他们会告你的。"

如果他们真的做了,我说,他们绝不会去控告我。奥斯卡·王尔德试过,结果自己进了监狱。①

我们换了一个话题。

在谋杀案发生的那天,他去健身房或商店了吗?

没有。

我翻来覆去地讨论那些证据。如果凶手强迫麦克尼尔来处置尸体,我问,为什么他不从某个悬崖上把尸体扔进大海,却要把它留在那么显眼的地方?

"她应该被发现,"麦克尼尔说。

与案件有关的事情,我俩能完全达成一致的只有两点:如果他一直不开口说话,他就可能不会被定罪;如果没有岛上的毒品文化,那个憎恨毒品的詹妮尔·巴顿也许至今还活着。

最后,麦克尼尔说:"只有我知道那天到底发生了什么。"他也说他"衷心"希望自己从来没有去过诺福克岛。这一点我相信。

不管他犯了多重的罪,不论是作为在毒品诱导下变得疯狂和迷糊而挥刀刺穿詹妮尔胸膛的谋杀者,还是作为那个被指控处理詹妮

---

① 1895 年,昆斯伯理侯爵(Marquess of Queensberry)发现儿子阿尔弗莱德·道格拉斯与王尔德交往长达四年而控告王尔德,并到王尔德常去的名人俱乐部贴上字条:"致奥斯卡·王尔德——装腔作势的鸡奸犯。"王尔德上诉告侯爵败坏他的名誉。结果王尔德上诉失败,反而被控告曾"与其他男性发生有伤风化的行为",并被判有罪,在瑞丁和本顿维尔监狱服了两年苦役。

尔尸体的从犯,这个案件中始终有一点困扰着我,就是当局决定让麦克尼尔在利思阁服刑,却不顾他是在诺福克岛上犯的罪,也不管他的家人居住在新西兰,每次前去探望不仅费用高昂,而且极为不便。他们必须先从尼尔森开车去基督城,再乘飞机到悉尼,然后再坐大巴或雇车去往新南威尔士煤城,再转车来到位于离煤城7公里的曼拉干鲁(Marangaroo)所在的监狱。

由于无法维持正常的交往,妻子谢丽·胡珀已与麦克尼尔离婚。据麦克尼尔的姐姐艾丽卡说:"格伦没有获得母亲与父亲的支持,这是判决之后的一系列事情所致,同时也是格伦自己的要求。自从诺福克案件判决以后,他也与我们的兄弟断绝了联系。

"我曾经看望过他一次,我们的祖母去过两次,但是她年纪大了,不可能再去。格伦在那三年里几乎没见过自己的孩子,不过他大多数周末都会与我通话。格伦是在一个错误的时间去了一个错误地方,才认识了那些错误的人。"①

监狱的一个看守告诉我,麦克尼尔是一个模范囚犯。"他很安静,沉浸在自己的世界里,从不给任何人制造麻烦。"他每周给孩子打一次电话。但是,由于他是诺福克岛的犯人,与新西兰之间没有法律关系,因此仍然流放于海外。这是一个额外的惩罚,因为利思阁没有另外哪个囚犯家庭必须忍受这样的骨肉分离。也许有人会问,这种隔离会对这个行为规矩、11年后才会获释的男人带来什么后果,到那时他才46岁。

一个更人道、更合乎情理的选择是关在新西兰的某个监狱,至

---

① Interview with the author, August 2012.

少也应该关在堪培拉，因为那里经常有包机直飞基督城。要是关在堪培拉，那也是个莫大的讽刺，因为堪培拉监狱的名字叫亚历山大·穆肯奥克中心，是为了纪念唯一提倡改善过去诺福克岛流放刑罚状况的那个人而命名的。

格伦·麦克尼尔开始服刑时，诺福克岛的经济开始转向衰退。到 2007 年，诺福克岛的经济几乎全部依赖来自澳大利亚和新西兰的游客。但是这段时间以来没有一个人试图真正挖掘诺福克岛悠久而多彩的历史，而这明显是一座资源丰富的旅游富矿。诺福克岛有一台常规的节目，严格说来是一台很业余的节目，该节目重现了当年"邦蒂号"的叛乱，在这个节目里，布莱船长被描绘为一个彻头彻尾的恶棍。还有定价过高的"幽灵漫步"（ghost walk）活动，就是在金士顿区的某一流放犯建筑里提供一顿粗糙的午饭，其间一个女人装腔作势地讲述一个不太可信的幽灵造访的故事。还有导游引导游览流放犯墓地，从这里可以看出流放时期的墓地与那些皮特凯恩岛民后裔的墓地被明显地隔离开来。

饭店很少，服务一般，食物也乏善可陈。游客中心价格昂贵，纪念品粗制滥造，道路年久失修，危险重重。成千上万的家禽到处乱窜，尽管当地人说那些为了微薄薪水而在酒店工作的斐济女佣已经开始控制家禽的数量了。从 2005 年开始，旅游产业开始走下坡路，这毫不奇怪。据估计，要维持较好的经济状况，每年至少需要 10 万名游客，而那时的游客数量是 3.2 万人，到 2012 年，游客数量跌至不足 2.7 万人。

澳大利亚政府 2006 年的一份审查报告提出，诺福克岛的立法会自 1979 年以来毫无变动，应该将其降级为地方议会。然而，之后有人提出这种变动会对诺福克岛产生"严重干扰",会影响诺福克岛的经济发展,因此霍华德政府终止了这一审查项目,让其维持原状。

到 2010 年,诺福克岛已入不敷出。一个突发事件让许多岛民震惊不已,首席部长大卫·"上校"·巴菲特在 12 月 6 日提出诺福克岛自愿放弃自治地位,以换取联邦政府的财政救助。海外领土部部长西蒙·克林下令再一次启动审查项目,2012 年 3 月发布了一份报告,报告披露联邦政府已为诺福克岛注入 3700 万澳元的紧急援助,人均 2 万多澳元,以防止其破产。而诺福克政府的状况毫无起色,也没有证据表明岛民们有什么"清晰的愿景和可持续发展的长远计划"。

尽管如此,2012 年 6 月 8 日的"邦蒂日",皮特凯恩岛民后裔还是举行集会以示必胜的信念,并以此纪念登陆诺福克岛 156 周年。那天海上风浪太大而无法进行航行表演,他们集体步行到金士顿码头,其中最少有 300 人打扮得像他们当年的祖先一样,在这里受到了九周前新任命的行政长官尼尔·蒲伯的"接待"。蒲伯是西蒙·克林的朋友,曾经是维多利亚议会的工党成员,后来自己开了一家工程咨询公司。据蒲伯夫人说,这个任命来得"既让人吃惊也令人高兴"。

这个个子不高、满脸大胡子的行政长官戴着大礼帽,穿着黑色西服,看起来就像维多利亚时代的人向他们走来。他假装自己是 1856 年诺福克岛上的军需库管理员斯图尔特,1854 年最后一个流放犯撤离以后,他负责照看这个地方。蒲伯由大卫·巴菲特陪同,后者下穿齐膝短裤、黑色鞋子、白色短袜,上着黑色背心,外搭圆头黑色燕尾服，上饰皇家海军船长的金质肩章，留着灰白长髯的脑袋上顶着一顶镶嵌着羽毛的三角帽。巴菲特假装自己是德纳姆船长，即那个提前几周到达诺福克岛查看是否一切就绪的人。

当初的皮特凯恩岛民上岸时大雨倾盆，而这一次老天爷也相当配合，不失时机地下起了大雨，让表演更加逼真。但是19世纪的仿真化装表演结束后，人们离开码头，天气又变得风轻云淡了。他们漫步通过大门进入监狱废墟，登上纪念碑，这时他们看到四周有几个游客在拍照，不过他们更喜欢拍的是那几个与长辈一起玩耍的金发碧眼的小孩。接着他们来到纪念堂，这里供奉着在一战中牺牲的13人、二战中牺牲的9人以及朝鲜战争中牺牲的1人。这时，蒲伯先生放下花环、脱下复古的帽子，开始领唱《天佑女王》，因为他们拒绝承认澳大利亚国歌。

随着一声汽笛声响，他们继续沿着质量路漫步，这里矗立着诺福克岛管理机构的建筑，这些建筑物是以1835年安德森少校所建兵营改建而成。然后经过旧军官浴池，洗浴用泉水从山顶汩汩而来，一直流到监狱。再经过政府大厦，最后到达屠杀湾边小斜坡上的墓地。

在墓地门口，他们开始演奏一曲欢快的赞歌《在甜蜜中再见吧》(In the Sweet Bye and Bye)，希望"在那美丽的海滨"重聚。穿着戏服的乔·亚当斯选读他的祖先约翰·亚当斯所读的祷词，约翰是皮特凯恩岛当年叛乱屠杀运动中唯一的男性幸存者。他们向上帝祷告"我要比以前更好地为您服务，这样我将更适合于居住在天堂"。然后就开始唱"皮特凯恩颂歌"，反复悲伤地吟唱海军主题的在船上"迎着清风，扬帆起航"，期盼"最终安全抵达迦南乐岸"。

这时碧空如洗、瓦蓝瓦蓝的，皮特凯恩岛民走进墓地献上鲜花，凭吊埋葬在岛上最显著位置的亲人；远处则是士兵及其家人、流放犯与监狱看守的坟墓，在冬日暖阳下光秃秃、孤零零地躺着。又一声汽笛把他们召回大门口，这次他们要漫步返回政府大厦与蒲伯家人"共饮庆祝"。非皮特凯恩岛民被禁止进入举办这次活动的庭院，这个庭院占地广阔、环境优美，得到了精心的维护。不过，两天前我们已经逛过这些重新修复的房间。我们看到蒲伯太太坐在金碧辉煌的餐厅里，面前豪华的红色桃木餐桌可以轻松坐下20个客人。

"太棒了，"她仍然沉浸在这个职位带来的兴奋之中，"而且，这里的人们也很友善。"

大家都有这样的误解。热情的问候和亲热的表达只不过是一个色彩斑斓的壳，真正的友谊只存在于他们的同类之间，这是无法突破的障碍。除了符合他们条件的人，其他人都不受信任，被排除在他们自己人之外。而所谓的条件就是承认"皮特凯恩人例外论"的错误观念、基督正义论的妄想以及皮钦语的魅力，他们把这种所谓的方言称为"诺克语"。即使这样，据这里的长期居民说，"外人"要与他们保持一臂之距，除非是那些为皮特凯恩事业服务的人。现在他们是在勉强度日，通过谈判向联邦政府寻求另一拨经济救助更为重要，但他们自己对诺福克岛事务的管理权（以及经费开支的权力）必须保持。

几个世纪前库克船长登陆诺福克岛，开启了诺福克岛的帝国史时代，澳大利亚政府在他登陆的地方设置了一个壮观的观景台以及一块纪念库克船长的纪念碑。这是设置纪念碑的绝佳之地，身后是高耸的皮特山，面前是浩瀚无垠的大海。碧蓝的巨浪滚滚而来，越过海平面撞击着脚底的山石。海风吹拂着脸庞，你忍不住会想象自己是前来旅游的哨兵，站在那儿瞭望着，这时"决心号"载着伟大的航海家乘风破浪而来，缓缓靠近那致命的海滩。

你禁不住想，如果詹姆斯·库克，那个帝国的典范人物，知道人类精神的阴影会包围并遮盖这个小小的天堂，他是否会选择另一条航道，是否会把诺福克岛留给自然之风和上帝之鸟（Birds of Providence）①？

---

① 该名来自当地的一个历史典故，流放时期某次补给船中途沉没了，岛上人员面临饿死，他们吃光了岛上的海燕而幸存下来。岛上的海燕灭绝了，名字却流传了下来。

尾 声

诺福克岛的未来还是有希望的,那一天也即将来临。

2011年3月,大卫·巴菲特和西蒙·克林签署了一份长达十页的"路线图",希望把诺福克岛从破产边缘拉回来,为其奠定坚实的经济基础。即将启动的是,诺福克岛的管理责任将会从金士顿的立法会有序地转移至堪培拉的澳大利亚联邦议会。这一路上,我们将见证一系列相互合作的标志性进步。这条路的尽头将是诺福克岛完全融入澳大利亚政体。

到2015年,岛上居民将稳定地享有澳大利亚的教育、卫生、养老、商业、工业、旅游业、移民及防务等多方面的权利。作为回报,他们也将与澳大利亚公民一样纳税,这是历史上第一次。

但毫不奇怪的是,传说中皮特凯恩人的固执也将在这里显现。尽管澳大利亚政府为推动该进程已经注入了2900万紧急援助款,大卫·巴菲特还是于2013年3月13日被解除首席部长的职务,由莱尔·斯内尔(Lisle Snell)取代,他的血统一半来自捕鲸人家,一半来自坎塔尔家族。

行政长官蒲伯在广播中警告岛上居民："我们决不能偏离改革的进程，"他说，"我现在要知道九位立法会成员的意见，他们是否真的打算继续改革进程。如果他们不打算改革，那么我必须让堪培拉知道，不要再对这里抱有任何希望。"他随后亲自面对新当选的立法会成员，声明他已经在跟克林部长取得联系。"如果你们总想着天上掉馅饼，或者不提出任何解决方案，只会使诺福克岛再次陷入附庸的状态，伸手索取施舍。"蒲伯说。

不到一周，消息传到堪培拉，行政长官蒲伯不再受诺福克岛欢迎，应予撤职。三天后，克林自己辞职了，因为他闹剧般地企图推翻首相茱莉亚·吉拉德，由陆克文（诺福克岛民玛丽·韦德的后人）取而代之。

现在"路线图"已面临绝路。唯一的希望就是等待来自上面的拨款。企业掀起了前所未有的关门潮，人们纷纷前往大陆寻找新的工作机会。

他们真的没有必要走这条路。因为诺福克岛是殖民历史的宝库，有着各种骇人听闻的故事，极具吸引力。

流放犯的历史，加上金士顿与亚瑟谷的荒凉废墟、"邦蒂号"的叛乱故事及其凄惨的结果，还有宗教殉道者及他们在炮舰上的诱劝改宗，都是极具潜力的旅游富矿，更不用说那狭长的街景、独特的垂钓风光和植物奇观。

澳大利亚联邦议会两党一致认为：诺福克岛将会并入澳大利亚。如果实现了，诺福克岛将会发生改变，投资进入，旅游者也会随之而来，移民将打破皮特凯恩人的特权，抵抗的力量将会变弱，两个世纪以来邪恶之帽也将最终摘掉。

这个漫长的噩梦也将结束。

作者后记

这个世界上总有些地方会让人想起令人恐惧的罪恶,从奥斯威辛到斯雷布雷尼察(Srebrenica)①再到柬埔寨的杀戮场。众所周知,这些阴暗之处,孕育了黑暗、淫乱和非正常死亡。还有一处在南太平洋,披着天堂的外衣,其光辉掩饰了黑暗,那就是诺福克岛。

某次我来到这里,租了一辆自行车,开始在岛上游览。我在邦蒂民俗博物馆发现了诺福克岛离奇的历史档案,深深地陷入了这段过往的历史……1825年第二块流放地上残忍成性的指挥官站在我眼前,他们好似街角的幽灵,荒诞却令人心惊肉跳,穿着溅满血迹的制服,刽子手的脸上得意扬扬……

我去了RSL酒吧,里面充满了霍加斯(Hogarth)②画中所呈现的场景:喝得醉醺醺的男男女女、打折出售的毒品、震耳欲聋的刺耳

---

① 位于波黑东部,是波斯尼亚克人(即波黑穆斯林)占多数的一个镇。1995年这里发生了二战以后欧洲最严重的屠杀事件,史称"斯雷布雷尼察屠杀"。

② 威廉·霍加斯(1697—1764)是英国著名画家、版画家、讽刺画家和欧洲连环漫画的先驱。他的许多作品经常讽刺和嘲笑当时的政治和风俗,如《浪子生涯》描绘人的堕落。

音乐。他们是历史的"活化石",似乎正在扶持那种被外人所揭露的罪恶与恐惧。人们蜂拥而至、沉醉其间,这酒吧如同他们的逃生出口。

随着时间的流逝,我越发着迷于此地过往的历史和当下的生活……1865 年,高圣公会布道团紧随皮特凯恩岛民来到这里,选了一个最佳位置建立总部。传教士们把男童们从美拉尼西亚的家中引诱来从事布道工作,其目的不过是诱奸和殴打他们那年轻而柔软的身体……

站在金士顿区流放时期的废墟上,仰望着满天繁星,时间突然跳到了 1908 年,新南威尔士政府对这些道德败坏的前皮特凯恩岛民后裔完全失去耐心。他们派士兵将其从质量路的家中驱逐出去,霸占了他们的房屋,把这里搞得一团糟……

我读了一份 2003 年提交给联邦议会的报告,报告声称这个岛是在 1856 年"割让"给皮特凯恩岛民的,这是"少数皮特凯恩岛民后裔和某些后来者心中永存的神话,那些后来者多是些家庭富裕的人,受自身利益驱动来到这里,目的就是拒缴个人所得税"。

我是 2002 年 3 月听说詹妮尔·巴顿凶杀案的。我去了她曾经工作过的地方,也去了她被抛尸的地方。关于陪审团的某些谣言流传甚广,他们在五年后给新西兰厨师格伦·麦克尼尔定了罪。关于这个案件,很多事情听上去不那么可信……

* * *

因为担心遭到报复,诺福克岛及其他地方很多为我的研究提供过帮助的人都不愿公开自己的身份。我尊重他们的选择。我曾引用其作品的作者们,也无须我的感谢。但在此我必须向历史学者安妮·萨蒙德、玛格丽特·哈泽德、大卫·希利亚德、雷蒙德·诺布斯表达敬意,他们致力于探寻事物的真相,从不文过饰非;我也要感谢凯西·马克斯(Kathy Marks)、蒂姆·莱瑟姆(Tim Latham)和罗杰·梅纳德(Roger Maynard),他们关于皮特凯恩审判和詹妮尔·巴顿凶杀案的书籍是我最基本的读物。

我尤其要感谢我长期以来最好的合作伙伴,也是我的另一半温迪·麦克林(Wendy Macklin)以及我的终身好友彼得·汤普森(Peter Thompson),他们睿智的建议对我至关重要,还要感谢我的出版人马修·凯利(Matthew Kelly),他的支持和判断给予我极大的帮助。

罗伯特·麦克林,堪培拉,2013
www.robertmacklin.com

译后记

这是我翻译的第四本书，却是第一本出版的书。第一本书是文化经济学大咖露丝·陶斯的《文化经济学教程》，由于某些原因至今尚未出版，不过其主体部分已发表于《艺术百家》。第二和第三本书由于版权和经费问题，尚未面世。本书是我入职西安外国语大学英文学院后所接到的第一项任务，当时本书作者罗伯特·麦克林受邀在我院举办讲座，他在讲座中谈到这本书，激起了在场听众的极大兴趣，我院客座教授毕熙燕老师也极力推荐，同时我们也得知这本书获得了2013年度"堪培拉评论界奖"，因此学院决定与作者商谈翻译事宜，并获得首肯。

对我国读者来说，罗伯特·麦克林这个名字应该不算陌生，他与彼得·汤普森合著的《中国的莫理循》(The Life and Adventures of Morrison of China)一书已在中国翻译出版，并获得了一定的影响力。他还是畅销书《精英战警》(Warrior Elite)一书的作者，该书已被列为澳大利亚特种部队的必读书目。他也是澳大利亚前总理陆克文指定的官方传记作者，其所著的《陆克文传》(Kevin Rudd: The Biography)上市四个月即告售罄。截至目前，麦克林已出版小说和纪实作品 28 部，本书是作者最引以为傲的作品之一。这是一部展现英国在澳大利亚殖民及其所带来的罪恶后果的通史性著作。作者紧紧围绕仅有 2000 居民的诺福克岛——澳大利亚著名作家、《荆棘鸟》的作者考琳·麦卡洛在此度过后半生并长眠于此——生动地讲述了一个小岛几百年的曲折发展，呈现了岛上独特的历史与文化。这段历史是大英帝国殖民往事的一个缩影，颠覆了大英帝国殖民叙事的宏大结构，从细微处揭示了殖民往事的黑暗一面，揭开了殖民叙事美丽面纱下的疮疤。

澳大利亚著名历史学家、澳大利亚社会科学院和人文科学院双料院士大卫·沃克在其家族史著作《光明行：家族的历史》中不经意地提到阿德莱德是"世界上最干旱的大陆最干旱的角落"。所谓"干旱说"早在殖民时期即已流行，认为是气候的干旱阻碍了澳大利亚的发展，但是 1960 年代学者们已开始质疑这种说法，并提出"干旱说"实际上是英国殖民者把对澳大利亚的环境解释与殖民权力捆绑在一起，用以证明殖民地开拓的正当性。事实上，这种讨论不限于知识精英，普通公众也参与了，沃克作为著名历史学家，不可能不知道史学界的研究动态，由此可见殖民话语影响之深刻。为了批驳过去的殖民话语，罗伯特·麦克林开篇即写道："关于自己过去的历史，没有哪个国家不撒谎""在掩盖和歪曲殖民暴行的真相方面，还没有哪个国家做得像英国这么成功"。在他的创作中，那远远望去绿荫如盖、安静祥和的诺福克岛，在殖民话语中被塑造为遥远的南太平洋群岛中与世隔绝的人间天堂，其黑暗与扭曲——得以展现。

故事始于詹姆斯·库克船长发现该岛并进行殖民拓居，止于 21 世纪的詹妮尔·巴顿凶杀案。在这之间的 220 年里，诺福克岛上充满了黑暗、痛苦、愤怒和恐惧。尽管在库克船长到达并宣布其为英国领土之前，诺福克岛上就有刀斧散落、白骨长埋，但真正的恐怖始于库克船长的到来。

本书包括四个部分：其一，大英帝国在诺福克岛建立流放殖民地的历史；其二，"邦蒂号"叛乱和叛乱者后代在皮特凯恩岛的拓居及迁居诺福克岛；其三，英国国教会美拉尼西亚布道团的建立及其以诺福克岛为总部进行的福音传布等工作；其四，2002年詹妮尔·巴顿凶杀案引起世人瞩目，并揭露了诺福克岛独特的社会、历史环境。麦克林把那些原本散布在浩如烟海的史料、档案、书信、日记中的碎片拼接起来，揭露了被掩盖的黑暗、血腥、残忍的殖民历史及其所带来的罪恶和混乱。

在翻译本书的过程中，我时时对英国的殖民统治与流放制度深感震惊，殖民者对自己的同胞犹如此残忍，难道他们对其殖民统治下的"异族"会更加仁慈？

本书是2019年度教育部人文社会科学研究青年基金项目（19YJC752026）和陕西省教育厅基地重点项目（17JZ061）阶段性成果，由我和高级翻译学院的吉文凯老师合作译成。吉文凯翻译了第十四至第十七章，其余章节由我完成并对全书进行了统稿工作。我要感谢与作者接洽并将翻译任务交给我的南健翀教授，感谢帮忙联系并资助出版的杨晓钟教授、王娟老师和黄桂婷老师，还要感谢认真负责的责任编辑关宁老师。最后，我要衷心感谢我的父母、妻子和女儿，感谢他们对我的支持，是他们的包容，使我能够从容完成译稿工作。

苏锦平

西安外国语大学　欧美文学研究中心　澳大利亚研究中心

2018年12月2日